JN110611

Minerva Shobo Librairie

経営学の未来を考える

不確実性の高い時代を乗り切るために

目白大学経営学部・大学院経営学研究科

[編]

ミネルヴァ書房

まえがき

　本書は，目白大学経営学部開設20周年を記念して，「経営学の未来を考える」というテーマにもとづき所属の新進気鋭の現教員による論考をまとめた形で刊行されました。

　具体的には，経営学に属する研究分野は，一般的にマネジメント，マーケティング，アカウンティングの3分野とされますが，本書は，それら3分野におけるこれからの課題や関心事とされるテーマを先見的に取り上げ，執筆されたものです。

　経営学という学問は，他の分野に比して相対的に新しい学問領域といえます。その由来は，能率向上を意図するとされるアメリカのF. W. テイラーによる「科学的管理法（Shop Management）」（1903年）の発展が後の「管理学（management）」という学問領域として確立されたことを契機に，それまでのドイツ経営学とは別個のアプローチによる独自の「（アメリカ）経営学」が生み出されることとなったと一般に言われています。

　そこから約120年の歩みの中で，「経営学」は，ある意味企業学として様々な学問的変化，新たな展開を生みだしながら発展し現在に至っています。とはいえ，現在も常に新たな変化の中にある企業の在り様とともに経営学研究の歩みは止まることはなく，常に先進的な学問分野といえる状態にあるといえるでしょう。その意味でここに本書のテーマである「経営学の未来」を問う意義は不断にあるものと思われます。

　さて，ここでもう1つ，歴史というくくりで，20周年を迎えた目白大学・経営学部の沿革について触れておきたいと思います。

　目白大学の前身は，1923（大正12）年に佐藤重遠・フユにより東京都新宿区の現在地に創設された研心学園（初代理事長・佐藤重遠）とされます。

　その後，1929（昭和4）年に財団法人目白学園を設立し，翌年に目白商業学校が設置されました。1944（昭和19）年には目白商業学校を目白女子商業学校

に転換，1948（昭和23）年には，学制改革により，目白女子商業学校は目白学園高等学校と目白学園中学校に改組，そして，1951（昭和26）年に財団法人目白学園から学校法人目白学園に変更され現在に至っています。

大学組織としては，1963（昭和38）年に，目白学園女子短期大学（英語英文科）を創設・設置，そして，1994（平成6）年には，埼玉県岩槻市に目白大学（岩槻キャンパス）を創設，人文学部（地域文化学科・言語文化学科等）を設置されました。それを皮切りに，2000（平成12）年には人間社会学部，そして，2002（平成14）年に目白大学経営学部（経営学科）が増設されました。経営学部については，本年，その設置年度から丁度20年を迎えた次第でございます。

さて，本書が出版される教育上の意義として，目白大学も所属する学校法人目白学園の基本理念について付言しておかなければならないでしょう。それは，学園創立者，佐藤重遠先生の示された建学の精神「主・師・親」となります（以下その経緯については目白大学 HP より）。

「主・師・親」という言葉は，『開目抄』に記されています。かねてからこの『開目抄』に感銘を受けていた佐藤重遠先生が，この書物の真意の「目を開くこと」，すなわち「迷妄を取り除いて真理に目覚めること」，学校教育の目指すところも，まさにこの「開目」ということなのではないかと考え，自身の学校創立時の理想を最も適切に伝える言葉として，この「主・師・親」を選び，これをもって目白学園の建学の精神と定められました。

「主・師・親」は，深遠な意味を含んだ語ですが，目白学園では，この教えを通して次の3点を特に重視しています。

第1に，良識ある日本人として国を愛し，国家・社会の誠実な成員としての責任感と連帯意識を養い，公共奉仕の念を培い，やがて国際社会に生きる日本の力強い担い手に成長すること。

第2に，自らを真理に向けて導いてくれる人に対して敬愛の念を持って接し，常に謙虚にものごとを学ぶ態度を養うこと。

そして，第3に，人が互いに慈しみ育む場である家庭を大切にし，家族愛，人間愛の尊さを理解し実践すること。

この基本理念のもと，本学園で学ぶ学生に修得してほしいと願っている「人としての基本的資質」は，国家・社会への献身的態度，真理探究の熱意，人間

尊重の精神とされています。そして，我々教職員は，学生たちをそのような資質を有する人として社会に「育てて送り出す」をモットーに日々教育，研究等に従事しています。

　本書は，全12章から構成され，本学部所属のマネジメント，マーケティング，アカウンティング３分野それぞれの新進気鋭の研究者により，常に革新が起きている進化途上の学問である経営学における現代的テーマを取り上げ，執筆されております。本書の「不確実性の高い時代を乗り切るために」という副題が示すとおり，本書がそのための学問的，教育的貢献の１つとなれば誠に幸いであると存じます。

　そして，目白大学経営学部も，企業や社会を取り巻く不確実性の時代を乗り切り，日本のみならず世界に貢献できる人材を育てて送り出すための教育改革を恐れずに邁進し，常に前進していく決意でございます。

　なお，最後となりましたが，本出版事業については，日頃から本学における研究や教育に対する支援を絶やさない学校法人目白学園・目白大学のご厚意による助成をいただいたことをここに感謝とともに申し添えたいと存じます。

　また，本書の出版を含む経営学部20周年記念事業の実施においては吉原敬典教授をリーダーとする学部メンバーにより構成されたワーキング・グループのお力によるものであることに深く感謝申し上げたく存じます。本事業は学部の歴史の１頁として記憶と記録に残ることでしょう。

　最後に，本書の出版については，ミネルヴァ書房編集部音田潔氏のご好意に負うところが大であることを深謝の意を込めて申し上げたく存じます。

　末筆，2023年初春を迎え，目白の急坂を上りながら，学生たちの輝かしい未来と目白大学ならびに経営学部の今後ますますの発展を皆と祈りつつ。

2023年３月

目白大学経営学部長

近田典行

経営学の未来を考える
――不確実性の高い時代を乗り切るために――

目　次

第Ⅰ部　経営学で考える新しい潮流

第1章	未来創造へ向けてホスピタリティ経営を推進する
	──従来からのサービスマネジメントだけでは適応できない！
	吉原敬典

── キーワード ──

人間価値（土台），サービス価値（基本），ホスピタリティ価値（重点）

1 今，経営はどこへ向かっているのか

　産業構造が変化しています。第3次産業はサービス産業と表現され，その特徴は2つあります。一つは，サービス産業が労働力人口ならびに国民総生産の約7割をそれぞれ占めていることです。もう一つは，サービス産業は形のない財を扱う産業であると捉えられていましたが，第2次産業である製造業との垣根が溶けはじめて形のあるモノとの組み合わせが常態化してきています。いわゆるサービスの製造業化が起こっているのです。そうすると，形のない財と形のあるモノを包括的に捉えた上で価値創造や価値共創のマネジメントがますます求められることになります。また，組織が目指す価値は何か，社会貢献等の目指す方向性や目的，存在意義が問われるようになります。近年，これらはパーパス経営として脚光を浴びるようになりました（名和 2021：39-49）。

　そこで，本章の目的は，以下の2つの問いを出し考察して，一つの解を導き出すことです。

　　① 従来からのサービスマネジメントで適応できるのか。

　　② 新しいマネジメントのフレームワークを考えなければならないのか。

　現在，形がないという意味でのサービスは，無人化と自動化が加速度的に進んでいます。また，これまでタダ（無料）であったサービスが有償化され，サービスの経済化についても進展しているところです。このような状況変化の中，目指す経営との関係でマネジメント全体のあり方について理論的に明らかにすることは価値があります。またデジタル社会が進展する中，多くの顧客が戸惑

2

い困っている現状があります。顧客が困らないマネジメントについて提示するとともに，働く人と一緒に喜び合うマネジメントについても明らかにすることが期待される成果です。

2　二項両律マネジメントの全体像

　ホスピタリティ経営[1]を推進するためにはどのようなマネジメントが必要でしょうか。本章では「ホスピタリティ経営を推進する」ということは「組織関係者間にホスピタリティを醸成する」ことと捉え，二項両律マネジメントを提案するものです。何と何の二項なのでしょうか。それは，「効率性の向上を促進するサービス価値」と「創造性の発揮を促進するホスピタリティ価値[2]」（吉原2005：93-96）の二項を指し，共に自律的に相互作用しながら機能することを意味しています。では，サービス価値とホスピタリティ価値についてそれぞれの概要を説明しましょう。

（1）サービス価値

　サービスの目的は以下の第4節で明らかにするように，サービス概念のルーツから考察すると効率性の向上です。そして，サービスマネジメントの方向性は無人化と経済化であると言えます。そのために，業務機能を標準化しシステム化します。また，マニュアル化やIT化，ロボット化を押し進めます。これらの方策を組み合わせて遂行し生み出される価値が「サービス価値」です。価値と表現する理由は，「顧客が評価する価値」でなくてはならないからです。まずは「経営の基本」としてサービス価値を安定的に提供することが大切です。

（2）ホスピタリティ価値

　さらに，もう一つの価値を共創するマネジメントが必要です。その価値とは何でしょうか。筆者は，「ホスピタリティ価値」と表現しました。ホスピタリティ価値は一人ひとりの顧客を個別的に捉え，双方向で関わり合い，補完し合う関係を通じて相乗的にオリジナリティやオンリーワンを生み出す価値のことです。例えば，「タピオカ」は競合他社と価格競争を繰り広げるまではホスピ

タリティ価値であったことから支持されました。ホスピタリティ価値を共創するマネジメントは信頼関係を取り結び，顧客と働く人が共に喜び合うことを目的にしたマネジメントです。いわば，「Happy・Happy のマネジメント」であると表現することができます。また，対話による価値共創のマネジメントと表現してもよいでしょう。これからの「経営の重点」として位置づけます。

（3）人間価値

　私たち人間は，現実的にはサービス価値の行き過ぎを緩和したり，またホスピタリティ価値を共創する際に欠かせない創造性発揮を促進します。このようなことは私たち人間にしか行うことができません。したがって，「人間価値」と表現しました。サービス価値とホスピタリティ価値の二項両律マネジメントを支える鍵は「人間価値」であると捉えられるからです（図1-1）。

　人間価値は，①礼儀・節度，態度，物腰，言葉遣い，ルール・約束事の遵守，②ポリシー，志，想い，③好きなこと・得意なこと，興味・関心領域，④気質・性格，対人関係の基本姿勢・行動傾向，⑤知識をはじめとした能力，経験，活動内容，活動実績，資格・特技など，人間に関する広い領域を指しています。

　これらの要素については，「経営の土台」として位置づけます。例えば，相手の話も聴かないで，「こうしましょう」「このように考えましょう」と一方的に話を進めていく方がいます。そのように追い込むのではなく，相手からの働きかけを待ちながら引き出す姿勢を大事にしたいところです。例えば，介護の場面でこれまでいろいろな経験をされてきた高齢の方を対象にして子ども扱いしている場面を見かけることがあります。私自身，言葉遣いや働きかけの中に尊重する姿勢が見られなかったことはたいへんショックでした。介護するにあたっては特に相手を尊重し尊敬する基本姿勢が，上記したサービス価値とホスピタリティ価値の好循環サイクルを生み出すことを忘れてはなりません。特に留意したいことです。

　ところで，ホスピタリティ[(3)]（Brotherton 1999；服部 1994；佐々木・徳江 2009；橘 2011；梅田 1990；吉原 2005）を実践して醸成するには何に手を打てばよいのでしょうか。この問いは本章の目的そのものです。上記した「サービス価

図1-1　「人間価値」「サービス価値」「ホスピタリティ価値」の循環サイクル

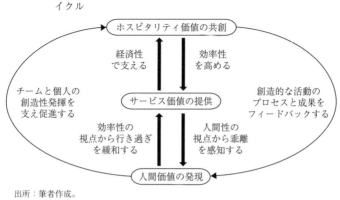

出所：筆者作成。

値」「ホスピタリティ価値」「人間価値」を高めるマネジメントを，それぞれ併行して行うことでホスピタリティを醸成します。詳しくは，本章の第3・4・5・6節で取り上げましょう。

3　ホスピタリティとサービスの関係

　これまでの議論を踏まえ，ホスピタリティとサービスについて比較すると，表1-1の通りです。例えば，病院において医師と患者の関係がサービス概念に基づいて一方向的で固定化されている場合には，両者の共通目的である病気の治癒やQOL（Quality of Life）については相互参加で行えないことを意味するでしょう。その点，ホスピタリティを実践する方向へ進むことが欠かせないと言えます。なぜか。個別的で双方向的であることによって相互理解が進むからです。ホスピタリティとサービスの関係については，以下の4つで捉えることができます。

（1）ホスピタリティとサービスは包含関係

　ホスピタリティ概念は，「自律」「交流」「補完」「人間として対等」といったキーワードで説明することができます[4]（Brotherton 1999；服部 1994；佐々木・徳江 2009；梅田 1990；吉原 2005）。すなわち，これらのキーワードは人間の存

表1-1　サービス概念とホスピタリティ概念の関係

項　　目	サービス概念	ホスピタリティ概念
目　　的	効率性の追求	価値の創造
顧客価値	サービス価値	ホスピタリティ価値
人間観	道具的	価値創造的
人間の特徴	他律的・受信的	自律的・発信的
関係のあり方	上下・主従的	対等・相互作用的
関わり方	一方向的で固定化している	共に存在し働きかけ合う
マネジメントの対象	機能・活動（無形財） モノ（有形財）	機能・活動（無形財） モノ（有形財） 人間（人的資源），物的資源，環境
マネジメントの種類	業務の有効化	可能性への挑戦 機会の開発
課題・目標の種類	現状改善	現状変革
組織形態	階層的	円卓的
情　　報	一方向・伝達的	共感的・創造的
文　　化	集団的・統制的	個別的・創発的
成　　果	漸進的	革新的

出所：筆者作成。

表1-2　「人間価値」「サービス価値」「ホスピタリティ価値」の関係

経営の位置づけ	価値Ⅰ	価値Ⅱ
重　　点	ホスピタリティ価値	未知価値
		願望価値
基　　本	サービス価値	期待価値
		基本価値
土　　台	人間価値 （礼儀，節度，態度，物腰，言葉遣い，ルール・約束事の遵守，ポリシー，志，想い，能力，経験，活動内容，活動実績，資格，特技など）	

出所：筆者作成。

在そのものについて説明する時に使います。人間が活動していく上での本質であると言ってもよいでしょう。したがって，私たちの生活全般がホスピタリティマネジメントの対象で，「機能・活動（無形財）」「モノ（有形財）」「人間（人的資源）」「物的資源」「環境」にまで及んでいます（表1-1）。一方，サービス

概念はそのルーツが意味するところの一方向性で，そこから効率性の向上を目指す概念であると捉えられます。サービス活動については経済的な動機に基づく経済的な活動として捉えられ，人間が行う活動の一部だと言えます。このように見てくると，ホスピタリティ概念がサービス概念を包含している関係にあると言えます。

（2）ホスピタリティとサービスは補完関係

　私たちがこの文明社会の中で生きていく上で欠かせないものとは何でしょうか。色々と考えられますが，現在は水と油でしょう。しかも，両者はまったく性質が異なるものです。人間が生存していくためにはどちらがより重要でしょうか。それは，水の方です。そういう意味ではホスピタリティ概念が人間の本質を意味しているということから，「水」に該当すると考えられます。一方のサービス概念についてはどうでしょうか。「油」に該当します。現状においては私たちが生きていく上でこれまた欠かせない資源の一つです。したがって，それぞれの強みで補い合い一つのものを完成するという意味においては補完関係にあると言えます。

（3）ホスピタリティとサービスは相違関係

　ホスピタリティとサービスの概念ルーツから言えることとは何でしょうか。それは，まったく性質が異なる概念だと言うことです。そのこと自体，対称関係にあると言ってもよいでしょう。学術的な見地に立つと，2つの概念の出処・原点に関する相違は顕著です。表1-1にある通り，2つの概念はそのルーツから「目的」「顧客価値」「人間観」「人間の特徴」「関係のあり方」「関わり方」「マネジメントの対象」「マネジメントの種類」「課題・目標の種類」「組織形態」「情報」「文化」「成果」に至るまで相違関係にあることがわかります。しかし，忘れてならないことは，この両者が二項対立の考え方ではないということです。これまで見てきたように包含関係，補完関係に位置づけられるということです。そのような意味において両者はマネジメント上，どちらも必要不可欠な概念だと言えます。したがって，それぞれが自律的に相互作用しながら機能することから，二項両律として捉えられるのです。

（4）ホスピタリティとサービスは重複関係

　ホスピタリティとサービスが，すべてのケースにおいて水と油のようにはっきりと分かれているかと言えばそうではありません。サービス価値とホスピタリティ価値が重なり合うところがあります。それは，顧客が持っている期待の中でどうしても手付かずのままになっている視点であり領域です。しかも，顧客が当てにできないとしてすでに諦めている場合などもこれに該当します。以下，事例を挙げましょう。

1）病院の待ち時間短縮化

　例えば，病院で予約しているにもかかわらず待ち時間が長いことが挙げられます。患者からすると，いつも診察室の前の長椅子で待たされていて「どうにかならないか」とイライラしながら我慢している状態です。したがって，待ち時間の短縮化が実現された時には高く評価します。本来は日常的により早くと当然期待しているという点ではサービス価値の一つである期待価値[5]ですが，この期待価値が提供されないままの状態が続いていて困っているのです。いわば，期待価値が願望価値化していると言えます。願望価値はホスピタリティ価値の一つで，「期待はしていないが潜在的に願望していて提供されれば評価する価値要因」（吉原 2005：94-95；Albrecht 1992：112-115）です。これからの経営ではより注目する必要がある価値だと言えます。

2）Wi-Fi 環境の整備

　デジタル化が進む中にあって，特に高齢者は困っています。日常は我慢していて企業側がなかなか叶えてくれないケースが多く見受けられるからです。例えば，初期の出会いに失敗しているネットサービスにおける事例を紹介しましょう。Wi-Fi（無線 LAN）がつながらない事例です。コロナ禍で在宅勤務を余儀なくされ，自宅にいてパソコンを使用することになりました。元々2階にWi-Fi の環境があり，1階で Zoom 会議等に臨む場合，つながらないといったトラブルが続いていました。友人に相談したところ，「メッシュ Wi-Fi にすると高速で安定的にどこでもつながる」ということだったので，早速，家電量販店に行き買い求めました。しかし，その後もつながらず，また Zoom の最中に切れたりしてイライラが募ります。再び家電量販店に行き，事情を話して少し価格は高いがバージョンアップされた商品を買い求めました。期待したものの，

すこしも状況は変わらず，多くの方々に迷惑をかけることになりました。結局，
1階でもつながる「無線LANケーブル配線工事」を行い，ようやく不安なく
使えるようになりました。(6)

3）公共交通手段の自動運転化

　茨城県猿島郡境町の事例です（境町公式HP）。ご多分に漏れず高齢化が進ん
でいるところです。路線バスの利用者が減り，公共交通手段が廃止されること
になりました。高齢者は病院に行く足がなくなりました。また，食料品の調達
にも困るようになりました。さて，どうするか。そこで，登場したのが自治体
初の部分自動化による自動運転巡回バスの運行です。バスには1人の乗務員が
いますが，ボタンを押すだけで柔軟的に発車したり停車したりします。主に高
齢者からすると，格段に利便性が高まりました。行きたいところに行けて停車
してくれるバスの登場で生活が一変しました。喜ぶ顔が思い浮かびます。路線
バスの廃止で諦めていたことが高齢者の欲求や願望に蓋をすることなく，自動
運転バスによって叶えることができるようになった事例です。

　上記した3つの事例についてはどれも提供者と享受者の両者が共に手を打つ
必要があると気づいていた事例です。因みに，ファンが手にする利益（ベネ
フィット）は，ホスピタリティ価値にサービス価値をプラスして，ファンが支払
うコストを差し引いた結果として得られます。ファンが支払うコストは，支払
った金額，かかった時間，心理的なエネルギー等の負担感などです。(7)
　これからの経営を考えると，第一義的にはゲストが戸惑い困っていることを
困らないようにすること，また我慢していることを我慢しなくて済むようにす
るマネジメントが求められています。この後の第4節と第5節で述べますが，
表1-2にある通り，期待価値（Expected value）は基本価値（Basic value）とと
もにサービス価値に，また願望価値（Desired value）は未知価値（Unanticipated
value）とともにホスピタリティ価値に位置づけられます（吉原 2005：94-95；
Albrecht 1992：112-115）。それらをあえて峻別し手を打つマネジメントをぜひ
とも推進したいものです。

4　「サービス価値」提供のマネジメント
——従来からのサービスマネジメントを超えて

　従来からのサービスマネジメントは，サービスについて形がない機能・活動（無形財）として捉えています。そして，現下の経営環境の変化としてサービスの無人化や経済化についてはサービスマネジメント理論で説明することが可能です。なぜならば，それはサービス概念のルーツとその意味に合致しているからです。しかし，エンターテイメントなどの創造性発揮を必要とする場面については説明することができません。なぜでしょうか。本節では，その理由とともにサービスの現状とその限界性について明らかにしたいと思います。

（1）経営環境の変化

　本章ではお金については取り上げていません。お金を否定しているのではなく，経営について考える場合にはお金の前に大事なことがあると考えるからです。このような問題意識は，以下の理由から説明することができます。一つはサービスの標準化が進む中，働く人の傾向が変化しています。2つ目は元々サービスには「仕える」という意味があり，そのサービスの方向性に顕著な変化を認めることができるからです。そして，3つ目の理由は仕事の特性が変わりつつあるからです。

　働く人の傾向とサービスの方向性については従来からのサービスマネジメント理論で説明することができます。しかし，仕事の特性については新しいマネジメントのフレームワークでしか説明することができません。新たなマネジメントとは価値共創のホスピタリティマネジメントを想定しています。順次，検討していくことにしましょう。

1）働く人の傾向

　私たちの生活は今も昔も，より便利さを求めています。その便利な社会の中で生活するうちに少しずつですが，紋切り型で機械的な習慣が身についているようです。また，デジタル社会の急激な進展によって，事実でないことを過激に表現しようとする人も確実に増えています。画一的で効率性のみを求める人も多くなっていると言えるでしょう。これからの経営では，上記した動きの行

き過ぎには「NO！」の声をあげなくてはなりません。それは直接的に人が人に対応することが基本だからです。そのような傾向が目の前に広がっている現状に対しては，人間こそが主体的に生み出す経営へ回帰していくことが大切です。

2）サービスの方向性

　現在，ますますサービスの無人化と自動化が加速しています。AIやロボットが，私たちが行うこと，また行えないことを代行するようになりました。経営の随所で働く人の負担を軽減できるとして歓迎されています。しかし，その行き過ぎが指摘されていることも事実です。それはなぜなのでしょうか。人と人が交流することがないことから価値創造へ向けて相乗効果が期待できなくなるからです。セルフサービスもその中の一つでしょう（表1-3参照）。このことに加えて，サービスの経済化が一段と進んでいます。ホスピタリティマネジメントは，利益を否定するものではありません。ホスピタリティマネジメントはこれまでの短期的な自己利益最大化を狙うのではなく，まずは自己利益以上に他者の利益を重視して，中長期的に顧客との共存可能性を高めることを目的にしています。それには，適正利益を確保して組織の存続可能性を高めることが不可欠です。

3）仕事の特性

　現在ほど過去の経験が役に立たなくなっている時はないでしょう。また，正解がないテーマについて私たちの手で問題解決することが求められています。顧客やゲストが気づいていないことを互いに感じ合いながら手探りで潜在的なニーズを明らかにすることも求められています。高齢者が生活する上で困ることも増えてきました。また，我慢を強いられている場面も多いのが現実です。困っていることを困らないようにするマネジメントが必要です。また，我慢していることを我慢しなくて済むようにするマネジメントも求められています。今，まさに複数人で一緒に価値共創する場づくりをして問題解決することが求められています。

（2）サービス概念のルーツから考えよう

　一体，サービスとはどういう意味なのでしょうか。サービスという言葉は経済学から生まれました。その点，「経済性」に重きが置かれている言葉です。

また，元々「仕える」という意味があり，提供者と享受者は基本的には上下・主従の関係にあります。

　サービス概念のルーツはエトルリア語で，そこからラテン語の「Servus」が派生しました。そして，「Slave（奴隷）」や「Servant（召し使い）」などの英語が生まれました（梅田 1990 : 321-322）。このように見てくると，提供者（Giver）と享受者（Taker）の間にはコミュニケーションが成り立たないことがわかります。すなわち，サービスには基本的に「一方向性」という特徴があることがわかります。また，そのことから効率性の追求に重きが置かれていると言えます。サービスの無人化・自動化の動きはサービス概念のルーツとその意味に合致していると言えるでしょう。

　もう一つは，サービスには「機能」や「活動」という意味があり，形のない財と書いて「無形財（Intangible goods）」と表現しています。これまでは，具体的に形のある「モノ」と明確に区別されてきました。例えば，美容院でカットや洗髪などの基本的な機能や活動には形があるわけではありません。しかし，それらの活動はハサミやブラシなどの形のあるモノを使って行われます。デジタル社会において主流になっているインターネットサービスは，パソコンなどのモノがなくては成り立ちません。そういう意味では，機能・活動のみでは成立しないと言えます。すなわち，モノとの組み合わせで成り立っているのです。現実的には形のない機能・活動と形のあるモノを組み合わせている場合が考えられます。また，享受者から見て役に立つ機能・活動でなくてはなりません。したがって，そこには対価が支払われることになります。ここでちょっと整理しておきましょう。以下の4点にまとめることができます。

①　サービスは基本的には一方向的な提供であること。
②　形のない機能・活動は形のあるモノとの組み合わせで提供される場合があること。
③　提供する機能・活動は役に立たなくてはならないということ。
④　サービスは享受者から見た時にお金を支払う対象であり，経済的な活動であると捉えられること。

　そこで，サービスについては「サービス提供者が一方向的に効率的に役に立つ機能・活動（有形財と組み合わせて）を提供して，サービス享受者が対価を

支払う経済的な動機に基づく経済的な活動である」と定義しました。この定義は，第2節で述べたサービス価値の根拠になるものです。

（3）サービス価値の特徴

　サービスが生み出す価値をサービス価値と言います。サービス価値とは，「より早く（速く）」「より安く」「より多く」「より簡単に」「より便利に」「より正確に」「より確実に」「より明瞭に」「より清潔に」「より安全に」といった顧客の期待を拠り所にして提供される価値のことです。経営の基本として位置づけられる価値です。いわば，提供されて当たり前の価値だと言えます。これらの価値は，提供者も享受者も何をどのようにしたら良いのかについてはすでにわかっているという点で，期待やニーズは明らかで顕在化しています。また，日常的な活動で「型」のようなものがあり，その型を習熟すれば無難に行うことができるようになります。そういう意味では，想定内で確実に行えるものです。例えば，介護の場合，「食事」「入浴」「排せつ」「移動」などがこれに該当します。また，記録や会議など介護保険の指定を受けて行っている事業で法令に則って行う手続きについてはサービス価値に該当します。これらの直接的，間接的な業務にあたっては，さらなる効率化を図り，利用者と直接的に交流するために多くの時間を確保することが求められているところです。また一方で，サービス価値に過度に傾斜すると，人間価値でいうところの相手に対して確認するという丁寧さが影をひそめ，機械的で義務的な働きかけに陥る傾向があります。そして，この傾向の中には私たちが思考停止に陥ることで，人が育たない危険性を含んでいることも踏まえておく必要があります。

（4）「サービス価値」提供の目的

　サービス価値提供の目的は，効率性を追求する中で利益を増やすことです。特に組織が存続可能な適正利益を確保するところにねらいがあります。すなわち，背景に経済的な動機があると言えます[8]（松為・菊池編 2001）。適正利益とは，組織が社会の中で支持されるために，特に適正な賃金の支払い，人財開発費，研究開発費，IT投資等の職場環境改善費など未来創造ための経費使用が可能になる利益のことです。その適正利益を確保するために，売値を維持する

という制約条件のもと，売上を上げるようにします。また，必要なコストはかけて不必要なコストは削減します。そして，「人」「もの」「金」「情報」といった経営資源を有効に活用します。今，話題になっている AI 技術を導入することが目的でないことは，特に留意しなければなりません。またホスピタリティは直接的には数字で測れないけれど，数字を扱うサービス価値と関係づけた方がそれ自体，安定的に継続する点についても着目する必要があります。

（5）「サービス価値」提供マネジメントのエッセンス

　ここでは，あらためてサービスを問い直しましょう[9]（清水 1968：9-24；前田 1995：20-21；佐藤 1995：247；梅田 1990：321-322）。これまで「サービスマネジメント」「サービスマーケティング」「サービスイノベーション」などには，後述するホスピタリティ概念から考察する視点がありません。そのため，サービス本来の意味を超えて拡大解釈されていることが考えられます。サービス概念には，ホスピタリティに言及するところまで拡大解釈する理論的な根拠はありません。また，「価値共創」という言葉についてもサービスマネジメントでは説明することができません。では，サービス概念のルーツから言えることとはどういうことなのでしょうか。以下にいくつかの視点を記しておきたいと思います。

１）一方向的な働きかけ

　サービスには元々「仕える」という意味があり，基本的には提供者から享受者への一方向的な理解による一方向的な提供を意味しています。また，サービス価値には一方向的，マニュアル的，義務的，機械的で不特定多数の顧客集団を対象にしている点に特徴があります。その点，遂行にあたっては無難であり確実です。「型」によるマネジメントであると表現することも可能です。サービスはその概念ルーツから効率性の追求が目的で，形式的で義務的になる傾向があります。顧客の期待に対しては手段・方法としての業務機能の標準化，規格化，IT 化，機械化，システム化，ロボット化等を推進し，安定的に継続的に提供する仕組みを整えます。したがって，サービスは手堅いが短時間で模倣されやすいのです。また現在，サービスの無人化と自動化が加速しています。そして，AI がクローズアップされています。これらの動きはサービス概念の

ルーツが向かう方向性に合致していると言えます。すなわち，従来からのサービスマネジメント理論で説明することができるのです。

2）欠乏動機に対応する行為

サービスには，満足という感情が適合しています。不特定多数の顧客ニーズである不足，必要，不便，不備，不利，不透明，不満，不平などの欠乏動機に対応する行為だからです。また，享受者からの期待やニーズがはっきりしていることから，提供者による一方向的な行為になりがちです。価格に見合った価値を提供することができれば不特定多数の顧客は満足することになります。また，享受者がまずは満足しなければ次のチャンスがないことも事実です。このことは，心得ておかなければならない原則だと言えます。

3）一時的な効果しかない満足

CS（Customer satisfaction）とは，本来的に言えば「顧客が満足する」ことです。しかしながら，現状では「顧客を満足させる」ことに注力した CS 活動が行われている場合が少なくありません。大切なことは，「顧客自身が満足する」ことです。サービス享受者の期待に対してサービス提供者が行う行為がかみ合えば，顧客が満足したと解釈することができます。しかし，満足はサービスが欠乏動機への対応であることから「一時的な効果」しか期待できません。ロイヤルティ（Loyalty）を高めるためにはホスピタリティ概念を適用した方策を組み立てる必要があります。これからの経営をデザインする際に留意しておきたい着眼点の一つです。

4）敵対行為の選択可能性

もし顧客の期待に対して対応できなければ，顧客は不満足な感情（Dissatisfaction）を持つことになるでしょう。また，提供側が思うほど顧客が満足しているとは限らない場合など，満足していない状態（Unsatisfaction）についても考えられます。それは，満足というほどではないが，近くに位置している他の施設と比べると良いからという理由で妥協し選択している場合があるからです。その上に，サービス提供が機械的で義務的に行われているとしたら，顧客は自らが満足するどころか，怒りの感情をあらわにして敵意（Hostility）に基づいた敵対行為を選択することになります。例えば，ネガティブな口コミキャンペーンなどを行うことが考えられます。

5）顧客のスタンダードな期待

サービス価値には，基本価値と期待価値の2つがあります（表1-2参照）。基本価値（Basic Value）は，「顧客に提供するにあたって基本として備えておかなくてはならない価値要因」（吉原 2005：94-95；Albrecht 1992：112-115）です。また，期待価値は「顧客が選択するにあたって当然期待している価値要因」（吉原 2005：94-95；Albrecht 1992：112-115）です。具体的にサービスが生み出す価値とは何でしょうか。顧客が持っている10のスタンダードな期待の視点から具体的に明らかにしましょう。以下は，マクドナルドを例に考えてみたものです。これらの視点はマクドナルドが提供しているサービス価値の根拠になるものです。

①　早く（速く）　➡　注文してから数分で出てきます。
②　安く　➡　学生にも人気な安さです。
③　多く　➡　種類が豊富にあり，期間限定のものもあります。
④　簡単に　➡　メニューが見やすくレジでの注文が簡単です。
⑤　便利に　➡　店内でイートイン，テイクアウト，ドライブスルー，デリバリーサービスなど注文方法が多く準備されています。
⑥　正確に　➡　ハンバーガーを作る材料やその量は決まっています。
⑦　確実に　➡　商品の渡し間違えがないようにレシートの番号で呼び，できたハンバーガーを確認してから渡します。
⑧　明瞭に　➡　わかりやすい料金が設定されています。
⑨　清潔に　➡　決まった時間に店内を清掃しています。
⑩　安全に　➡　アレルギー情報などの一覧表が用意されています。

（6）サービスマネジメントの今後

1）サービスの限界

サービスはモノとは異なり，その生産と消費についてはアナログの世界では同じタイミングで行われることから，提供者と享受者という立場の違いこそあれ，共に人間が担い，互いの関係のあり方がその成否を左右することになります。その点，享受者を満足させる視点から役に立つことを一方向的に行うサービス活動のみでは享受者の心をつなぎとめて離さないといったことにはなり得

表1-3　セルフサービスのメリットとデメリット

	メリット	デメリット	傾　　向
提供者	・効率性向上。 ・人件費等の削減。 ・欠乏動機に対応してサービスの品質が一定になる。	・顧客との関係が深まらない（見込む客，顧客止まり）。 ・経営自体のコモディティ化が進み，価格競争に陥る。 ・必要なコストまで削減し，安全性価値が低下する。 ・機械が相手であり，電気トラブルが発生するリスクがある。	・システム指向型のサービス経営になる。 ・多様性を排除し標準化された経営になる。 ・顧客満足・充足型の経営になる。
享受者	・他者と交流する必要がなく，自分のペースでできる（縛られない，離れていく）。 ・提供側の対応を待つ必要がない。	・顧客自らの手間と時間を必要とする。 ・提供側の働きかけや対応が機械的で冷たいと感じる（無味乾燥で味気ない）。	・価格にセンシティブになる。 ・交流は面倒であると捉える傾向が顕著になる。 ・気に入らないことがあると，すぐに鞍替えする。 ・提供側からすると「敵」になりやすい。

出所：筆者作成。

ないことが想定されます。表1-3では，サービスマネジメントの一つの形態であるセルフサービスについて取り上げました。すなわち，セルフサービスが行き過ぎると，リピーター（Repeater）にはなり得ない可能性が出てくることが考えられます。また，享受者に提供する前の段階として，経営としてコンセプトやビジネス・モデルなどをはじめ，形ある商品と形のない機能・活動を組み合わせて創造しておくことが何よりも望まれることです。したがって，今後は人間が本来持っている心を働かせる頭脳労働をして，各人のやり甲斐や働き甲斐につなげていくことを考えていく必要があります。

2）サービス価値を超えて

　ここまで繰り返し述べてきたように，サービス概念のレベルを超えたマネジメントが必要になります。筆者が，サービスを超えるという意味において想定している概念は「ホスピタリティ」です。その理由は，ホスピタリティを適用することで人間の存在そのものや活動の方向性，仕事の特性について説明することが可能になるからです。また，ホスピタリティ概念は一人ひとりの人間を個別的に捉え対応する概念だからです。例えば，願望や欲求を叶えたいとする人間の本質的な求めに応える概念だと言えます。したがって，本章はホスピタ

リティ概念によるマネジメントに可能性を見出すものです。享受者が「満足する」と「歓喜する，感動する，感激する，感謝する，驚嘆する，魅了する，堪能する，感涙する，感銘する」とは明らかに峻別しておく必要があるでしょう。これからの経営においては，「サービス価値を超えて」「期待を超えて」「満足を超えて」が合言葉になるでしょう。しかし，これらの議論の前提として，継続的で安定的なサービス価値が基本的な条件として整っていることが不可欠です。ここのところがある程度，仕組みとして整っていてホスピタリティの実践が可能になります。

5　「ホスピタリティ価値」共創のマネジメント
──未来創造へ向けて

　では，ホスピタリティの前提は何でしょうか。それは，人間一人ひとりでは限界があるということです。どういうことでしょうか。

　私たちは知識を取ってみても，経験を取ってみても，それ自体では一人ひとりの知識であり経験でしかありません。ホスピタリティマネジメントでは，それらバラバラな知識や経験等をつなげて，1＋1が10にも100にもなるように考え，働きかけ，動くことを第1にしています。それは，複数人が一緒に取り組むことで，当初は予想だにしなかった成果をもたらすことができるからです。

　複数人による活動プロセスの中で相互関係を形成することから始めて，人と人の相互作用や相互補完が生まれ，相乗効果が高まる点がホスピタリティ実践の最大のメリットです（吉原 2005：41-61）。すなわち，ホスト・提供者とゲスト・享受者の双方が，「えっ！そんなことまでやるの！」と驚きの声をあげる場面を想定しているのです。このことを社会科学では発生的特徴（Emergent factors）と言っています。いわば，「三人寄れば文殊の智慧」の実践であると理解することができます。故・西山千明立教大学名誉教授は超加算効果（Super-additive effect）について強調し，「有機的関係によってこそ生み出されるということは，まさしく各個人がそれぞれ影響しあい相互作用しあい，相互決定されるからだ」[10]（西山 1983：270-274）と述べています。また，そのようなプロセスを通じて人間は成長していくと考えられます。

（1）ホスピタリティ概念のルーツ

　ホスピタリティについては，ラテン語の「Hospes」がルーツです。「Hospes」は，ゲストを意味する「Hostis」とホストを意味する「Potis」の合成語です。しかも，この二者間は基本的にパラレルで補完し合う関係にあると言えます。ホスピタリティは何を目指しているのでしょうか。関係する人が互いに成長し合い，互いに幸せになることが目的です。そこで，ホスピタリティについて日本語で表現するとどうなるか。長年の研究成果から，「活私利他」という表現に行き着きました。「活私」は，自分を活かすこと[11]（吉原編著 2014：59-60）。もっと言えば，自らの能力を発揮することを意味しています。一方，「利他」とは他者が喜ぶという意味です[12]（吉原編著 2014：59-60）。この２つの単語をつなげると「活私利他」で，「他者が喜び幸せになるように，自らの能力発揮を促進する」という意味になります。そのように考えると，三方よしの考え方とホスピタリティの考え方は一致していることがわかります。三方よしは，ホスピタリティが目指している自分も他者も互いに成長する「自他相互成長主義」の考え方に立っているからです[13]（吉原編著 2020：32-34）。

（2）ホスピタリティ価値の特徴

　多くの人が困っていることを困らないようにする。また，我慢していることを我慢しなくて済むようにする。いわば，ホスピタリティ価値とは「期待はしていないが潜在的に願望していて提供されれば評価する価値要因」（願望価値）のことです。ゲストは困っていて我慢しているが，ホスト側が叶えてくれないので既にあきらめているかもしれないのです。この期待・ニーズについては，ホストもゲストも手を打つ必要性があると把握している場合がほとんどです。例えば，パソコン購入時における利用者の不安感や不快感を軽減することなどが考えられます。しかし，もう一方で，他の施設がやっていないことにチャレンジする場合にはニーズを想像できないばかりか，過去の経験が役に立たないことが少なくありません。ゲストからすると，「期待や願望を超えてまったく考えたことがない感動や感銘や驚嘆を与え魅了する価値要因」（未知価値）[14]なのです。それは，ホストもゲストも予想することができない価値であると言えます。ゲストもホストも気づいていない，言語化できないでいることをお互い

が感じながら，また探り合いながら明らかにしていくことが求められているのです。これからの経営の重点であり経営のエンジンとして位置づけるものです。例えば，病院に隣接したところに患者の家族が宿泊できるホテルを建設する。また，高齢者が集うところに子どもたちとの交流を促進するための保育所を併設する。さらには，信頼関係の中でその人らしく活動することができて安心して生活できるようにすることなどが考えられます。私自身は茶道を学んでいる時に，サービス価値に該当するお点前について繰り返し練習を重ねていくと，自ずと心に余裕が出てきて周囲を客観的に見渡すことができている自分に気づくことがありました。ホスピタリティ価値へ向かう条件が整った瞬間であると言えます。

（3）「ホスピタリティ価値」共創の目的（パーパス）

　ホスピタリティ価値共創の目的は，「活私利他」と「価値共創」のためであり，また「相互歓喜」のためです。これらの目的は，ホスピタリティマネジメントを推進していく上で大切な基準になります。また同時に，「品質を向上する」「ロスを減らす」「教育訓練する」だけでは「活私利他」にはならないことも踏まえておかなくてはなりません。上記したように，「ゲストの評価価値」と「働く人の能力発揮」を共に最大化していくことが望まれているからです。

1）0次元の目的

　ホスピタリティマネジメントは，本質的には何を目的にしているのでしょうか。表1-4を見てください。組織に関係する人たちが互いに成長し合うことを目的にしています。すなわち，お互いが良くなることを目指しています。東京ディズニーリゾート（TDR）では，ゲストに対して「Happiness」を提供することだと表明しています。そのことは同時に，キャストも幸福感を感じながら活動できているかどうかを問うていると言えるでしょう。0次元の目的については，ホスピタリティマネジメントでは組織関係者の「相互成長」「相互繁栄」「相互幸福」と表現しています。因みに，ホスピタリティ概念を含まないサービスマネジメントでは，「利益を増やす」が0次元の目的です（表1-6参照）。

2）1次元の目的

　0次元の目的を実現へと導いていくために，さらに3つの具体的な目的を明

らかにします。それは，「活私利他」「価値共創」「相互歓喜」の3つです。

① 活私利他

活私利他は，1980年代まで多く言われていた滅私奉公や自己犠牲の精神を完全に否定し，最もホスピタリティ概念を表現した言葉です。「自らの能力を最大限に発揮して，ゲストの喜びや幸福感を最大化すること」という意味があります。例えば，介護の現場では働く人は自らの専門的な知識や技術を最大限に発揮して，要介護利用者の自立・自律を応援し利用者に喜んでいただくことで，活私利他を実現していると言えます[15]（吉原編著 2014：59-60；吉原編著 2020：33-34）。ジェームズ・オトゥール（James O'Toole）は，「どんな関係の双方にとっても有益でなければならない。その尺度はつねに短期的な利益ではなく，長期的な自己利益と良心である。わが社は，他者がそれ自身の正当な利益を手にできるように援助することにより，他者を通じて自己の利益を探している[16]」（O'Toole 1985＝1986：169）と述べています。まさにホスピタリティマネジメントの方向性を示唆していると言えます。

② 価値共創

先に述べた「人間価値」「サービス価値」「ホスピタリティ価値」といった価値をゲストと一緒に共創することを意味しています。なぜか。これら3つの価値を高めることがホスピタリティを醸成し向上することにつながるからです。そうすることで，組織関係者が互いに成長し合い共に良くなります。ただ一つ，サービス価値の中で無人化やセルフサービスが行き過ぎることがあります。行き過ぎるとホストとゲストは交流しなくなります。交流が止まるとプラスの相乗効果を期待することができません。その場合は，ホスピタリティとは無縁のビジネス・モデルだと捉えることができます。

③ 相互歓喜

フィリップ・コトラー（Philip Kotler）は，「顧客満足から顧客歓喜へ[17]」（Kotler & Armstrong 1994：553）とこれからの方向性を示しました。そのことを踏まえた上で，これからの継続性を考慮して「相互歓喜」を提言するものです。相互歓喜とは，ゲストもホストも共に喜び合うところに意義を見出すものです。ホストは基本的には Giver であり，ゲストを喜ばせることに喜びを実感します。そのために心を働かせる頭脳労働による創造的な活動へ歩を進めます。

表1-4　ホスピタリティマネジメントの目的

基本的な目的・0次元	1次元	2次元
組織関係者の相互繁栄	活私利他	ゲストの主観的な評価価値, 喜び, 利益を最大化する。
	価値共創	
相互成長		働く人の能力発揮を最大化する。
	相互歓喜	
相互幸福		(組織の永続的な生存可能性, ゲストとの共存可能性を共に高める。)

出所：筆者作成。

また, ゲストはホストの思いを受け止めて自らもアイディアなどを出して面白がります。ホストとゲストが共に期待や満足を超えた場づくりをして, 一緒に喜び合うことを表現したものです。心理的な結末は「満足」という感情を基本として, 「喜び」「歓喜」「感動」「感激」「感謝」「驚嘆」「魅了」「堪能」「感涙」「感銘」などの感情を挙げることができます。これからのマネジメントでは, 大切にしたい心理的な境地です。

3）2次元の目的

そして, マネジメントのレベルとしては, 2次元の目的として表1-4にあるように2つの具体的な目的を掲げます。一つはゲストが評価する価値を重視する立場から, 「ゲストの主観的な評価価値を最大化する」という目的です。もう一つは働く人のモティベーションと能力開発を重視する立場から, 「働く人の能力発揮を最大化する」という目的があります。これらの目的については, 経営者がゲストと働く人に対してそれぞれ約束するものです。

（4）「ホスピタリティ価値」共創マネジメントのエッセンス

関係者が相互交流することで, 互いのアイディアとアイディアが掛け合わされ, 口々に言っていることが「形」になっていくことがあります。例えば, ホスピタリティマネジメントの目的の一つである「潤い」「安らぎ」「癒し」「憩い」「寛ぎ」「暖かみ」「温もり」「味わい」「優しさ」「和み」「深み」「高み」などを実感できる場づくりはまさに現代社会において求められています。ホスピタリティ価値の基本的な特徴については, 以下にいくつか記しておきたいと思います。

1）経営のエンジン

「こんなことがあったらいいのになあ～」「あんなことがやれたら楽しいだろうなあ～」「そんなことまでやってくれるの！」「えっ！そこまでやるの！」「おやっ！これまでとは明らかに違うぞ！」「他とは比べ物にならない！」といったゲストの声が聞こえてくるようになると，ホスピタリティ価値が認識されていることが考えられます。経営を前へ進める重点であり経営のエンジンとして位置づけるものです。あなたの職場では，どのようなことが考えられるでしょうか。ぜひ議論してみてください。

2）信頼関係を取り結ぶことが目的

ホスピタリティ価値には双方向的，相互補完的，個別的，配慮的な傾向があり，また直接的に対価を求めないといった特徴があります。すなわち，信頼関係を取り結ぶことを目的にしています。したがって，ホスピタリティはこれから先が不確実で，また模倣されにくいといった特性があります。因みに，上記したサービス価値は一方向的，マニュアル的，集団的，義務的などの傾向があり，直接的に対価を求めるところに特徴があります。

3）価値共創による永続的な効果

ホスピタリティ価値は，多くのゲストが求める前に形にすることがポイントです。なぜならば，その方が満足を超えたところの「喜び」「歓喜」「感動」「感激」「感謝」「驚嘆」「魅了」「堪能」「感涙」「感銘」などの感情の振幅が大きいからです。このような感情を味わう体験・経験を繰り返すことで「永続的な効果」が高まり，ゲストのロイヤルティ（Loyalty）が向上します[18]（「日本経済新聞」1996年11月20日付朝刊）。これからの経営における課題として，ゲストと一緒に価値共創することが可能な仕組みをつくることが考えられます。

4）心を働かせる頭脳労働

ホスピタリティ価値については，ホストもゲストも認知している願望価値と新しい価値としての未知価値の2つによって構成されます。未知価値を共創するためにはサービス価値とは異なり，複数人が心を働かせる頭脳労働をして創造的な活動へ歩を進めていかなくてはなりません。そして，ゴールまでやり抜くことがポイントです。その点，不確実性が高い中での活動であり時間を要します。また，コンフリクト（Conflict）もあり油断ができないという側面もあ

表1-5　ホスピタリティマネジメントのフレームワーク

	経営の基本	経営の重点
1．顧客価値 （ゲスト価値）	サービス価値 （製品・商品価値も含める）	ホスピタリティ価値
2．活動の理念	顧客満足 ＝CS（Customer satisfaction）	相互歓喜 ＝MD （Mutual delight）
3．活動の目的	組織が利益を上げる，売上を上げる，コストを削減することを中心にして効率性を高める	関係者が交流することによって「潤い」「安らぎ」「癒し」「憩い」「寛ぎ」「暖かみ」「温もり」「味わい」「優しさ」「和み」「深み」「高み」等を感じる経験の場づくりを行う
4．主導する主体	組織主導	組織・顧客の両主導
5．活動の対象と方向づけ	見込み客，顧客（1，2回顧みる客） →　顧客満足度の向上と顧客の維持と顧客の拡大	得意客，支持者，代弁者・擁護者，パートナー →　顧客歓喜によるファンの拡大とリピーターの獲得
6．活動の内容	一方向的な顧客ニーズの把握とその充足，及びクレームやコンプレインへの対応 →　業務の標準化，システム化，マニュアル化，機械化，ロボット化，自動化による画一化の推進	関係者との相互関係，相互作用し合う共働（共に働きかけ合い，共に力強く働く），そして相互補完の実践 →　関係者との連携，関係者の組織化と共働，心を働かせる頭脳労働による創造的な活動，ちょっとした気遣い・気配り・心遣い・心配り
7．関係者の感情	満足，充足	喜び，歓喜，感動，感激，感謝，驚嘆，魅了，堪能，感涙，感銘
8．基本的な問い	いかに売上を上げるのか いかに利益を上げるのか いかにコストを減らすのか いかに顧客が満足するのか	何によって楽しんでいただくのか 何によって喜んでいただくのか 何によって感動の場を創造し分かち合うのか

出所：筆者作成。

ります。その点，ホスピタリティ価値のキーワードは「予想外」「非日常」「オリジナリティ」「オンリーワン」「共創」などが考えられます。

5）期待を超えるマネジメント

　顧客が通常，抱く期待は何か。第4節（5）で明らかにしたように10のスタンダードな期待内容があります。これらの期待は欠乏動機が根底にあり，提供

されて当たり前の価値であると受け止められています。多くの有能な人をサービス価値にのみ閉じ込めて働かせている組織が何と多いことでしょうか。そのようにすることで確実で無難な仕事になり，働き甲斐や生き甲斐を失っていくことになります。ゲストの「そこまでやるの！」に応える経営にするためには，「期待を超えて」「サービス価値を超えて」「満足を超えて」の方向性とマネジメント活動に重点化していく必要があるでしょう。これによって，働く人は心を働かせ自らの頭脳を駆使して創造的な活動へ歩を進めます。すなわち，創造性を発揮することが求められるのです。また，ゲストはホストの思いを受け止めて自らもアイディアなどを出して面白がります。組織としては可能性への挑戦マネジメントや機会の開発マネジメントに重点シフトしていきます（表1-6参照）。

　このところ，「サービスからホスピタリティへ」といったフレーズを見かけることがあります。これは，何を意味しているのでしょうか。ホスピタリティマネジメントでは，これまで述べてきたようにサービスを否定しているわけではありません。これまでのサービス価値を経営の基本として位置づけなおした上で，経営の重点をホスピタリティ価値へシフトするものです。すなわち，サービスとホスピタリティは二項対立の関係で捉えるのではなく，それぞれが自律的に相互作用しながら機能する二項両律として捉えるものです。ホスピタリティマネジメントは，この「ホスピタリティ経営」を目指す二項両律マネジメントがコアになります。上記した内容をわかりやすくしたものが，表1-5です。これからの経営の基本と重点について，「顧客価値（ゲスト価値）」「活動の理念」「活動の目的」「主導する主体」「活動の対象と方向づけ」「活動の内容」「関係者の感情」「基本的な問い」の8項目についてそれぞれ比較したものです。ぜひ参考にしてください。なお，第6節で取り上げる人間価値は経営の土台として位置づけています。

6　サービスとホスピタリティを二項両律させる鍵は 「人間価値」向上のマネジメント

「経営の基本であるサービス」と「経営の重点であるホスピタリティ」は，

第3節で述べたように相違関係です。また同時に，補完関係でもあります。この関係が未来創造へ向けて相互循環しながら機能するためには，私たち人間が鍵を握っていると言えます。まさに私たちが「キーマン」なのです。そこで，経営の土台である人間価値について明らかにしておきたいと思います。

（1）ホスピタリティ人財

　三方よしを目的にして活動する人間は，ホスピタリティを実践する人間・人財であると言えます。どのように考えることができるでしょうか。それは，ホスピタリティ概念のルーツに手がかりがあります。ホスピタリティは「自律性」「交流性」「補完性」の3つの要素で説明することが可能であり，以下の3つの領域にそれぞれの源泉があります。ホスピタリティを実践する人間・人財は「自己の領域」「親交の領域」「達成の領域」を持っていて，自分でバランスよく育て発揮する存在であると捉えられます。筆者は，このことを「ホスピタリティ人財」と表現しています。図1-2を参考にしてみてください[19]（吉原2005：29-39）。

（2）人間価値の目的

　ホスピタリティ人財が直接的に生み出す価値が人間価値です。人間価値の目的は，ホスピタリティマネジメントが標榜する組織関係者の「相互成長」「相互繁栄」「相互幸福」といった基本目的を実現させるために，まずは働く人一人ひとりが自己成長を促進すること。すなわち，いかに他者の中で自己を成長させるかが目的であると言えます。人間価値に関する1次元の目的は，図1-2で述べたホスピタリティ人財を構成する「自己の領域」「親交の領域」「達成の領域」をそれぞれ自己点検し意識的にバランスよく育てることです。また，2次元の目的については図1-3で示した能力発揮力の向上を図り，セルフマネジメントを推し進めることです。このように各人が前へ歩を進めることで，組織関係者の「相互成長」「相互繁栄」「相互幸福」に近づくことができます。周りを客観的に見渡してみると，サービス価値のところに記した目的については，利益至上主義を唱え，それに歯止めをかけることもなく推進している事例が見受けられます。ほとんどの場合，組織の不祥事を引き起こしていることに

図1-2　組織を変えるホスピタリティ人財とは

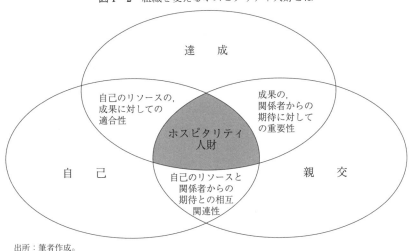

出所：筆者作成。

図1-3　能力と成果を結びつける能力発揮力

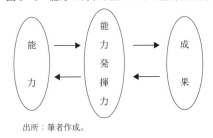

出所：筆者作成。

ついても教訓として踏まえておかなくてはならないでしょう。これらの点を私たちがよく自己点検することが求められているのです。

（3）人間価値の位置づけと機能

　土地の上に建てた家がサービス価値とホスピタリティ価値に該当するとしたら，人間価値は地中とか地面に当たります。人間価値は直接的に一人ひとりの人間に関係していて，その一人ひとりが生み出す価値です。また，サービス価値とホスピタリティ価値に対してブレーキとアクセルの機能を発揮します（図1-1参照）。現代社会においては，サービス価値の提供についてはマニュアルやセルフサービスなどが一般的ですが，これらの方法を過度に取り入れると働

いている人は義務的で機械的な対応になりがちです。また，手続きの煩わしさ
や電話をかけた際の音声ガイダンスなどによってゲストとコミュニケーション
をとる場面を失い，出会いの場づくりに失敗している事例も数多く報告されて
います。人間価値には，人間が陥りやすい無味乾燥した対応を緩和する働きが
あります。また同時に，ホスピタリティ価値に対しては創造性を発揮して価値
共創しますが，私たち人間こそがその創造的な活動を促進し支える機能を有し
ていることも忘れてはならないことです。

（4）人間価値の構成要素

　人間価値については礼儀・節度，態度，物腰，ルール・約束事の遵守，ポリ
シー，志，想いなどから構成されます。また同時に，持ち味（個別特性）を構
成する4要素として，ａ．好きなこと・得意なこと，興味・関心領域，ｂ．気
質・性格，ｃ．対人関係上の基本姿勢や行動の特徴・傾向，ｄ．知識をはじめ
とした能力，経験，活動内容，活動実績，資格，特技などが含まれ，「自己の領
域」の背景にあるリソース（Resource）として位置づけられます。すなわち，リ
ーダーシップの源泉として私たち自身が育てることがとても大切です。人間価
値の構成要素は人を採用する際の着眼点であり，また評価の対象だと言えます。

（5）人間価値向上の方向性

　私たちは，経営の土台として位置づけている人間価値を自らが向上させ，ホ
スピタリティ経営を推進したいところです。その向上の方向性については，以
下の8つが考えられます。
　　①　関係者の中で自己を成長させる。
　　②　自らの生命・生活・人生の質（QOL）を高める。
　　③　自己・親交・達成の各領域を自分でバランスよく育てる。
　　④　自らを尊重し自らの想いや考えを明らかにして関係者に発信する。
　　⑤　関係者とネットワークを築き，互いに連携する。
　　⑥　自分らしさを表現し相互成長感をシェアする。
　　⑦　自らが決めたことについては最後までやり抜く。
　　⑧　自らのキャリアをデザインして，出し惜しみすることなくセルフマネ

ジメントする。

（6）人間価値向上の鍵

　働く人の能力発揮を最大化することはホスピタリティマネジメントの目的の一つです。ポイントは，図1-3にある通り，能力と成果を結びつける「能力発揮力」に着目することです。

1）能力発揮力と能力

　能力発揮力とは，「業務遂行する際に能力発揮を促進する力」のことで，筆者が命名しました。具体的には，「自己傾注力」「親交促進力」「達成推進力」といった3つの能力発揮力を指しています。これら3つの能力発揮力については，ホスピタリティ人財を構成する「自己」「親交」「達成」の各領域から導き出したものです。なお，上記した「能力」は，基本的な能力と習熟的な能力に分けることができます。前者は知識と技能・技術です。また，後者については，「理解・判断力」「工夫・企画力」「表現・折衝力」「指導・統率力」といった4つの能力を言います。

2）自己傾注力

　真に力強い活動にするためには，関係者からの要求に応えるだけでは間に合いません。自己の領域を発揮することが必要になります。また，親交の領域と達成の領域とのバランスを整えることも必要です。担当する業務活動に対して自らの力を傾注する志向が強くなればなるほど力強く活動することができるようになります。

3）親交促進力

　何かを達成するためには，業務活動に傾注するだけでは独りよがりになる危険性があります。そこで，広く関係者に働きかけ交流することで共感性を高め広げることが関係者の気運を盛り上げ，モチベーションを高めることにつながります。また，結束力を高めることにもなります。ホスピタリティの最大の特徴は，複数人で一緒に活動することでプラスの相乗効果を高めることです。

4）達成推進力

　私たちは，誰もが例外なく何かを達成することを求められています。業務への向かい方が積極的であれば何かを達成する可能性は高くなります。また，複

数人で共通の目的・目標づくりをして，ゴールまでやり抜くことは貴重な経験を手に入れることになります。そのためには，関係者と親しく交流して幅広く手段を探索し編成すること，また自らのリソースを充実させ自己成長を促進することなどを整える必要があります。これにゴールまでやり抜く達成推進力が加わると，ますます力強い活動にしていくことができます。なお，成果の要件については以下の4つが考えられます（図1-3参照）。

①　当期の業績，あるいは将来の業績に何らかの形で貢献する。

②　組織の方向性，戦略，価値観に合致し，組織の継続的な発展と繁栄に結びつく。

③　具体的に説明可能なゴール（目指す状態）が明示されている。

④　組織メンバーが課題や目標に取り組むことで，専門的職業人としての前進や成長に結びつく。すなわち，組織と働く人が相互成長できるかどうかが大切です。

7　目的（パーパス）の体系

　表1-6は，ホスピタリティマネジメント全体を目的中心で描いたものです。ホスピタリティマネジメントの中に，「ホスピタリティ価値」「サービス価値」「人間価値」が含まれます。また，表に段差をつけて描いてみました。すなわち，ホスピタリティマネジメントでは，重点としてのホスピタリティ価値の目的がサービス価値や人間価値の各目的に影響を与え規定していることが考えられるからです。ここであらためて3つの価値を目的（Purpose）の視点から整理しておきましょう。

（1）ホスピタリティ価値の目的

　ホスピタリティ価値の目的は，「活私利他」と「価値共創」，また「相互歓喜」です。従来からの「品質を向上する」「ロスを減らす」「教育訓練する」だけでは「活私利他」にはならないことを踏まえておく必要があります。上記に示したように，「ゲストの主観的な評価価値」と「働く人の能力発揮」を共に最大化していかなければ達成することができません。このことも特に留意する

表1-6　ホスピタリティ価値に規定されるサービス価値と人間価値

経営の位置づけ	価値	目的			マネジメント	課題・目標
		0次元	1次元	2次元		
重点	ホスピタリティ価値	関係者の相互成長相互繁栄相互幸福	・活私利他 ・価値共創 ・相互歓喜	・ゲストの主観的な評価価値を最大化する ・働く人の能力発揮を最大化する	・事業の再構築マネジメント ・可能性への挑戦マネジメント	・事業の再構築課題・目標 ・現状変革課題・目標
基本	サービス価値	利益を増やす（組織が存続可能な適正利益を確保する）	・売上を増やす（売値を維持する） ・コストを減らす ・経営資源を有効活用する	・品質を向上する ・ロスを減らす 人件費を減らす AIを導入する（無人化，自動化） ・教育訓練する	・業務の有効化マネジメント（業務機能を有効にする）	・現状改善課題・目標
土台	人間価値	他者の中で自己を成長させる	・自己の領域を育てる ・親交の領域を育てる ・達成の領域を育てる	・自己傾注力を高める ・親交促進力を高める ・達成推進力を高める	・セルフマネジメント ・キャリアデザインマネジメント	・自己成長課題・目標

出所：筆者作成。

必要があります。

（2）サービス価値の目的

　サービス価値の目的は効率性を追求する中で利益を増やすことです。組織の存続可能な適正利益を確保するところにねらいがあります。[20]適正利益を確保するために，売値を維持するという制約条件のもと，売上を上げるようにします。また，必要なコストはかけて不必要なコストのみ削減します。そして，経営資源を有効に活用します。今，話題になっているAI技術を導入することが目的ではないことは特に留意する必要があります。

（3）人間価値の目的

　人間価値の目的についても，組織関係者の「相互成長」「相互繁栄」「相互幸福」といった基本目的のもと，働く人一人ひとりが自己成長を図ることに他な

りません。いかに他者の中で自己を成長させるかがポイントです。1次元の目
的については，図1−2で述べたホスピタリティ人財を構成する「自己の領域」
「親交の領域」「達成の領域」をそれぞれ自己点検し意識的にバランスよく育て
ることです。また，2次元の目的は，図1−3で示した能力発揮力の向上を図
り，セルフマネジメントを推し進めることです。そうすることで，組織関係者
の「相互成長」「相互繁栄」「相互幸福」に近づくことができます。表1−6は
そのためのマップとしてご活用ください。

8　本章で何が明らかになったのか

本章の目的に対して，明らかになったことは以下の通りです。
①　従来からのサービスマネジメントで適応できるのか。
　　・サービスの無人化や自動化，また経済化の動きについては従来からの
　　　サービスマネジメント理論で説明可能であることがわかりました。
　　・しかし，仕事の特性に関する変化に対しては説明できないことが理論
　　　的に明らかになりました。
②　新しいマネジメントのフレームワークを考えなければならないのか。
　　・創造性発揮が求められている仕事の特性に適応するためには，ホスピ
　　　タリティ価値とサービス価値の二項両律のマネジメントを推進するこ
　　　とが継続的で安定的な経営に寄与することがわかりました。
　　・また，二項両律のマネジメントを推進するためには，人間価値向上の
　　　マネジメントを経営の土台として位置づける必要があることが明らか
　　　になりました。
　　・すなわち，新しいマネジメントのフレームワークについては，「ホス
　　　ピタリティ価値」共創のマネジメント，「サービス価値」提供のマネ
　　　ジメント，「人間価値」向上のマネジメントから構成され，相互に関
　　　係性を持って循環し機能することの必要性についてわかったところで
　　　す。

今後の課題は，本章で明らかにしたホスピタリティマネジメントのエッセン

スでありコアである「人間価値」「サービス価値」「ホスピタリティ価値」がさ
らに相互に関係性を持って循環し機能するために，ヒューマンリソースマネジ
メント（人的資源管理）とフィジカルリソースマネジメント（物的資源管理）に
ついてそれぞれ明らかにする必要があります。その上でホスピタリティ経営全
体を俯瞰することが今後の課題です（吉原編著 2014：43図表 2 - 1）。

注
(1)　ホスピタリティ経営は，筆者による造語です。ホスピタリティ概念に基づく経営
　　のことで成功へ導くためには，ホスピタリティマネジメントを機能させる必要があ
　　ります（吉原編著 2014：79-83）。
(2)　ホスピタリティが生み出す価値のことで，創造性，革新性，可能性，成長性など
　　があります。「ホスピタリティ価値」は筆者による造語です。未知価値と願望価値
　　によって構成されます。
(3)　ホスピタリティはおもてなしのことであるとする誤解が生じていることから，お
　　もてなしについて解説しておきたいと思います。おもてなしという言葉は，平安時
　　代から使われていた歴史があります。日本では心の持ち方，姿勢・態度，身のこな
　　し，振る舞いといった意味があり，饗応や馳走へと展開していった経緯があります。
　　その中で，次のような変遷を経ていることについては忘れてはならないと思います。
　　平安時代から荘園支配者が奉行をもてなすことがありました。その背景には訴訟を
　　解決する意図があり饗応や贈与が行われ，そのことが後の贈収賄の温床となった経
　　緯があります。したがって，もてなしは政治的に利用された歴史があるのです。平
　　安時代中期に成立した源氏物語の中にも，自らの意図を成し遂げるためのもてなし
　　が多く見受けられます。鎌倉時代においては，預所の代官がもてなしを農民に強要
　　しその頻度が増すにつれて，農民から訴えられる事例があります。室町時代には，
　　税金免除のための訴訟において荘園支配者が奉行をもてなす費用の一部を農民に強
　　要し，農民が負担することが慣例化するようになりました。これによって，奉行は
　　当然のように農民による負担を期待するようになっていったという経緯があります。
　　1976年に発生したロッキード事件で話題になったピーナッツ 1 粒で100万円の賄賂
　　が贈られたことはこれに該当します。近いところでは，総務省と東北新社・NTT，
　　農水省と大手鶏卵生産会社，IR 担当内閣府副大臣と中国企業などの関係，国立下
　　志津病院工事を巡る贈収賄等々の問題，東京オリンピック・パラリンピック大会組
　　織委員会元理事の受託収賄容疑などが挙げられます。ある官僚が一晩に 7 万4,800
　　円の接待を受けていたことは記憶に新しいところです。また，もてなしの「もて」
　　は手段を表し，「なし」は成し遂げるという意味を有しています。自らの意図を実

現するために他者に働きかけることから，他者の視点が欠落し自らの意図を押し付ける傾向が見受けられました。さらには，もてなしという言葉については「もてあそぶ」「とりつくろう」「あしらう」「もてあます」「もてのほか」といった意味を有していることも忘れてはならないでしょう。おもてなしという言葉は歴史的に捉えると，賄賂政治に利用された言葉であることはぜひとも踏まえておきたいところです。また，他者の視点が欠落している点についても注意しなくてはなりません。本章ではホスピタリティ概念について述べましたが，もてなしとの違いにも留意してほしいと思います。

(4)　ホスピタリティについては，次のような変遷を経て今日に至っています。①人類の歴史とともに存在し，根源的には原始村落共同体を形成するプロセスにおいて，共同体外からの来訪者を歓待し，飲食あるいは衣類，また休息の場を提供する異人歓待の風習にさかのぼっています。②ラテン語の Hospes が語源で，Potis と Hostis の合成語です。Potis がホスト（Host）の立場を表し，Hostis が Stranger であるゲスト（Guest）の立場を表現しています。③欧州諸国では，巡礼を主とした旅する異邦人を保護する考え方がありました。④ゲストを寛大にフレンドリーに受け容れ，楽しませるという意味を含んでいます。⑤アメリカでは，特にホスピタリティ産業に関する捉え方が主で，ホテル事業やレストラン事業を意味しています。⑥また選択の自由が重要なこととして強調されています。ホスピタリティの定義については，吉原（2005：58），吉原編著（2014：29），吉原編著（2020：31）を参照のこと。

(5)　期待価値（Expected value）は，「顧客が選択するに際して当然期待している価値要因」のことです（吉原 2005：94-95；Albrecht 1992：112-115）。

(6)　初期の出会いに失敗している事例はいっぱいあります。例えば，電話がつながらない，電話で待たされる，記入箇所が多い，手続きが複雑でわかりにくい，専門用語が多すぎる，紙のパンフレットがなくインターネットでの手続きへ誘導される，直に対面する選択肢がない，電話で連絡することができない，窓口は親切だが時間がかかる上にサービスの開始時期が曖昧でわからないなど，デジタル化する経営において改善すべき点が多くあります。

(7)　私たちは生活する中で，困っていることや我慢していることが多くあると思います。そこでは，相当な負担感を感じているのではないでしょうか。誰に言うにしても，のれんに腕押し状態でやるせない気持ちになることも多いかと思います。これからの経営は，顧客の困り事に真正面から取り組んでいかなくてはなりません。なぜならば，顧客が支払う価格に見合った価値を提供することで顧客は満足するからです。また，顧客が困り事を抱えたまま放置されているということは，顧客が負担するコストが支払う価格を上回っていることを意味しているからです。

(8)　仕事と一口に言っても，「経済的な動機に基づく仕事」と「別の動機に基づく仕

事」があり，よく見極める必要があります。前者がサービス価値，後者はホスピタ
リティ価値にそれぞれ該当します。多くの仕事において，その両方を含んでいます。
仕事が目指す方向性としては，次表のサービス価値については当たり前に行い，そ
してホスピタリティ価値へ軸足をシフトすることです。これからのキャリア形成の
方向性として留意したい点であると言えます。今後は，ますます顧客がやりたいこ
とを叶える仕事に成長させていかなければならないことが考えられます（吉原編著
2020：202-204）。

	経済的な動機に基づく仕事 サービス価値	別の動機に基づく仕事 ホスピタリティ価値
仕事の呼称	・Mission ある義務に基づく仕事のこと。 ・Labor 使役の概念が含まれた労働の意。 ・Business 営利を追求する仕事のこと。 ・Job 賃仕事や職務のこと。 ・Task 義務として負わされた仕事や課題の意味がある。	・Occupation それが何であれ一日の大半を占める活動のこと。 ・Vocation 転職としての生き甲斐や価値観を見出した時に仕事となる。 ・Career 職業経歴・履歴のことで，生涯にわたって，Occupation や Vocation に変えるダイナミックな働き。 ・Work 肉体や頭脳を働かせて仕事を行うこと。仕事の対価としての収入を伴うか否かを問題にしない。

出所：松為・菊池編（2001）を基に筆者再構成。

⑼　仕事の特性などの状況変化に伴って，サービスをその概念ルーツにさかのぼり問
い直す必要があります。

⑽　西山千明は，また「一人一人の個人を分析の基本単位としながら，これらの人々
が相互に関係を持ち相互に作用するにつれて，一人一人がどう変化し，その変化の
過程からどんな『発生的諸現象』が，どういった規則性において現われるようにな
ったかを，明らかにしなければならない」（西山 1983：274）と述べています。

⑾　1980年代までは，ホスピタリティ概念と不一致な「滅私奉公」や「自己犠牲の精
神」が強調されました。個性の時代，創造性の時代，心の時代には，「活私」の考
え方が必要になってきています。

⑿　利他については，無償性に特徴があります（伊藤編 2021）。「他者の役に立ちた
い」「他者に喜んでもらいたい」と考え，「活私」と融合することで，ホスピタリテ
ィが醸成されます。そして，あるタイムラグの後，予期せず「幸せのギフト」が贈

られることがあります。例えば，「ありがとう」の一言であったり，心ばかりの手作りの何かが届いたり，辛い時に相談されたりと何かと嬉しい瞬間があります。これらは思わぬ瞬間に双方の気持ちを交換し合う経験と捉えることができます。

⒀　近江商人の経営理念である「買い手よし」「売り手よし」「世間よし」の教えがホスピタリティ概念ルーツとその意味に合致しています。

⒁　未知価値については，英語で Unanticipated value と表現します（吉原 2005：94-95：Albrecht 1992：112-115）。

⒂　介護で最も考えないといけないことは何でしょうか。それは利用者の欲求や願望を叶えることです。そのために専門性を発揮することなのです。実際は「活私」の方がうまく機能していないと言えます。利用者の欲求や願望に「蓋」をする介護になっていないでしょうか。「きりがない」「危ない」「だれが責任をとるのか」「人が足りない」と言っていないでしょうか。もし言っているとしたら専門性が死蔵され創造性の発揮が止まっていることが考えられます。このことによって，例えば大学生が就職先として選ばない事態に陥っていないでしょうか。また，利用者の問題行動を助長することになり，その結果として自らが担う仕事を効率的に進めることが困難になっていないでしょうか。点検してみる必要があるでしょう（吉原編著 2020）。

⒃　オトゥールの主張はホスピタリティマネジメントの基本原理に一致しています。なぜならば，ホスピタリティマネジメントの基本原理は「利害関係者（Stakeholder）である他者との信頼関係を構築し組織の永続的な存続可能性を高めるために，自己利益の最大化を図るのではなく，他者の利益を重視し，他者を受け容れ，他者が評価する価値を共創して他者との共存可能性を高める活動の遂行」だからです（吉原編著 2014：40-42）。ホスピタリティマネジメントの定義については，吉原（2005：96），吉原編著（2014：57），吉原編著（2020：53）を参照のこと。

⒄　フィリップ・コトラーは，今後の経営について「顧客満足から顧客歓喜へ」と方向づけしました。卓越した見解であると思います。ホスピタリティマネジメントは顧客ばかりではなく働く人についても重視していることから「相互歓喜」を第 1 次元の目的の一つとして掲げています。いわば，「Happy・Happy のマネジメント」を指向しています。また，フィリップ・コトラーは「その企業が人間の幸福にどのように貢献しているかを消費者が認識すれば，利益はおのずとついてくる」と述べています（フィリップ・コトラーほか 2010）。

⒅　表 1 - 5 の 5.「活動の対象と方向づけ」を参照のこと。また，吉原敬典（1998）『「開放系」のマネジメント革新——相互成長を実現する思考法』同文舘出版，207頁の図表 6 - 3「顧客進化の循環」を参照のこと。後者については，井関利明「リレーション・マーケティング」『やさしい経済学』（「日本経済新聞」1996年11月20日付朝刊）の図表「顧客進化の階層」を筆者が加筆し再構成したものです。

⑲　ホスピタリティ人財は筆者による造語で，3つの領域を持っていて自らがバラン
　　スよく育て発揮することを意図しています。木に例えると，図1-2の「自己の領
　　域」と「親交の領域」は根っこの部分に当たります。「達成の領域」は幹であり枝
　　ぶりであり，果実に相当します。したがって，私たちは日々，根っこを育てながら，
　　多くの果実を手に入れるために活動していると言えます。このような活動を通じて，
　　私たちは意識的にホスピタリティを実践し成長していくのです。
⑳　適正利益については，第4節（4）を参照のこと。

参考文献

伊藤亜紗編（2021）『「利他」とは何か』集英社新書。
梅田修（1990）『英語の語源事典』大修館書店。
フィリップ・コトラー，ヘルマワン・カルタジャヤ，イワン・セティアワン（2010）
　　恩蔵直人監訳『コトラーのマーケティング3.0』朝日新聞出版。
境町公式HP（2022年9月5日アクセス）。
佐々木茂・徳江順一郎（2009）「ホスピタリティ研究の潮流と今後の課題」『産業研究
　　（高崎経済大学附属研究所紀要）』44(2)，1-19頁。
佐藤知恭（1995）『「顧客満足」を超えるマーケティング』日本経済新聞社。
清水滋（1968）『サービスの話』日本経済新聞社。
橘弘文（2011）「「もてなし」ということばについて——中世の説話における用例を中
　　心にして」『大阪観光大学紀要』11，79-84頁。
名和高司（2021）『パーパス経営——30年先の視点から現在を捉える』東洋経済新報
　　社。
西山千明（1983）『第4の選択　PART：2——21世紀社会を創る思想』PHP研究所。
日本経済新聞，1996年11月20日付朝刊。
服部勝人（1994）『ホスピタリティ・マネジメント——ポスト・サービス社会の指標』
　　学術選書。
前田勇（1995）『サービス新時代』日本能率協会マネジメントセンター。
松為信雄・菊池恵美子編（2001）『職業リハビリテーション入門——キャリア発達と
　　社会参加への包括的支援体制』協同医書出版社。
吉原敬典（2005）『ホスピタリティ・リーダーシップ』白桃書房。
吉原敬典（2012）「ホスピタリティマネジメントの構造に関する一考察」『目白大学経
　　営学研究』10，17-28頁。
吉原敬典編著（2014）『ホスピタリティマネジメント——活私利他の理論と事例研究』
　　白桃書房。
吉原敬典（2016）『医療経営におけるホスピタリティ価値——経営学の視点で医師と
　　患者の関係を問い直す』白桃書房。

吉原敬典編著（2020）『ホスピタリティマネジメントが介護を変える──サービス偏重から双方向の関わり合いへ』ミネルヴァ書房。

Albrecht, K.（1992）*THE ONLY THING THAT MATTERS*, Harper Collins Publishers.（＝1993，和田正春訳『見えざる真実』日本能率教会マネジメントセンター。）

Albrecht, K. & Zemke, R.（1985）*Service America!*, Dow Jones-Irwin.（＝1988，野田一夫監訳『サービスマネージメント革命』HBJ 出版局。）

Brotherton, B.（1999）"Hospitality management research: Towards the future?" in Brotherton, B.（ed.）*The handbook of contemporary hospitality management research*, John Wiley & Sons.

O'Toole, J.（1985）*Vanguard management*.（＝1986，土岐坤訳『バンガードマネジメント』ダイヤモンド社。）

Yoshihara, K. & Takase, K.（2013）"Correlation between doctor's belief on the patient's self-determination and medical outcomes in obtaining informed consent", *Journal of Medical and Dental Sciences* 60(1), pp. 23-40.

Kotler, P. & Armstrong, G.（1994）*Principles of Marketing* 6th ed., Pearson Education Canada.

<table>
<tr><td rowspan="2">第2章</td><td rowspan="2">ネットフリックスから見る組織の未来</td></tr>
<tr></tr>
</table>

第 2 章	ネットフリックスから見る組織の未来
	織田　薫

── キーワード ──

組織文化，ティール組織，自由と責任

1　VUCA の時代

　世界は VUCA の時代にあると言われます。VUCA とは，Volatility（変動性），Uncertainty（不確実性），Complexity（複雑性），Ambiguity（曖昧性）の頭文字を取ったものです。現代の組織は，こうした特徴を持った時代をいかに乗り切るかに腐心し，対応を余儀なくされていると言えます。本章では，ネットフリックスという先進的な組織文化を築いている企業事例を取り上げ，未来の組織は，どのような姿になるかを考察します。一方で，時代や組織の変化に応じて，未来の組織で働く人々の考え方や行動も必然的に変わります。したがって，本章が，皆さんの将来の働き方を考える上での大きなヒントになることを期待します。

2　ネットフリックスとは

（1）ネットフリックスの業容

　ネットフリックス（Netflix）は，月額固定制（サブスクリプション，略してサブスク）により，映画やドラマ等の動画をストリーミング配信する企業です。現在，世界190以上の国と地域で事業を展開し，総有料会員数は 2 億人を超えます（図 2 - 1 参照）。

　「趣味はネトフリ（ネットフリックスを視聴すること）」と言われることや，複数回のシリーズものを一気見するビンジウォッチングという新しい視聴スタイ

図2-1　地域別有料会員数（単位：百万人）

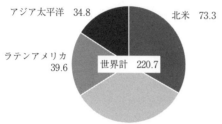

アジア太平洋　34.8

北米　73.3

ラテンアメリカ　39.6

世界計　220.7

欧州・中東・アフリカ　73.0

注：数字は2022年6月末時点のもの。
出所：ネットフリックス（2022）。

ルを生み出したことで有名です。日本でも，ネットフリックスのオリジナル作品『愛の不時着』等が人気を博しました。今や，Facebook, Amazon, Google などと並ぶ，IT企業の勝ち組と目されています。

ネットフリックスの2021年における売上は約297億ドル（1ドル130円換算で約3.9兆円），純利益は約51億ドル（同約6,700億円）です。

（2）ネットフリックスの歴史

ネットフリックスの創業は1997年です。ランドルフ（2020）によれば，創業の1年ほど前，共同創業者である2人，ランドルフ（初代CEO）が，ヘイスティングス（現・共同CEO）に投げかけたインターネットを使った様々なビジネス・アイディアの中の，たまたま一つにすぎなかったとのことです。[1]

創業当初は，顧客がインターネットで見たい映画を注文し，DVDを自宅宛てに郵送，返却してもらう，DVD郵便レンタル事業としてスタートしました。当時は，自宅での映画視聴はビデオカセットを用いていましたが，大きなビデオカセットでは郵便コストが高くつくため，ビジネスとして成り立たないことが判明しました。ただ，ちょうど同時期に新しく市場に出回りはじめたDVDなら，郵便コストが低く抑えられるので，当時，DVDが映画視聴の主流になるかわからないながらも，ビジネス開始が決断されました。

ネットフリックスの歴史を概観すると，最初の5年間は，DVD郵便レンタル事業の基礎固めに費やされ，次の5年間では，ビデオレンタル店の巨人であるブロックバスターと激しい競争が繰り広げられました。2007年にインターネットで視聴が完結するストリーミング配信を開始し，2013年にオリジナル・コンテンツの開発をスタートさせました。また，2016年に海外展開を始め，現在に至るということなります（ネットフリックスHP 2022）。[2]

図2-2　デジタルメディア事業のバリューチェーン（価値連鎖）

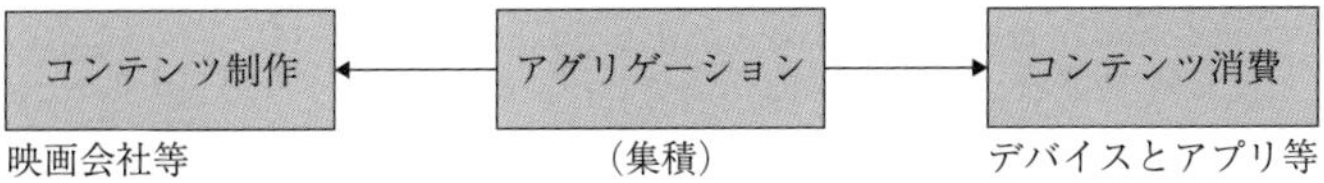

```
┌──────────────┐      ┌──────────────┐      ┌──────────────┐
│ コンテンツ制作 │◄────►│ アグリゲーション │────►│ コンテンツ消費 │
└──────────────┘      └──────────────┘      └──────────────┘
   映画会社等              （集積）            デバイスとアプリ等
```

出所：ブライアーら（2022）を参考に筆者一部修正。

（3）ネットフリックスの強み

　では，ネットフリックスの強みは，どこにあるのでしょうか。以下では，デジタル・メディア事業のバリューチェーンに即して考えます[3]（図2-2参照）。ネットフリックスの強みを，コンテンツ制作，アグリゲーション，コンテンツ消費の順に見ていきましょう。

1）コンテンツ制作

　映画等のストリーミング事業では，見たい映画が揃っていることが重要です。一般に，コンテンツは，映画やテレビ番組のライセンスを，映画会社等から固定料金を支払って取得します[4]。しかし，ストリーミング企業同士のコンテンツ獲得競争が激しくなるとともに，ディズニーをはじめとした映画製作会社自らがストリーミング事業を展開し，ライセンス供給を渋りはじめると，ネットフリックスとしてのコンテンツの斬新性，独自性が弱まりました。

　こうした環境の下，2013年から，ネットフリックスはドラマや映画を自ら製作することを決意します。特筆すべきは，2013年に世界同時配信された『ハウス・オブ・カード　野望の階段』の成功です。キーティング（2019），長谷川（2021）によれば，従来のドラマ制作の常識を打ち破るもので，ハリウッドの第一線で活躍するデヴィッド・フィンチャーを監督に迎え，2シーズンでハリウッドでも破格の1億ドルを用意し，作品の中身には一切関与せず，監督に全権委任しました。結果，大きな評判を呼び，大成功を収めました[5]。

　その後も，ドラマであればエミー賞，映画であればアカデミー賞にノミネートされる質の高い作品を数多く制作し，成功を続けます。また，地域的にも，アメリカ，ヨーロッパのみならず，日本，韓国，インド等においてオリジナル・コンテンツを制作する等，国際色豊かなラインナップ構成となっています。実際に，日本におけるネットフリックスと他社とのコンテンツを比較してみると，コンテンツの充実ぶりは他社を凌駕していると言えます（表2-1参照）。

表2-1　定額制動画配信サービスの比較

		ネットフリックス	Amazon プライム	Disney＋
サービス価格		ベーシック（画質：良） 月額　990円 スタンダード（画質：優良） 月額1,490円 プレミアム（画質：最高） 月額1,980円	月間500円，年間4,900円 （※）ショッピングの無料配送特典，Primeミュージック等のサービスも含まれる	月額990円，年額9,900円
主なオリジナルコンテンツ	コンテンツの特徴	受賞歴のあるオリジナル作品や評判の高い（特に海外コンテンツ）映画，ドラマ，アニメなどが充実。	見放題で提供されていない作品は有料。 最新作やオリジナル作品は他社に比べるとやや見劣り感あり。	ディズニー，ピクサー，マーヴェル，スター・ウォーズ，ナショナル・ジオグラフィック，スターの1万6,000本を超えるラインナップ。
	映　画	グレイマン タイラー・レイク・命の奪還 バード・ボックス スペンサー・コンフィデンシャル 6アンダーグラウンド	30年後の同窓会 LAST FLAG FLYING トュモロー・ウォー ザ・レポート ウィズアウト・リモース ムーンフォール	スターウォーズ（アニメを含む） ザ・プリンセス スニーカー・シンデレラ わんわん物語 プレデター：ザ・プレイ（独占配信）
	ドラマ	愛の不時着 イカゲーム 梨泰院クラス Stranger Things アンブレラ・アカデミー	ザ・ボーイズ グッド・オーメンズ マーベラス・ミセス・メイゼル UPLOAD〜デジタルなあの世へようこそ CIA分析官ジャック・ライアン	マンダロリアン ハイスクールミュージカル エージェント・オブ・シールド スノードロップ オビ＝ワン・ケノービ

注：ネットフリックスの画質は，良が解像度480p，優良が1,080p，最高が4K＋HDR。
出所：各社サイト（日本）を参考に筆者作成（2022年8月時点）。

　ちなみに，2022年のオリジナル作品を中心とするコンテンツ投資計画額は200億ドル（1ドル130円換算で約2.6兆円）を超えています。

2）アグリゲーション

　キーティング（2019：9）によれば，ネットフリックスは，無数のデバイスから送られてくる膨大なデータを蓄積し，視聴者の動態的な視聴パターンを細かく把握しています。例えば，俳優やジャンルの好みだけでなく，どのように映画を探しているのか，どこで，何時に見ているのか，1日何時間見ているのか，どのシーン・人物を何度も早送りしているのか，等です。

　ランドルフ（2020：383）によれば，オンラインストアの弱点は一覧性が低く（1頁に表示できる映画の数が限られる），見たい映画が決まっていない場合，見たい映画を見つけるのは意外に難しいという点にあります。そこで，視聴パターン・データを活用して，視聴者が好みそうな映画等をレコメンド（お勧め）します[6]。契約者が会員から退会する最大の理由は，魅力的な映画が見つけられないことなので，適切なレコメンド力は会員数維持に大きな役割を果たします[7]。レコメンド機能は，今では当たり前な感がありますが，精緻さを極めて高いレベルで行っているのがネットフリックスなのです[8]。

　また，膨大な顧客数によって得られるビッグデータは，オリジナル・コンテンツを制作する時，制作企画に生かされるとともに，適任の監督・俳優を割り出し，潜在的視聴者数を予測すること等にも活用されています。

3）コンテンツ消費

　視聴者にとって，コンテンツ内容が充実していることと並んで重要になるのが，利用のしやすさと画質の高さ[9]です。

　西田（2015：1）によれば，アメリカで販売されるテレビ，ゲーム機のほとんどにネットフリックスの視聴機能が内蔵されており，インターネットに接続するだけで簡単にネットフリックスのコンテンツが視聴できるようになっています。もちろん，パソコンやスマホ等でも視聴できます（マルチデバイス対応）が，映画やドラマを鑑賞する場合には，家族そろって楽しむ習慣や大画面・高画質という特性から，視聴するデバイスとしてテレビが多く利用されます。アメリカや日本で販売されるテレビやゲーム機のリモコンの多くに「ネットフリックス」専用ボタンがあり，ボタンを押せば，簡単に操作，視聴できることは，他社にない顧客利便性と言えるでしょう。

　ネットフリックスは，DVD郵便レンタル事業時代から，サブスクリプション方式（月額固定制），延滞料金無料，ホーム・レンタル・ライブラリー，翌日[10]配送等，革新的なサービスを開発し，顧客の利便性向上を図りながら事業基盤を築いた歴史があります。もちろん，業容の変化により不必要となった機能・サービスもありますが，その時々に，自らの強みを発揮していることが，現在の成長につながっていると考えられます。また，2億人を超える会員数を獲得

図2-3　ネットフリックスのフライホイール

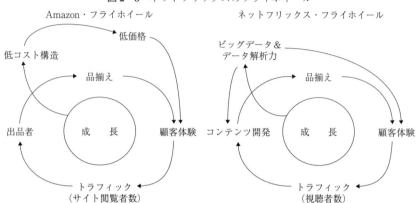

出所：Amazon・フライホイールはブライアーら（2022），ネットフリックス・フライホイールは筆者作成。

したことによるネットワーク効果も見逃せません。ある映画やドラマが大きな話題になった時，その話題を共有するためには，ネットフリックス会員になるしかないからです。

　以上を踏まえて，Amazon のフライホイールを参考に，現在のネットフリックスのフライホイール[11]を描くと，図2-3のようになると考えられます。質の高い積極的なコンテンツ開発，高いデータ解析力，顧客体験向上という形で好循環が起き，ネットフリックスの成長に弾みがついていると考えられます。

3　ネットフリックスの組織と文化

　ネットフリックスの躍進を支える，もう一つの強みは，独特な組織文化にあると言われます。また，ヘイスティングスら（2020）の共著者であり，組織行動学者である E. メイヤーは，ネットフリックスの組織文化を風変わりと評していますが，実際，どのように変わっているのかを見ていきましょう。

（1）カルチャー・デック
　ネットフリックスがミッション（使命）として掲げるのは，「世界中にエンターテインメントを届ける」ですが，ただ単に届けるだけでなく，「最高を目指す（Seeking Excellence）」という姿勢に裏打ちされています。「世界中に最高

のエンターテインメントを届ける」というミッションを達成するため，ネットフリックスでは，Netflix Culture Deck（2001）（以下，カルチャー・デック）を作成し，2009年にネット上で公開しました。カルチャー・デックは，同社の経営哲学と経営陣が実践してほしいと思う従業員の行動を説明する127枚のスライドからなるパワーポイント資料です。

　ネットフリックスは自社の組織文化を「自由と責任の文化」と標榜しています。カルチャー・デック，ヘイスティングスら（2020），マッコード（2018）等を参考に，ネットフリックスの組織に対する考え方と組織構造，組織文化を見ていきます。

（2）9つの行動指針

　カルチャー・デックの冒頭で，不正会計事件を起こしたエンロンの事例が取り上げられ，立派な行動指針があっても，それが従業員に徹底されなければ，ただの空文にすぎないとの批判から出発します。これに対し，ネットフリックスは，9つの行動指針に則った人を評価し，報酬，昇進昇格，解雇に反映させると宣言しています。

　9つの行動指針は表2-2に挙げられている通りです。一つひとつの行動指針には，具体例が4つずつ明記されています。もっとも，こうした行動が実際に取られるかどうかは，行動を促す仕組みがあって初めて実現可能といえます。

（3）望ましい行動を促す仕組み
1）すべてのポストに最高の人材をすえる

　9つの行動指針を見てわかるように，すべての行動を体現できる人は，人格的にも能力的にも極めて高いレベルにあると言えます。言わば，スーパー・スターです。そのスーパー・スターだけを厳選したドリーム・チームをネットフリックスは志向しています。

　カルチャー・デックでは，「我々は家族ではなく，プロスポーツ・チームである。コーチの仕事は，採用，昇進昇格，スマートな退職を通じて，どのポジションにもスターを揃えることである（一部削除して意訳）」と述べられています。他社との大きな違いを，並みの業績（原文は adequate performance）に対

表2-2　ネットフリックスの行動指針

判　　断	勇　　気
曖昧な状況でも賢く判断する	反対意見であっても，思ったことを口に出す
兆候から真の原因を突き止める	過度な苦痛や不快感に晒されることなく，困難な決断をする
戦略的に考え，何をするか明確にする	スマートにリスクを取る
今何をすべきか，何を後で改善するか，スマートに切り分ける	我々の価値観に反するものに対し疑問を呈する
コミュニケーション	情　　熱
即座に反応するのではなく，人の話に耳を傾ける	あなたの最高への渇望姿勢により，同僚を鼓舞する
会話，文章で的確に表現できる	ネットフリックスの成功を最大関心事とする
地位や意見に賛成・反対にかかわらず，相手を尊重する	勝利を祝う
ストレスがかかる環境においても，冷静さ，温厚さを失わない	粘り強く行動する
インパクト	正　直　さ
重要な仕事を，驚くほどの量でこなす	率直である
同僚から信頼を得られるように，絶えず高い実績を上げる	他人に同意できない場合でも政治的な動きはしない
プロセスより大きな結果に焦点を合わせる	直接本人に言えることだけを口にする
分析に時間をかけすぎず，先ずは行動する	失敗を即座に認める
好　奇　心	無私無欲
速く，熱心に学ぶ	自己や所属グループより，ネットフリックスにとってのベストを追求する
会社の戦略，市場，視聴者，サプライヤーの理解に努める	最善のアイディアを探す場合，エゴを排除する
ビジネス，技術，エンターテインメントの幅広い知識を有する	同僚を手助けする時間を作る
自分の専門外の分野についても効果的に貢献する	情報をオープンに，積極的に共有する
イノベーション	
困難な問題にも，問題を再構成し，現実的な解決策を発見する	
一般的に信じられている常識を疑い，より良いアプローチを提案する	
役に立つ新しいアイディアを生み出す	
複雑性を緩和し，軽快さを維持する。時間を見つけ，単純化する	

出所：Netflix Culture Deck（2001）を筆者が日本語訳。

しては，寛大な退職金を支払い退職してもらうとしており，優れた業績を挙げ
続けることが会社に残る条件となっています。また，プロスポーツ・チームで
ある以上，努力ではなく，結果が最重要視されます。かつ，長期契約はなく，
毎年見直しが行われます。

　スーパー・スターのみの構成を確保するため，あらゆる場でキーパー・テス
トが実施されます。キーパー・テストとは，ある部下が他社から引き抜きのオ
ファーを受けたとしたら，あなたは必死になって引き留めに努力するかどうか
を問うものです。答えがイエスなら昇進昇格の対象となり，答えがノーであれ
ば退職となります（逆に，部下は上司に同じ質問ができ，自分がどう評価されてい
るかを定期的に聞くよう奨励されています）。

　ネットフリックスがドリーム・チームに徹底的にこだわる理由は2つありま
す。一つは，比類なき生産性です。カルチャー・デックでは，事務的な仕事の
場合，優秀な人の生産性は普通の人の2倍，創造的な仕事の場合には，優秀な
人の生産性は普通の人の10倍になるとしています。[14] もう一つは，働く人々のモ
チベーションです。ヘイスティングスら（2020）によれば，資金繰り難から3
分の1の従業員を削減（レイオフ）した時，従業員は落ち込むどころか，逆に，
活気づき，情熱，エネルギー，アイディアに満ち溢れました。[15] 本当に優秀な同
僚に囲まれていると，ワクワクし，刺激を受け，最高に楽しいのだと感じられ，
最高の職場とは，才能豊かで協調性のある仲間と一緒に働ける職場だと，その
時以来，確信しているのです。

2）業界最高水準の報酬

　一般の会社では業績考課に基づき報酬（昇給）が決まる仕組みが採られてい
ますが，ネットフリックスでは業績考課と報酬制度を切り離しています（マッ
コード 2018）。業績考課は昇進・昇格，退職の判断に用いられる一方，報酬は，
目標に対する達成度等ではなく，市場価値＋代替コスト（その人物に代わる適
任者獲得に要するコスト）に基づいて決められます。[16]

　市場価値は，ヘッドハンターからの引き抜きオファーに伴う報酬提示額や他
社で同じような仕事で働く人々の報酬額が主に参考とされます。上司は部下の
市場価値の動向に目を光らせ，市場価値が上昇している場合には，速やかに部
下の報酬額を見直すこととされています。また，ネットフリックスでは，従業

員がヘッドハンターからの引き抜きオファーを積極的に聞き，その結果を会社に報告することが奨励されています。なお，ネットフリックスでは企業の業績等にリンクして支払われるボーナスの発想はなく，報酬はすべて固定給で支払われます。

3）「正直さ」を文化とする

　ヘイスティングスら（2020）によれば，ネットフリックスには「他人の話をする時は，相手に面と向かって言えることしか言うな」という方針があり，「同僚や同僚の仕事のやり方に不満がある場合，当人同士で，できれば直接顔を合わせて話をする」（マッコード 2018：72）という約束事があります。

　ネットフリックスは，「思ったことを直接，正直に話す」ことを，大切な文化と考えています。お互いに何であろうと，正直に発言することにより，①気づきを促し，個々人が成長する機会となる，②多様な意見は意思決定の質を向上させる，③噂話や陰口，社内政治が減る等の効果があると考えています[17]。

　マッコード（2018）が述べている通り，正直さを旨とする文化を醸成することは，言葉で言うのは易しいですが，従業員一人ひとりの行動として定着させることは大変です。そこで，経営陣は率先してミーティングを開き，お互いの良い点と悪い点を指摘し合い，その結果を社内に公表しました[18]。経営陣自らが模範を示した上で，機会があるごとに，部下が上司に対してであれ，積極的に，正直に話すよう促しています。逆に，同僚と違う意見がある時，あるいは誰かに役立ちそうなフィードバックがある時に，口にしないことは，会社への背信行為とみなされます（ヘイスティングスら 2020）[19]。

　加えて，相手の言動で気づいた点があれば，それを，いつでも，どこでも率直に伝える（フィードバックする）仕組みが整えられました[20]。さらに，フィードバックのガイドラインも設けられ，フィードバックする側は，相手を助けようという気持ちで，行動変化を促すよう心掛け，フィードバックを受ける側は，フィードバックしてくれたことに感謝する一方，行動を変化させるかどうかは，最終的に本人の判断に委ねられます（ヘイスティングスら 2020）。また，部下や同僚から間違いを指摘され，それが間違っていることがわかれば，間違いを素直に，しかも人前で認めることも経営陣は率先して行っています（マッコード 2018）。

4）シンプルな組織

　カルチャー・デックにおいて強調されていることの一つに，企業は成長するに従い，複雑性が増し，従業員の自由度と生産性が低下し，組織に混乱をもたらすことが挙げられています。複雑性の増大に伴う自由度や生産性低下には様々な原因が考えられますが，特に大きな原因は，グループやチーム間の相互依存性が高まり，調整が増えることです[21]。複雑性を極力抑えつつ成長を続けていくためには，①数多くの小規模な製品ではなく，少数の大規模な製品に特化する，②無用な複雑性を絶えず削ぎ落とす努力をする，③単純さに価値を置くことが必要であり，優秀で創造性豊かな従業員の能力が十分に発揮される環境を構築することで，組織目標である成長が可能になると考えています。

　一方で，現代，中でも IT 業界に求められる組織としてのスピードと柔軟性を保つことも重要です。こうした諸点を配慮して導きだされたのが，「戦略，目的，評価基準等の共有を徹底し，足並みを揃えながら，緩やかに連携する（Highly Aligned, Loosely Coupled）」という考え方です。この考え方に沿って，組織構造が決められていると考えられます。組織はフラットで（階層の少ない）[22]，機能別（コンテンツ開発，商品開発，マーケティング等の職能別）組織とし，分権化され（意思決定がグループやチーム内，あるいは個人で完結）[23]，他のグループやチームの活動に制約されることなく，自らの活動に専念します。なお，機能をまたぐ協力は，戦略や目標上どうしても必要な場合に限られています。

　逆に，緩やかな連携が成り立つためには，戦略，目的，評価基準等が，透明，明確，認識可能，オープンであることが欠かせません。透明，明確，認識可能，オープンにすべく，経営陣は時間の多くを費やしています。ちなみに，透明性の顕著な例として，上場企業にもかかわらず，公式発表の数週間前に，財務情報を社員全員に公開します。加えて，ライバル他社が欲しがる戦略的情報も，社員なら誰でも入手できます（ヘイスティングスら 2020）[24]。また，従業員の雇用に直接関わる組織改編についての情報も，検討中の段階から，関連する人に伝えられます（例えば，現在組織改編が検討中で，あなたのポジションは50％の確率でなくなるかもしれない等）。

5）自由と責任の文化

　ネットフリックスの「自由と責任の文化」を理解する上で，重要なキーワー

ドとしてコンテキスト（Context）があります。「統制ではなく，コンテキスト
を（Context, not Control）」「ルールはなし。コンテキストで（Context, No
Rules）」というように，ネットフリックス文化の根幹をなす重要な方針に使用
されています。コンテキストとは，直接的には原則や条件という意味ですが，
「目標や目的の原則や条件を遵守した上で，状況を踏まえて判断し行動する」
という意味に使われています。

　「統制ではなく，コンテキストを」は，リーダーの部下に対する基本スタン
スを表しています。一般に，リーダーは部下に指示し，行動をチェックし，承
認や報告を求めます。これに対して，コンテキストとは，リーダーは部下に対
して，戦略，目標，目的，役割等を明確化することに徹するということです。
逆に言えば，部下は戦略や目標を達成するアプローチ等を自由に決められる一
方，結果責任の一切を負うことになります。また，ネットフリックスには，重
要な意思決定は「情報に通じたキャプテン」が行うという原則があります。意
思決定は，最もわかっている人が行うべき，という原則です。もちろん，ある
アイディアを実現したいと思えば，反対意見を募る，アイディアを周知する，
それを試してみることが励行されていますが，最終的なアイディア実行の判断
は「情報に通じたキャプテン」の自由であり，責任でもあるのです。

　一方，ルールはなし，ということで，経費規程，出張旅費規程，休暇規程は
ありません。経費や旅費規程がないということは，上限ガイドラインはなく，
上司や経費所管部署の承認を得ることなく，自分の判断で購入し，経費請求が
できることを意味します。経費・旅費規程のコンテキストは「自分のお金を使
うという意識で，かつ，ネットフリックスの利益を最優先に行動する」という
ものです。休暇規程についても自由に何日でも休暇を取ることが可能です。も
ちろん，仕事の成果を挙げることや，周りの人や部署に迷惑をかけないことが
条件となっています。

4　組織の未来

　ネットフリックスの組織，組織文化を，どのように評価すべきかを考察する
前に，組織の未来について考えたいと思います。スピード，柔軟性，創造とイ

ノベーション等のキーワードが用いられ，必要とされる組織変革あるいは将来の組織のあり方が語られることが多いですが，ここでは，ラルー（Laloux 2014）が提唱する「ティール（進化型）組織」に従い，組織の未来について見ていきます。

（1）「人間の意識」と「組織」の共進化

　ラルー（Laloux 2014）は，発達心理学の観点から，人間の意識が段階的に進化していると捉えます。人間の意識レベルが一段高くなると，世界をより高い視点から眺められるようになり，考え方や行動が変化します。変化に伴い普遍的になった考え方や行動を総称してパラダイムと呼びますが，どのパラダイムも前のパラダイムを内包しつつ，パラダイムがシフトしていきます。

　人間の意識の進化とともに，人間が営む組織のあり方も共に進化し，人間が組織を形成しはじめて以来，衝動型組織，順応型組織，達成型組織，多元型組織へとシフトしてきたと整理します。衝動型組織は（暴力的な）力で，順応型組織は細分化した役割を徹底管理することで，達成型組織は利益至上主義で，多元型組織は様々なステーク・ホルダーに配慮した形で運営されることが特徴となっています。

　そして今，まさに人間の意識が，もう一段階上に進化する過程にあり，人間の意識は，マズローの言う自己実現欲求に相当するものに進化すると考えます。自らのエゴ（自己中心的な考え）から距離を置き，他人からの評価や成功，富などを求めず，学び成長し，自身の内面にある価値観に照らし充実した人生を送るよう努めるようになるということです。人間の意識がこの段階に至った時に現出する組織がティール組織なのです。

（2）ティール組織の特徴

　ラルー（Laloux 2014）は，ティール組織の比喩的表現を「生命体」とします。指揮や統制ではなく，組織を組織自身の進化の力に任せるという考え方です。では，ティール組織は，従来の組織と具体的にどのように異なるのでしょうか。

　ラルー（Laloux 2014）は，先駆的な進化型組織の事例研究を行い，その中から浮かび上がった，従来の組織との違いを解き明かす鍵を3つ提示しています。

表2-3　ティール組織の文化特性

自主経営
信　頼
お互い好意的な意図を持った存在として親しみを感じる
自分たちが間違っていることがはっきりするまで，同僚を信頼することが，組織に関わる際の前提条件である
自由と説明責任はコインの裏表である
情報と意思決定
すべての情報はあらゆる人に開放されている
扱いの難しい事件が起こっても，誰もが冷静に対処する
集団的知性の力を信じている。全員で出し合う知恵に勝るものはない。すべての意思決定は助言プロセスを通じて行われる
責任と説明責任
一人ひとりが，組織のために完全に責任を持つ。対処すべき問題を感じた時には，行動する義務を負う
フィードバックや，敬意を持った指摘を通じて，誰もが安心してお互いに説明責任を問うことができなければならない
全 体 性
等しい価値
誰もが本質的には，等しく価値ある存在だ
すべてのメンバーが，役割，スキル等の違いを尊重し，自分なりのやり方で貢献できれば組織のコミュニティは豊かになる
安全で思いやりのある職場
どのような状況であっても，愛と絆に基づいてアプローチする
誰もが自分らしくふるまえるような，感情的にも，精神的にも安全な環境をつくり出そうと努力している
愛，思いやり，賞賛，感謝，好奇心，楽しみ，陽気さといった気分や雰囲気を尊重する
職場の中で，「思いやり」「愛情」「奉仕」「目的」「魂」といった語彙を抵抗なく使える
「分離」を克服する
それぞれの人のすべての部分を尊重できる職場
私たちは互いに深く結びついた，大きな「全体」の一部だということを認識している
学　び
あらゆる問題は，学びと成長を促すヒントである
常に失敗はある。失敗についてオープンに語り，そこから学んでいく
フィードバックと敬意を失わない対立は，お互いの成長を高めるために与え合う贈り物である
弱みより強みに，問題よりも機会に注目する
人間関係の構築と対立
他者を変えることは不可能だ。しかし，自分自身を変えることはできる
思想，信条，言葉，行動は自分のものである
噂を広めない。陰口を叩かない
意見が一致しない時には当事者同士で解決を図り，ほかの人々を巻き込まない
問題の責任を他人になすりつけない
存在目的
集団としての目的
組織にはそれ自体，魂と目的がある
組織がどこに行きたいのかに耳を傾ける
個人の目的／使命感
自分の使命が組織の存在目的と共鳴するのか，自分の心の声に耳を傾ける義務を自分自身だけでなく，組織に対し負っている
自分の役割に対して，自分のエゴではなく，魂を吹き込む
将来を計画する
未来を予測し，統制しようとすることは無駄である。予測は，具体的な判断をしなければならない時に限られる
統制しようとするのではなく，その場その場の状況を感じとり，対応する
利益
長期的には，存在目的と利益の間にはトレードオフは存在しない。存在目的の達成に向けて努力すれば，利益はついてくる

出所：Laloux（2014＝2018：385-389）を参考に筆者が一部短縮，修正。

それが，自主経営，全体性，存在目的です。

　ラルー（Laloux 2014）は，自主経営とは，階層やコンセンサスに頼ることなく，仲間との関係性の中で動くシステムと考えます。自主経営とは，組織を主体的に計画・管理・行動する自由を指しますが，事例では，大企業内のチームが自主運営されている場合も含めています。自主経営の顕著な例として，上司がいない，あるいは上司は助言に徹する，ミドル・マネジメントが存在しない，役割を固定しない，相互信頼による統制が効いている，組織図・職務記述書・肩書がないこと等を挙げています。

　全体性とは，自分自身が互いに深く結びついた大きな全体の一部と感じられ，一人の人間として自分の弱さまでをさらけだせることとしています。そして存在目的は，組織の将来，目的に耳を傾け，心の底から理解，共鳴し，行動することであるとしています。

　さらに，ラルー（Laloux 2014）は，ある会社がどのような環境で活動しているか，追及している目的が何かによって，それぞれ独特の文化が必要となるとした上で，ティール組織に共通する具体的な文化特性を列挙しています（表2-3参照）。もちろん，あくまでも多く見られるベスト・プラクティスです。すべての従業員が，日常，どんな時でも，こうした行動を取っているということではありません。また，事例で取り上げた各組織も部分的には満たしていなかったりします。多くの点で，進化型意識のレベルに合っているという意味合いです。

5　ネットフリックスの組織と組織文化が示すもの

（1）ネットフリックスの組織運営は合理的か

　ネットフリックスの一つひとつの文化的特性を切り出して見ると，一見，これで大丈夫か，あるいは過激だと思われるかもしれませんが，全体を通して俯瞰すると，極めて合理的な考え方に沿って，組織運営されていることが窺えます。

　優秀な人材を業界最高水準で獲得するという考え方は，効率賃金理論に沿う[29]ものです。一方，VUCA 時代には自社の持つ資源（人や技術等）を柔軟に再構

築できることが重要であるとするダイナミック・ケイパビリティ[30]という考え方が重視されてきています。ダイナミック・ケイパビリティ論者の代表とも言えるティース（Teece 2007）は，組織的には分権的で緩やかな連携構造（Loosely Coupled Structures）が適していると主張しており，アイゼンハートとマーティン（Eisenhardt & Martin 2000）は細かなルールを定めるのではなく，原則的なシンプル・ルールに留めることが環境変化への対応力を高める鍵になると主張しています。ネットフリックスの組織は，いずれの主張も満たしていると考えることができます。さらには，エドモンドソン（2021），Google のアリストテレス・プロジェクト[31]において，組織にとって最も大事なのは，お互いに率直な意見を交わすことのできる心理的安全性であることが主張，検証されていますが，正直な文化を重視するネットフリックスは，それを体現していると言えます。

　ネットフリックスの組織が，様々な研究成果と整合的なのは，数学好きでアルゴリズム・オタクであり，合理的思考をする共同 CEO ヘイスティングスの性格による所が大きいと思われます。様々な研究成果と自らの経験に照らし[32]，合理的であると確信できたことをトコトン徹底するという彼の性格が，ネットフリックスのビジネス・スタイルと組織文化を形づくっていると考えられます。

（2）ネットフリックスの組織はティール組織と言えるか

　次に，ネットフリックスがティール組織の要素，すなわち，未来の組織の要素を，どれほど保持しているのかを検証します。検証方法は，表2-3で示されているティール組織の文化特性の各項目に，ネットフリックスの文化のフィット度合いを5段階で筆者が主観的に評価しました（評価集計はすべて平均値）。その結果が図2-4です。なお，参考のために，Google と Amazon も同様の手法で評価しています[33]。

　ネットフリックスの文化はプロフェッショナルなスター集団だけあって，愛情に関連する項目において，やや低い評価となりますが，総じて言えば，ネットフリックスの文化は，Google や Amazon と並び，ティール組織，すなわち，未来の組織の要素を多く含んでいるものと判断できます。

　もちろん，現在，ネットフリックスがあらゆる面でティール組織を具現化し

図2-4　ネットフリックス，Google，Amazon のティール組織文化特性のフィット
　　　　度合い

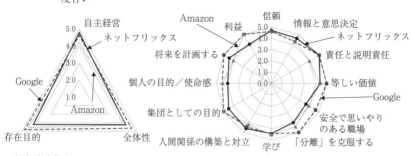

出所：筆者作成。

ているとは言えません。ネットフリックス内においても，部署により多少の文化的違いや温度差もあります（マッコード 2018）。ただ，現時点では，ティール組織に近い位置にいる1社と言えるものと考えられます。

（3）ティール組織はネットフリックスに特有なものか

　ティール組織の特徴を持つ企業は，ネットフリックスや IT 業界に限られるものではありません。ラルー（Laloux 2014）が提示したティール組織の文化特性は，製造業，サービス業を含む事例研究から抽出されたものです。

　VUCA 時代の影響を最も強く受けている IT 業界においてティール組織の要素が多く見られることは否めませんが，ティール組織に近いとされる企業は，数としては少ないながらも，幅広い業種に存在しています。

　また，同時にアメリカ固有のものでもありません。同じくラルー（Laloux 2014）が提示したティール組織の文化特性は，アメリカの他，ヨーロッパ諸国の組織を対象とした事例研究から抽出されたものです。また，入山（2019：718）は，ティール組織に近い日本企業として，アルミ切削加工の HILLTOP を例に挙げています。その他にも，ビール製造のヤッホーブルーイング，エステティックサロンのテルズ＆クイーン等がティール組織に近い位置にあり，日本においてもティール組織に近い企業が，徐々にではありますが，増えています。[34]

　一方，組織構造，プロセス，慣行等のティール組織を具現化する仕組みも，

ネットフリックスのものが唯一であるというわけではありません。企業には，それぞれ異なるミッションがあり，企業が属する業種，ビジネスのスタイル，企業規模等に応じた組織構造，プロセス，慣行とする必要があるからです。

6　自由と責任

　本章は，ネットフリックスのビジネス，組織構造や組織文化を概観し，ティール組織の文化的特性をどの程度保持しているかの検証等を通して，未来の組織は，具体的に，どのようなものになるかを考察することを主たる目的としてきました。ネットフリックスの組織構造や文化は未来（＝ティール）組織に近いとは言え，唯一無二ではありませんが，ネットフリックスのビジネスや組織文化を子細に見てきたことには，どのような意味や意義があるのでしょうか。

　それは，ネットフリックスというケース・スタディを通じて，未来の組織の持つ具体的な諸要素に触れることにより，未来の組織への理解を一層深めることにあります。ラルー（Laloux 2014）は，ウィルバーの四象限という考え方に即して，組織文化の形成要因を整理していますが，個人の信念，模範的行動，組織を支える仕組みの三位一体によって組織文化が築かれることを示しています（35）（図2-5参照）。未来の組織に近い位置にあるネットフリックスを総合的に，三位一体という視点から見ることは，未来の組織を理解する上で，有用で貴重と言えるでしょう。

　ネットフリックスで言えば，一流のプロフェッショナル人材を揃え，正直さを第1とする慣行等を通じて，お互いに尊重できる仲間との絆や学びが得られることにより全体性を高めています。また，強く共感できるミッション設定と，レベルの高い行動指針の遵守が個々人の存在目的を高めていると考えられます。一方で，個々人の能力を発揮させるためのフラットな自立した組織構造を通じて自主経営が維持されています。それらを，経営哲学に根差した戦略，施策，経営陣による模範的な行動等を通じて徹底していると考えられます。

　もちろん，組織文化は移り変わるものであり，ネットフリックスの組織文化は今後も変化を続けていくものと思われます。最近では，海外展開に伴い，行動指針が一部修正され，新たにインクルージョン（多様な人々が互いに個性を認

図 2-5　組織文化の形成要因

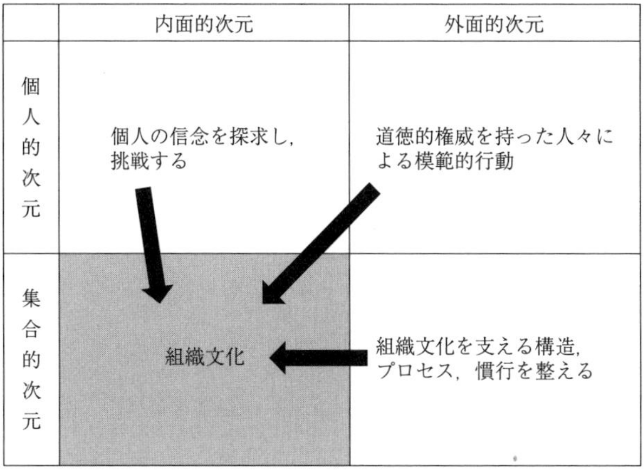

	内面的次元	外面的次元
個人的次元	個人の信念を探求し，挑戦する	道徳的権威を持った人々による模範的行動
集合的次元	組織文化	組織文化を支える構造，プロセス，慣行を整える

出所：Laloux（2014：233）。

め，一体感を持って働く）という項目が設けられています（ネットフリックス HP 2022）。一方で，大きく多角化された事業構造へ転換したり，経営者が交替した場合には，むしろ後退する可能性もあります。今後，ネットフリックスの組織がどのように変化するかは，引き続き，注視する必要があると考えられます。

　一方で，多くの組織が未来組織，あるいは具体的にネットフリックスに近い形に進行していくならば，働く未来人にとっては，どのような考え方，行動を採ればよいでしょうか。人は言うまでもなく，それぞれに異なり，価値観も多様です。先ず初めに，自分の心の奥底にある大事な価値観は何なのか，どのような組織ミッションに強く共感するのかを見極めることが大切です。その上で，組織に所属するとなれば，組織の一員として主体的に行動する自由が得られると同時に，責任を負うことが求められます。大切なことは，ネットフリックスの行動指針に示されているような，責任をきっちり果たすための知識，能力，態度等を身に付けなければならないということです。自分のやりたいことができるためには，新しい知識や経験を積極的に積みながら，自ら主体的に考え，行動できるように，自分の能力や人格を絶えず磨き続けることが，ますます大事になると考えられます。是非，皆さんには，自由と責任に対する理解と覚悟を強く自覚して頂ければと思います。

注

(1) 投げかけたアイディアの中には，ペット１頭ごとに個別に調合したパーソナライズ・ペットフード，パーソナライズ・サーフボード，カスタマイズ野球バット，歯磨き粉，シャンプー等があり，いずれも，ビジネス化の観点からヘイスティングスに却下されました。

(2) ネットフリックスの歴史は必ずしも順風満帆というわけではありませんでした。DVD郵便レンタル事業構築はランドルフ（2020），ブロックバスターとの激しい競争はキーティング（2019）に詳しい。

(3) 図２-３は，Amazonがデジタル・メディア事業参入を検討する中で，Amazonの前CEOジェフ・ベゾスが手書きで描いたものです。

(4) ブライアーら（2022）は，配信に伴う通信，サーバー等に関わる（変動）費用は無視できるほど小さいため，固定費（コンテンツ獲得費用）を基本とするサブスクリプション・サービスは，固定費型ビジネスに近く，会員数が一定数を超えると追加収入のすべてが純利益になるとしています。

(5) 大きな反響を呼んだ一つのエピソードとして，長谷川（2021）は，当時現職にあったオバマ大統領が，シーズン２配信日前日に「明日はハウス・オブ・カード配信日。ネタバレ厳禁でよろしく」とツイートした例を挙げています。

(6) ランドルフ（2020）によれば，ネットフリックスは，Amazonが用いている「協調フィルタリング」方式をベースにレコメンド機能を構築したとされます。協調フィルタリングとは，同じ嗜好を持つ視聴者をグループ化し，同一グループ内での視聴パターンを参考にレコメンドするもの。Amazonで言えば，「この商品を買った人は，こんな商品も買っています」と同じ手法です。

(7) 西田（2015）によれば，ネットフリックスはアメリカにおいて，利用者の75％が，次に見る作品をレコメンド経由で決定しているとのこと。また，視聴者が自分の見たい映画を見つけられない場合，豊富なコンテンツがあったとしても，それは存在しないことと同じだと指摘します。

(8) ヘイスティングスら（2020）によれば，アルゴリズム・プログラミングの知識がある人材は世界に４人しかいなく，その内３人がネットフリックスで働いているとしています。また，レコメンド機能をより精緻化するため，賞金100万ドルのアルゴリズム・コンテストを開催し，外部から一流の研究者が多数参加しました。いわゆるオープン・イノベーションです。キーティング（2019）によれば，この成果を基に非常に高度なシステムへ変貌し，視聴者が映画を評価しなくても，会員の好みがわかるようになったとされます。

(9) 西田（2015）によれば，映像の明暗の表現力を高めるHDRと4Kがセットで使用されると，精彩だけでなく，より実景に近い「きらめき」を持った映像が実現できるとしています。表２-１との他社比較でHDR機能を持つのはネットフリック

スだけです。なお、視聴する画質は、テレビ等の視聴媒体の機能に制約されます。ネットフリックスでは、適応型ストリーミング（自動的に回線速度チェックをした上で、その回線で快適に見られる最高画質のものに自動的に切り替える）という技術を使用し、映像が途切れにくい、快適なサービスが志向されています。

⑽　顧客が視聴したい映画リストを登録。DVD 4 枚を自宅にプール。1 枚見終わり、返送するたびに、リスト順に見たい映画（DVD）が自動的に自宅宛に発送され、届く仕組み。

⑾　ブライアーら（2022）によれば、フライホイールは、Amazon の創業者ベゾスがリテール事業の好循環を説明するため、紙ナプキンに描いた図。対処可能なインプット指標（＝対処すべき要素）のいずれかにエネルギーが注入されれば、ホイールが回転し、アウトプット指標である成長に弾みをつけるという関係を表現しています。

⑿　当時、Facebook COO（最高執行責任者）のシェリル・サンドバーグが、「シリコンバレーで生まれた最高の文書」と評したとされます。

⒀　カルチャー・デックでは、プロスポーツ、中でも野球を頻繁にたとえに用いています。それに倣い、アメリカ大リーグ（MLB）で言えば、ネットフリックスが目指している典型的なチームは、ニューヨーク・ヤンキースと言えます。

⒁　シリコンバレーで「ロックスターの原則」と言われます。ボック（2015）によれば、グーグルの上級副社長は、ソフトウェア・エンジニアに関し、一流は平均の300倍、ビル・ゲイツはさらに過激で 1 万倍の価値があるとの発言を紹介しています。また、人材の優劣分布は、正規分布ではなく、ベキ分布であり、一見不公平に見える報酬の大きな違いも、貢献と釣り合っているという意味では公平であるとしています。

⒂　ヘイスティングスら（2020）に加え、マッコード（2018）、ランドルフ（2020）も同様の印象を述べており、当時の経営幹部の共通認識であったことが伺われます。

⒃　マッコード（2018）によると、ある時、青ざめた顔で「優秀な部下の 1 人がグーグルから現在の報酬の 2 倍で引き抜きオファーを受けている。引き抜かれたら大変なことになる。何とかならないか」という出来事に遭遇したことが、従来の考え方を改めるきっかけになったと述べています。

⒄　マッコード（2018）によると、コンテンツ責任者である現共同 CEO のサンドラスに対し、あるエンジニアがウィンドウィング（映画は先ず劇場公開し、続いてDVD と時間をおいて配給していく方法）という慣習に対して「なぜコンテンツのウィンドウィングはそんな仕組みになっているのですか。なんか、ばかばかしいですよね」と言われたことを契機に、従来の常識に囚われないネットフリックス独自の配給方式へと切り替えたことを紹介しています。

⒅　マッコード（2018）によれば、具体的には、「スタート・ストップ・コンティニュー」と呼ばれるエクササイズを実施。各人が同僚に対して、始めてほしいことを

　　　一つ，やめてほしいことを一つ伝えるというものです。

⒆　E. メイヤーはネットフリックスの従業員に多数の匿名インタビューを実施して
　　いますが，ヘイスティングスら（2020）において，ネットフリックスのマネジャー
　　は，正直に話すことを当たり前のように実践していると述べています。

⒇　ヘイスティングスら（2020）によれば，元々360度評価のために構築され，当初
　　は匿名でスタートしたが，正直を旨とする文化を標榜しているにもかかわらず匿名
　　にするのはおかしいという従業員の意見から，実名に変更された。結果，フィード
　　バックの内容はより思慮深く，建設的になったとしています。なお，この360度評
　　価は，誰もが向上するという目的に照らして，昇進や解雇の材料にはしていません。

㉑　ブライアーら（2022）によれば，Amazon でも同様の問題が発生したことが報告
　　されています。共有された，ひとまとまりのコンピュータプログラムに誰かが手を
　　加えたいと思った場合，予め，影響を受ける部署の合意を取り付ける（調整する）
　　必要があり，手直しする意欲とスピード・時間が削がれることになります。当時，
　　スピードと創造性発揮を企図して，自立性の高いピザ2枚チーム（チーム全員の食
　　事がピザ2枚分に抑えられる人数のチーム）を多数設けるため，システム構成をプ
　　ログラムの塊やデータベースの部品をカプセル（言わば壁で仕切られた領域）化し，
　　相互依存性を大幅に低下させました。

㉒　従業員の3分の1をレイオフした際，対象となったのは主に中間管理職でした。
　　不必要な中間管理職が減り，スピーディになったことが，社員がイキイキした，も
　　う一つの要因でもありました。

㉓　青木（2008）は，業務の相互依存性（確率的相関度）による組織の情報効率性
　　（生産性）を比較分析しています。業務の相互依存性が高まると，各チームが状況
　　に応じて個別に判断する方が，情報効率性が高まることを示しています。

㉔　ネットフリックス関係者が数字を漏らせば，インサイダー取引として，刑務所に
　　送られることになります。また，実際に，ある従業員が，機密データを大量にダウ
　　ンロードし，転職先のライバル企業に持って行った事件があり，訴訟問題に発展し
　　ましたが，それでも，透明性のスタンスは変えていません。

㉕　もちろん，例外はあります。カルチャー・デックでは，例として，道徳的，倫理
　　的遵守事項，顧客情報保護や，財務諸表を正しく開示すること等が挙げられていま
　　す。

㉖　ヘイスティングスら（2020）によれば，マネジャーが月1度，各個人の経費請求
　　状況に目を通し，内部監査チームが定期的にチェックをします。意図的であろうと
　　勘違いであろうと，内部監査により制度濫用の事実が発覚すれば，即座に解雇とな
　　ります。

㉗　これらの組織型はあくまでも理念型であり，現実には，いずれの組織型も現存し
　　ます。また，多元型組織の特徴を色濃く持つ企業であっても，達成型組織や順応型

組織の特徴を一部残している場合もあることには注意する必要があります。

⒇　事例研究の対象は11企業，1モデル（ホラクラシー）。地域的にはアメリカ，オランダ，フランス，ドイツ，業種的には，エネルギー，ヘルスケア，金属メーカー，病院，食品加工，アパレル等多岐にわたります。さらに，必要に応じて，日本のインターネット企業，非営利の教育団体等も考察の対象に加えています。

⒇　効率賃金とは，労働者の生産性を高めるために，企業が支払う市場均衡水準以上の賃金のこと。生産性を高める要因として，①離職が減る，②モチベーションが高まる，③質の高い労働者が集まる等があります（マンキュー　2005）。

⒇　ダイナミック・ケイパビリティに関する概略は，入山（2019）が参考になります。

⒇　Google が自社のマネジャーを対象に実施したインタビュー調査を基に得られたデータを解析した結果，生産性の高いチームの特性に，①チームの心理的安全性が高いこと，②チームに対する信頼性が高いこと，③チームの構造が明確であること，④チームの仕事に意味を見出していること，⑤チームの仕事が社会に対して影響をもたらすと考えていること，が見出された。中でも，心理的安全性が最も重要と結論しています（グジバチ　2018）。なお，プロジェクト結果は，Google の HP 上に re：Work として掲載されています。

⒇　ヘイスティングスら（2020：225-226）において，シリコンバレーには，経営者同士がシャドーイング（影のように背後について，仕事ぶりを観察）する文化があることが述べられています。お互いの仕事ぶりを含め，学び合うというシリコンバレー特有の文化の恩恵も多分にあると思われます。

⒇　Google については，シュミットら（2014），ボック（2015），グジバチ（2018）を，Amazon については，ブライアーら（2022），佐藤（2018）を主に参考としました。

⒇　HILLTOP は山本（2018），ヤッホーブルーイングは井手（2016），テルズ＆クイーンは鈴木（2022）を参照。

⒇　四象限という考え方はウィルバー（2019）を参照のこと。

⒇　ラルー（Laloux 2014）には，実際に，ティール組織を実現していた企業が，経営者交代に伴って，ティール組織から大きく後退した事例が報告されています。

参考文献

青木昌彦（2008）『比較制度分析序説——経済システムの進化と多元性』講談社。
井手直之（2016）『よなよなエールがお世話になります』東洋経済新報社。
入山章栄（2019）『世界標準の経営理論』ダイヤモンド社。
ウィルバー，ケン／加藤浩平監訳，門林奨訳（2019）『インテグラル理論』日本能率協会マネジメントセンター。
エドモンドソン，エイミー・C.／野津智子訳（2021）『恐れのない組織』英治出版。

キーティング，G.／牧野洋訳（2019）『NETFLIX コンテンツ帝国の野望』新潮社。

グジバチ，ピョートル・フェリックス（2018）『世界最高のチーム』朝日新聞出版。

佐藤将之（2018）『アマゾンのすごいルール』宝島社。

シュミット，E.，ローゼンバーグ，J.，イーグル，A.／土方奈美訳（2014）『How Google Works――私たちの働き方とマネジメント』日本経済新聞出版社。

鈴木一輝（2022）『地方の小さな会社が入社したい企業』あさ出版。

西田宗千佳（2015）『ネットフリックスの時代』講談社。

ネットフリックス HP（2022）（https//ir.netflix.net，2022年8月15日アクセス）。

長谷川朋子（2021）『NETFLIX 戦略と流儀』中央公論新社。

ブライアー，C.，カー，B.／須川綾子訳（2022）『アマゾンの最強の働き方』ダイヤモンド社。

ヘイスティングス，R.，メイヤー，E.／土方奈美訳（2020）『NO RULES――世界一「自由」な会社，NETFLIX』日本経済新聞出版社。

ボック，L.／鬼澤忍・矢羽野薫訳（2015）『ワーク・ルールズ！』東洋経済新報社。

マッコード，P.／櫻井祐子訳（2018）『NETFLIX の最強人事戦略』光文社。

マンキュー，N・グレゴリー／足立英之ら訳（2005）『マンキュー経済学 第2版Ⅱマクロ編』東洋経済新報社。

山本昌作（2018）『遊ぶ鉄工所』ダイヤモンド社。

ランドルフ，M.／月谷真紀訳（2020）『不可能を可能にせよ――NETFLIX 成功の流儀』サンマーク出版。

Eisenhardt, K. M. & Martin, J. A. (2000) "Dynamic Capabilities: What are they?" *Strategic Management Journal* 21, pp. 1105-1121.

Laloux, F. (2014) "*Beinventing Organization*", Nelson Parker.（＝2018，鈴木立哉訳『ティール組織』英治出版。）

Netflix Culture Deck (2001) (https://slideshare.net/reed2001/culture, 2021.8.15.).

Teece, D. J. (2007) "Explicating Dynamic Capabilities: The Nature and Microfoundation of (sustainable) Enterprise Performance" *Strategic Management Journal* 28, pp. 1319-1350.

第3章

第3章 消費者間取引と売り手が 「人間」であることの魅力

鴇田彩夏

キーワード

消費者間取引，フリーマーケット，ハンドメイド製品

---

1 「消費者」の変化

ICT の発展により，私たち消費者の行動は大きく変化しました。とりわけ，個人消費者が製品やサービスの生産者，そして販売者として活躍する消費者間取引の普及は，企業が生産，販売する製品やサービスを消費する人々としての消費者の意味を大きく変化させました。企業の提供する製品やサービスを消費する個人消費者でありながら，他の個人消費者に製品やサービスを提供する役割を消費者が持つようになったのです。消費者が他の消費者に製品を販売するような取引は，消費者間取引と呼ばれ，ICT の発展以前にもフリーマーケット[1]などの形で私たちの身近に存在していました。しかし，ICT の発展とともに地理的制約が解消され，取引が平易化すると，多くの消費者がオンラインで製品やサービスを提供しはじめました。2021年に公開された経済産業省の調査によると，国内電子商取引市場規模のうち，消費者間取引の市場規模は2019年に1兆7,407億円，2020年には1兆9,586億円となり，その伸び率は12.5％となりました。この結果を見ても，消費者が製品やサービスの提供者となるような取引は増加していると言えるでしょう。

そこで本章では，急成長を遂げる消費者間取引についての理解を深めるために，消費者間取引の具体例やその特徴について説明します。さらに，これまで一般的に行われてきた企業と消費者の取引と消費者間取引がどのように異なるのか，その差異を明らかにすることで，消費者間取引において重要視される価値について考察することが本章の目的です。

2　消費者間取引とはどんなものか

　ここからは，本章で焦点を当てる消費者間取引とはどんなものなのか，それ以外の取引と比較しながら説明します。皆さんが普段行っている取引がどんなもので，消費者間取引とは何が異なるのか，そして消費者間取引の具体例についても確認していきましょう。

（1）消費者間取引（C2C 取引）とは

　皆さんは，「C2C」という言葉を聞いたことがありますか。もしかしたら「B2C」や「B2B」という言葉だったら聞き覚えがある方がいるかもしれません。B2C は，Business to Consumer の略で，企業が皆さんのような最終消費者と行う取引のことです。日本語では，企業対消費者間取引とも言います。コンビニでペットボトル飲料を購入したり，ブランドの公式サイトでアクセサリーや服を購入したりするのは，この B2C，企業と個人消費者の取引です。一方の B2B 取引は，Business to Business の略で，企業同士の取引を意味します。日本語では企業間取引と呼ばれるこの取引は，消費者にとってはあまり身近ではないかもしれません。イメージしづらいかもしれませんが，企業は最終消費者の手に渡る製品を 1 つ作るため，様々な取引を他の企業と行っています。例えば，製品を製造するための機械を他の企業から購入したり，部品の製造を他の企業に発注したりします。このような取引を企業間取引と呼ぶのです。

　では，「C2C」とは何でしょうか。先程の B2C や B2B の説明から，C2C が Consumer to Consumer の略で，消費者間の取引を意味する言葉だとわかるでしょう。正確には，C2C は消費者間という文脈を意味する言葉で，研究の分野では，C2C コミュニケーション，C2C コミュニティなどという言葉で使用されることが多いです。そのため，研究の分野では C2C が消費者間という文脈のみを表すことの方が多いのです。ここでは，消費者間で行われる取引を消費者間取引（C2C 取引）と呼びます。

（2）身近な消費者間取引

　ここまでの説明を聞いて，具体的にどのようなものが消費者間取引に含まれるのか，予想できたでしょうか。おそらく皆さんの頭の中には，メルカリなどのフリマアプリでの取引が思い浮かんでいるのではないでしょうか。もちろん，フリマアプリで皆さんが普段行っている取引も消費者間取引の一つです。第1節で，ICT の発展によって消費者間取引が普及したと述べましたが，実は，インターネットが現代のように発展する前から行われていた消費者間取引もあります。ここからは，ICT の発展前から行われていたものも含め，いくつかの身近な消費者間取引の具体例を説明していきます。

1）フリーマーケット

　消費者間取引の代表的な形態の一つがフリーマーケットです。フリーマーケットでは，個人消費者が不用品の処分などを目的として，公園などの公共の場に集まり，売買を行います。野外で行われることが多いことから，青空市などとも呼ばれています。ICT が発展する以前からフリーマーケットは私たちの身近に存在しており，消費者間取引がいかに一般的なものか理解できるでしょう。中古品販売業社などの企業が仲介しないフリーマーケットは，典型的な消費者間取引の一つです。消費者個人がある特定の場所に集まり，ある意味「好き勝手」に取引を行うことから，フリーマーケットを非公式経済，非公式な取引などと表現することがあります（Ha 2014）。フリーマーケット以外の多くの消費者間取引も，この非公式な取引としての特徴を強く反映しています。一般的に行われる企業対消費者間取引と異なり，消費者間取引は取引の内容を規制する法律やルールが少ないのが現状です。とりわけ，現金を使用したオフラインの取引であるフリーマーケットは，その性質から厳しい規制やルール作りが困難です。そのため，これ以降に紹介するフリマアプリでの取引においても，比較的自由に個人が取引をしています。もちろんその中で独自のルールを採用する販売者も存在しますが，同じフリマアプリ上で販売者が個別に取引ルールを設定できるという点も，非公式な取引の特徴を反映しているのかもしれません。

2）シェアリングサービス

　Airbnb や Uber などのシェアリングエコノミー市場[3]も，典型的な消費者間

取引の一つです。シェアリングとは，個人が利用していない物理的資産を一時的に他者と共有したり，貸し出したりすることをいいます（Botsman & Rogers 2011）。このシェアリングを取り扱うのが，Airbnb や Uber に代表されるシェアリングサービスです。Airbnb とは，個人の自宅や別荘などを宿泊施設として提供するサービスのことで，社名にもなっています。このようなサービスを，日本語では民泊とも呼びます。また，Uber では，個人が自家用車を使用してタクシーサービスを提供しています。日本では普及が進んでいませんが，アメリカをはじめとした諸外国では一般的な交通手段の一つで，それを追随するサービスも複数生まれています。

　シェアリングサービスは，取引仲介型プラットフォーム（国領 1999）の誕生によって発展しました。取引仲介型プラットフォームとは，取引をしたい売り手と買い手をマッチングさせ，仲介手数料を徴収することによって収益を得るビジネスモデルの一つです（国領 1999）。取引仲介プラットフォームの誕生によって，利用していない資産を持った個人とその資産を利用したい別の個人のマッチングが可能となり，シェアリング活動は普及したのです。ICT の発展と普及に伴い，人々が十分に活用できていない資産を他者と共有することが可能になりました。

3）フリマアプリ

　消費者間取引と聞いた時に，多くの方が連想するのがフリマアプリです。個人が不要になったものや捨てる予定だったものを販売する，いわゆるフリマアプリとして誕生したメルカリは，今や日本の代表的なフリマアプリの一つです。今まで，フリーマーケットなどにおいて，オフラインで行われていた消費者個人による中古販売をインターネットの世界に持ってきたのがメルカリです。2017年には，アプリが世界累計１億ダウンロードを突破しています[5]。このようなフリマアプリには，楽天グループ株式会社が運営する「ラクマ」も含まれ，不要になったものを手軽に売買することのできるフリマアプリは若年層を中心に普及が進んでいます。皆さんの多くも，これらのアプリを利用したことがあるでしょう。そのため，消費者間取引を考えた時に，多くの人々がメルカリやラクマのようなフリマアプリでの中古品取引をイメージするのではないでしょうか。

　上述したフリーマーケットでの売買のマッチングを，取引仲介型プラットフォームによって行っているのがフリマアプリです。ここで取引されるものの多くは必要のなくなった不用品ですが，近年，メルカリ Shops というサービスが開始され，個人や個人事業主が産直品や地方特産品，ハンドメイド品を販売している姿も多く見られるようになりました。

4）ハンドメイドマーケット

　消費者間取引で売買される製品は，一度消費者の手に渡った中古品だけではありません。先程のフリマアプリの説明で紹介したように，個人や個人事業主がメルカリというフリマアプリを利用して，自分自身で生産したものを販売していることからも，様々な種類の製品が消費者間取引で売買されていることがわかります。しかし，このメルカリ Shops の例は，不用品販売という特徴を持つフリーマーケットの中で，一部の販売者がハンドメイド製品を販売しているにすぎません。そんな中で，ハンドメイド製品のような手作り品の売買を中心に扱う消費者間取引もあります。

　皆さんは，「minne」や「Creema」などのオンラインハンドメイドマーケットを知っていますか。これらは，個人消費者がハンドメイドで製作した作品を他の個人消費者に販売できる取引プラットフォームです。アクセサリーや衣類，雑貨などの手作りの品物がこれらのプラットフォームで販売されています。近年では手作り食品を扱う動きも見られ，取扱製品の幅が広がっています。さらに，消費者個人が作った製品のプラットフォームとして，「BOOTH」というプラットフォームも存在しています。BOOTH は，ピクシブ株式会社が運営する創作物の総合マーケットであり，2013年にリリースされました。

　このように，消費者個人間で行われる取引では，不用品だけではなく，ハンドメイド製品のような個人が生産した製品も扱われるのです。

（3）消費者間取引の特徴

　ここまでで，消費者個人が他の個人と行う取引が，皆さんの身の回りに広がっていることがわかっていただけたでしょうか。とはいえ，私たちが普段行っている多くの取引は，企業が生産し，販売するものを購入する企業対消費者間取引です。では，企業が提供する製品やサービスと，消費者個人が提供する製

品やサービスにはどのような違いがあるのでしょうか。実は，消費者間取引は，企業対消費者間取引に比べてリスクの高い取引です。特に，オンラインでの消費者間取引においては，さらにこのリスクが高まると考えられます。ここからは，消費者間取引で扱われる特徴について，取引におけるリスクに着目して説明します。

1）製品の品質が低い可能性がある

　上述したように，消費者間取引における製品の売り手は消費者個人です。企業対消費者間取引と売り手が個人である消費者間取引では，取引される製品やサービスの質に差が見られます。特に，売り手が個人であることは，製品の品質を低下させる原因となると考えられます。このことについて，具体的な消費者間取引の事例から説明していきます。

　第1に，シェアリングサービスの事例を見てみましょう。シェアリングサービスの一つとして挙げた Uber では，それ専用の免許を持たず，講習等を受講していない消費者個人がタクシーサービスを提供します。一方で，タクシー会社がサービスを提供する場合，運転手は第二種免許を持った人である必要があります。運転技術を国から保証された人のみが，運転手としてタクシーサービスを提供できるのです。そのため，Uber で提供されるタクシーサービスは，タクシー事業者が提供するタクシーサービスと比較して劣る可能性があります。さらに，Airbnb では，宿泊施設として建築された建物ではなく，個人が居住する建物やその一室で宿泊サービスが提供されます。提供者である家の持ち主の多くは，宿泊サービスに従事する人ではないため，マニュアルなどがなく，一般的なホテルや旅館などの宿泊施設よりはサービスが劣る可能性が高いです。

　第2に，メルカリやフリーマーケットなどの不用品販売を考えてみましょう。このような消費者間取引では，取引される製品の多くが一度人の手に渡って使用された中古品です。そのため，店舗で販売される新品のものとは製品に差が出てくるのは明らかです。時には未使用品が販売されることもありますが，未開封かどうかで製品の状態が大きく変わってくることも考えられ，比較的品質が低くなることがわかるでしょう。

　第3に，ハンドメイドマーケットで販売されるハンドメイド製品について考えてみましょう。ハンドメイドマーケットでは，個人がハンドメイド製品を販

売しています。しかしながら，その多くがハンドメイド製品の生産を生業としない，いわゆる副業としてハンドメイド製品の生産，販売活動を行っている人々です。いわゆる素人の作ったハンドメイド作品が多いため，その品質は，企業対消費者間取引で扱われるマシンメイド製品や専門家，プロの生産した製品よりも低くなる傾向があります。[6]

　以上のことから，消費者間取引で取引される製品やサービスは，企業対消費者間取引で取引される製品やサービスと比較して低くなる可能性があるのです。

２）製品の品質が製品ごとに異なる可能性がある

　製品の品質が低くなる他にも，取引される製品の品質が一定でないことも消費者間取引における特徴の一つです。このことについても，具体的な消費者間取引の事例から説明します。

　第1に，フリーマーケットやフリマアプリでは，多くの不用品が販売されていますが，使用頻度や個人の使用方法の違いから，同じ不用品であっても違いが出ることがあります。例えば，ドライヤーであれば，半年間1日1回，販売者が自分自身の髪の毛を乾かすために使用したものと，10人家族の販売者が1日10回，半年間家族全員分の髪の毛を乾かすために使用したものとでは製品の劣化に差が出ます。もしかしたら，販売者は使用中に何度もドライヤーを床に落としているかもしれませんし，逆に，使ったら丁寧に拭いて，引き出しにきちんとしまっておいているかもしれません。未使用品であっても，その保存方法によっては品質が異なることもあるでしょう。使用，保存の方法は消費者によって十人十色で，まったく同じ品質の不用品が販売されることはほぼないのです。不要になった既製品であっても，消費者間取引で取引される製品には品質に差が出てしまうのです。

　第2に，ハンドメイド製品を見ていきましょう。取引される製品がマシンメイドの製品ではない場合，特にハンドメイド製品の場合にこの品質の差は顕著になります。同じようなデザインのハンドメイドアクセサリーでも，作る人間が違えばデザインや使用する材料に微妙な差が出るのは当然のことです。さらに，同じ人が販売するハンドメイドアクセサリーでも，微妙な力加減の差やその日の調子などによって品質が上下してしまうことはイメージできるでしょう。[7]一方で，マシンメイド製品の場合は，機械が同じ製品を大量生産するので品質

は一定になります。ハンドメイド製品は，企業対消費者間取引で販売されることの多いマシンメイド製品に比べて，品質が変動するリスクがあるのです。

（4）広がる消費者間取引と取引の場

　ここまでで，消費者間取引とはどんなものなのか，具体的にどんなものが存在しているのかが理解できたかと思います。現在，ICT の発展によって，オンライン上で容易に様々な取引ができるようになりました。そんな中，消費者同士の取引を仲介する売買のプラットフォームが誕生したことで，消費者間の取引は容易になり，活発化していったのです。ここで気づいた方もいるかと思いますが，消費者個人同士が行う取引では，この取引を仲介する「場所」の存在が非常に重要となります。例えば，フリーマーケットでは，その主催者が参加者に対して販売する場所を提供し，そこに参加者が集まることで消費者間取引が行われます。フリマアプリに関しても同様で，消費者個人が製品を売買できるアプリケーションやサイトという場所を提供することによって，オンライン上で消費者個人が集まり，消費者間取引が行われるのです。

　実は，この取引を仲介する場所の存在がないと，消費者同士の取引は円滑に行うことができません。これには，消費者間取引における販売者が非常に規模の小さい売り手であることが深く関係します。規模の小さい売り手は，コストの面から実店舗や独自のオンラインショップを持つことが困難です。そのため，誰かが提供してくれる場所を借りて，製品の売買をする必要があります。先ほど紹介したフリーマーケットや Airbnb，Uber，メルカリ，ラクマ，minne，Creema などは，すべて消費者間取引を仲介する場所，取引のためのプラットフォームです。消費者個人は，これらの場所に集まり，スペースを借りて製品を販売することができます。しかもオンライン上のプラットフォームでは，販売スペースだけではなく，プラットフォームが提供する決済システムや売買に関するメッセージの送信機能，売り手の評価機能など，様々な機能を利用することができます。これらのプラットフォームでは，取引に手数料がかかる場合が多いですが，それを差し引いてもプラットフォームから提供される機能を利用できた方が，規模の小さい売り手にはメリットがあるのです。[8]このように消費者間取引やその他企業対消費者間取引を仲介する場所のことを取引仲介型プ

ラットフォーム（國領 1990）といいます。ICT を利用することで，売り手と
買い手をマッチングさせるだけではなく，様々な機能を利用者に提供してくれ
る取引仲介型プラットフォームは，消費者間取引には欠かせないものの一つで
す。

　次節では，ICT の発展による取引仲介型プラットフォームの誕生によって，
これまでの消費者像がどのように変化してきたのか，消費者の役割と行動に着
目して考察していきましょう。

3　変化する消費者像

　近年の ICT の発展は，人間がこれまで行ってきた取引の形を大きく変えま
した。それとともに，個人の消費行動にも変化を及ぼしています。この変化の
中から，ここでは消費者の役割の変化に着目します。ICT の発展によってど
んな変化があり，それによって消費者の役割がどう変化したのか，そして，そ
の役割の変化がこれまでの消費者行動の意味を拡張させることについて，本節
で考えていきます。

（1）取引仲介型プラットフォームの誕生
　ICT の発展によって，企業行動や消費者行動は大きく変化しました。企業
やブランドが独自の EC サイトを開設できるようになったことで，企業は商圏
を拡大し，潜在顧客へアプローチできるようになりました。独自の EC サイト
を利用することで，企業やブランドが実店舗を持つよりも低いコストで製品を
販売することが可能です。それに加えて，商圏の制約が存在しない EC サイト
は，売り手の拠点と買い手の所在との間にある空間的広がりが大きくても売買
をすることが可能で，その範囲を世界規模にまで広げることができます
（Forsythe & Shi 2003；Solomon & Stuart 2000）。しかしながら，EC サイトの維
持や管理にはある程度の技術やコストが必要です（Solomon & Stuart 2000）。実
店舗の維持や管理と比較すれば少ないコストで EC サイトは運営できますが，
一方で，零細企業や消費者間取引を行うような個人的な販売者にとっては，そ
のコストでさえも大きすぎるのです。

　ICT の発展によって誕生したものの一つに取引仲介型プラットフォーム（國領 1999）があります。取引仲介型プラットフォームの出現は，企業のビジネスモデルだけではなく，個人の消費者行動と消費者の役割を大きく変化させました。取引仲介型プラットフォームとは，特にオンライン上で，売り手と買い手が集まる取引の場のことです。このオンライン上の取引仲介プラットフォームの誕生によって，売り手はより容易に製品・サービスを他者に販売できるようになりました。さらに，買い手はより容易に製品・サービスの売り手を探索可能になり，購買しやすくなりました。このプラットフォームは，自社ブランド専用の EC サイトを作成することのできない規模の小さい企業やブランド，そして個人の製品販売に貢献しています。そして，すでに述べた通り，この取引仲介型プラットフォームが仲介する取引は，企業と消費者の取引だけではありません。現在，私たちは様々な企業が販売する製品・サービスをインターネット上で購入できるようになりました。それと同時に，私たちは個人が販売する製品・サービスを容易に購入できるようになったのです。今や，製品やサービスを提供するのは企業だけではありません。取引仲介型プラットフォームの誕生によって，消費者個人も不用品や自ら生産したハンドメイド製品などをより容易に他の消費者に提供できるようになりました。個人のような非常に規模の小さい売り手が，取引仲介型プラットフォームが提供する機能を利用することによって円滑に取引を行えることになったおかげで，消費者間取引は普及したといっても過言ではないでしょう。

　消費者は，取引仲介型プラットフォームの誕生によって，製品やサービスの提供者としての役割を担う機会が増えました。製品やサービスの消費を行うという役割の他に，製品やサービスの提供者としての活動も加わり，消費者の役割が拡大したことがわかります。ここからは，消費者の役割が拡大したことでこれまでの消費者行動の捉え方がどう変わるのかを見ていきましょう。

（2）消費者の役割の広がりと消費者行動

　消費者の役割の広がりを消費者行動のコンセプトの視点から考えてみましょう。ソロモンは，消費者行動を「選択，購入，使用，処分するプロセス」（Solomon 2013 = 2015：25）という 4 つのプロセスとして定義しています。先程

説明した製品やサービスの提供者としての消費者の活動は，この消費者行動の
どの部分にあたるのでしょうか。

　まず，製品やサービスの提供者として製品を販売する活動に着目しましょう。
消費者行動のプロセスの一つである「処分」において，消費者は不要になった
製品を他者に譲渡したり，リサイクルに出したり，廃棄したり，販売したりし
ます。皆さんも，着用することのなくなった衣類を友人や親戚に譲ったり，一
部のアパレルショップに設置されているリサイクルボックスに入れたり，ゴミ
として捨ててしまったり，フリマアプリで販売したりしたことがあるのではな
いでしょうか。一見，処分というシンプルなプロセスの中にも，様々な消費者
行動が隠れています。消費者が製品やサービスの提供者として製品を販売する
活動は，この処分の中に含まれています。取引仲介型プラットフォームの誕生
によって，消費者同士での不用品販売はかなり容易になりました。今では多く
の消費者が不用品販売を行っており，代表的な処分行為の一つになっています。

　次に，製品やサービスの提供者としての消費者個人が，製品やサービスを生
産する活動に着目しましょう。多くの人は，消費者間取引と聞くとメルカリや
ラクマなどのフリマアプリでの不用品販売を連想します。もちろん，この不用
品販売も典型的な消費者間取引の一つです。しかしながら，消費者間取引で取
引される製品は不用品のみではありません。消費者が生産したハンドメイド製
品なども，消費者間で取引されているのです。では，この生産は消費者行動の
プロセスのどの部分にあたるのでしょうか。

　消費者個人が製品やサービスを生産する活動は，消費者行動のプロセスの一
つである「使用」にあたります。ハンドメイド製品の生産を「企業が提供する
材料を使ってハンドメイド作品を作ること」と捉えれば，ソロモンの消費者行
動の4つのプロセスの一つである「使用」として説明ができます。皆さんの中
に，もしくは皆さんの友人や家族の中に，趣味でハンドメイド作品を作ってい
る人はいませんか。アクセサリーや雑貨，家具，洋服など，様々なものを「ハ
ンドメイドで作ること」を趣味としている人は大勢います。彼らは，企業が販
売している布やミシン，レジン，木材，アクセサリーパーツなどを購入して，
それらを使用して新しい製品を作ります。つまり，ハンドメイド製品の生産は，
企業が販売する製品の使用にあたると捉えることができるのです。さらに，個

人がタクシーサービスを提供する Uber を考えてみると，個人が所有する自動車を使用してタクシーサービスを生産していると捉えることが可能です。このように，個人消費者は企業の提供する製品を使用することで，新しい製品やサービスを生み出しています。

　以上のことから，消費者行動の各プロセスが消費者の役割の拡大とともに拡張していることがわかるでしょう。もしかしたら，消費者行動の使用プロセスに新たな製品やサービスの生産が含まれることを意外に思った方もいるかもしれません。しかし，「何かを作る」という活動は人間が生来行ってきた活動の一つであり，この生産活動に関しては様々な研究が行われています。これらの研究の中で，DIY やハンドメイド活動などによって新しいものを生み出す人々を表す言葉が存在します。それが，プロシューマー（Toffler 1980）です。

（3）プロシューマーとはどんな人なのか

　プロシューマーという言葉は，トフラーが1980年に出版した著書 *The Third Wave* で初めて用いました。トフラーはプロシューマーを，自分が所有している製品に手を加え，自分や身近な人々のために生産を行う消費者[9]と定義しました（Berthon et al. 2007 ; Toffler 1980）。他にも，生産者と消費者の役割を同時に担う個人とも呼ばれます[10]（Kotler 1986 ; Tapscott & Williams 2006）。製品を消費しつつ，それに手を加えながら新しい価値を生産する人々がプロシューマーだということがわかるでしょう。しかしながら，プロシューマーと消費者間取引における売り手には，類似する部分と相違する部分があります。ここからは，この類似部分と相違部分を説明することで，2つの消費者への理解を深めていきましょう。ここでは，相違部分として生産した製品やサービスの提供範囲（鴇田 2020）を，そして類似部分として生産活動の動機を紹介します。

1）相違部分──生産した製品やサービスの販売と提供範囲

　トフラーの提唱したプロシューマーは，自分が所有している製品に手を加え，自分や身近な人々のために生産を行う消費者と定義されています。ここで着目したいのが，プロシューマーが生産した製品を消費するのは誰なのか，という点です。トフラーが *The Third Wave* で示した定義では，彼らが生産した製品の使用を行う人はプロシューマー自身か，プロシューマーの身近な人に限られ

ていました。つまり，自分自身が着用するためのワンピースを作ったり，自分の子どものためにベビー服を作ったりすることが，トフラーの提唱したプロシューマーの定義の中に含まれているということになります。しかしながら，現代，プロシューマーのような人々が生産したものを消費することができるのは，本当に彼ら自身や彼らの身近な人だけでしょうか。

　ICTやそれに伴う物流の発展により，個人が自分で生産した製品を遠く離れたところにいる個人にも販売できるようになりました。自分自身や近しい個人のためだけに生産を行うのではなく，遠く離れた場所に住むよく知らない人のために製品を生産し，届けることができるようになったのです。トフラーが提唱したプロシューマーの定義は，この製品の販売について言及していません。製品を生産し，自分自身，または身近な人が使用するところまでが定義づけられています。しかし，取引仲介型プラットフォームで個人が他者と容易に取引ができるようになったことで，個人は自分で生産した製品を遠く離れたよく知らない人に対して販売することが可能になりました。プロシューマーと消費者間取引の売り手は，生産された製品の提供範囲と製品の販売を行うか否か，という点で異なります。とりわけ，生産した製品をより広い範囲の他者に販売できるようになったプロシューマーが消費者間取引における売り手であると考えることができるでしょう。

２）類似部分──生産活動の動機

　プロシューマーの活動動機については，様々な先行研究によって調査が行われています。チャンドラーとチェンはプロシューマーの活動動機について，個人的動機と社会的動機の２つに分けて説明を行っています（Chandler & Chen 2015 ; Dahl & Moreau 2007）。個人的動機とは，プロシューマー自身の「心理的成長，誠実さ，幸福」という要素に関連したものであり（Deci & Ryan 2000 : 229），彼らの生産活動に深く関係しています。この個人的動機は，①自立性，②能力，③楽しさとリラックス，④学習，⑤セルフアイデンティティ，⑥対処の６つに分類されています。社会的動機とは，プロシューマーが社会的，外的な結果を求めていることを意味する動機のことで（Chandler & Chen 2015），①コミュニティ，②関係性，③達成の公共心の３つに分類されています。これらの動機について表３−１にまとめました。

表3-1　プロシューマーの活動動機

分　　類	定　　義
個人的動機	
自立性	クリエイティブな活動を行うことやそのプロセスを自分自身で選択することに対する自由を感じたいという動機
能　　力	活動の成功によって生まれる心理的な満足を得たいという動機
楽しさとリラックス	クリエイティブな活動に没頭したいという動機
学　　習	自分自身のスキルを向上させたい，改善したいという動機
セルフアイデンティティ	活動を通してアイデンティティを高めたいという動機
対　　処	クリエイティブな活動を通して，ストレスや病気を緩和したいという動機
社会的動機	
コミュニティ	クリエイティブな活動を，同じような動機を持つ他者と共有したいという動機
関係性	他者とつながりを感じたいという動機
達成の公共心	クリエイティブな活動の成果を他者に認められたいという動機

出所：Chandler & Chen（2015）；Dahl & Moreau（2007）より筆者作成。

　生産した製品をより広い範囲の他者に販売できるようになったプロシューマーが消費者間取引における売り手であると想定すると，ここに挙げたプロシューマーの活動動機は，消費者間取引における売り手が製品を生産する動機と一致すると考えられます。ただし，後者が販売という活動を行っている以上，経済的利益を得ようとする動機も少なからず含まれることに注意が必要です。しかしながら，この経済的動機を除けば，プロシューマーと消費者間取引における売り手の持つ製品の生産に関する動機は，ほぼ同一のもので構成されると考えられるのです。

4　消費者間取引において重視される価値とは何か

　皆さんは，なぜ企業が製品やサービスを消費者に販売しているのだと思いますか。企業は，私たち消費者や他の企業に製品やサービスを提供し，その対価としてお金などの金銭的利益を得ています。この事実から，製品やサービスを「売る」という行為は，お金のために行われていると考えている方も多いでし

ょう。経営学の分野で多く語られる「取引」は，製品やサービスと対価となる
お金の交換を意味しています。現在の，そして将来的な経済的利益の最大化は，
経営学において非常に重要な要素の一つであり，取引という行為を行う上での
最大の目的です。しかしながら，売り手が製品を生産し，販売する動機を考慮
すると，消費者間取引では経済的利益が最大の目的とはならない可能性が生ま
れます。

　先に述べておきますが，実は，これでまでに消費者間取引に関する研究は多
くは行われていません。歴史のあるフリーマーケットでさえ，研究の分野では
あまり焦点が当てられていないのです（Venter de Villiers et al. 2018；Ha 2014）。
中には，取引仲介型プラットフォーム上の評価システムや情報の信頼性に関す
る研究（山本ら 2003；You et al. 2011；Wu et al. 2015）も存在しますが，個人が
消費者間取引の中でどのように振る舞うのか，消費者間取引の持つ独特の特徴
については，多く明らかになっていないのです。そのため，ここでは消費者間
取引に特有の価値について考察し，今後の研究対象として消費者間取引を扱う
際に注目すべき要素について述べます。

（1）消費者間取引における人間的感情

　消費者間取引における売り手が個人消費者であることを，本章では繰り返し
説明しています。売り手が個人消費者であるということは，普段私たちが行っ
ている企業対消費者間取引と消費者間取引の大きな違いです。売り手が企業で
はなく，個人消費者であるということは，売り手が「人」であることを意味し
ます。そのため，消費者間取引では売り手が一人の人間として持っている気持
ちや感情という部分が，取引行動に強く現れると考えられます。企業対消費者
間取引では，売り手は企業という組織なので，人の気持ちや感情が強く取引行
動に現れることは滅多にありません。少しわかりにくいという方のために，具
体的に説明してみましょう。

　あなたがフリーマーケットで不要品を出品している時のことを想像してみて
下さい。家から持ってきた不用品をブルーシートの上に並べ，あなた自身もそ
の上に座ってお客さんを待っています。そんな時，4歳くらいの男の子があな
たのブルーシートの前で立ち止まります。彼はあなたが出品したキャラクター

もののキーホルダーをじっと見つめます。「これいくらですか」と言う男の子に，「200円だよ」と答えました。すると男の子は小銭が入った小さい財布を開けます。あなたが財布を覗くと，そこには150円しか入っていません。この時，あなただったらどうしますか。もしかしたら多くの方が「じゃあ150円でいいよ」と，男の子から150円だけ受け取って，キーホルダーを売ってしまうのではないでしょうか。もしくは「ごめんね，お金が足りないから，お母さんのところでお小遣いをもらっておいで」と一度は言うけれど，「もらえなかった」と男の子が帰ってきたら，「じゃあ150円でいいよ」と150円で売ってしまうのではないでしょうか。もちろん，すべての人が同じ行動をとることはないでしょう。しかしながら，消費者間取引では，男の子に150円でキーホルダーを売ってしまう人が多く存在するのです。

　一方で，企業対消費者間取引の場合はどうでしょうか。今度は，あなたがリサイクルショップの店員である場合を想像してみて下さい。男の子が200円のキーホルダーが欲しいけれど，150円しか所持していないような場合に，あなたは150円でキーホルダーを売りますか。きっと，ほとんどの方が「売らない」と答えるのではないでしょうか。それは，あなたがリサイクルショップという企業の一員で，企業の経済的利益のために働いているからです。

　消費者間取引と企業対消費者間取引の違いは，ここにあります。消費者間取引では，売り手が人間として持っている「欲しいものが買えないなんて，男の子がかわいそう」「ちょっとでも喜んでほしい」という感情や気持ちが，製品の販売という取引行動に大きな影響を与えます。企業対消費者間取引の場合も，もしかしたらあなたは，男の子に対して「かわいそう」と思うかもしれません。しかし，あなたがリサイクルショップの店員である場合，決められた販売価格に従うことを選ぶでしょう。これは，取引を行うのがあなた自身ではなく，リサイクルショップという企業だからです。あなたは企業という組織の一部として働いているだけなので，あなたの感情や気持ちは企業の「200円でキーホルダーを販売する」という取引行動に影響を与えません。一方の消費者間取引では，売り手の感情や気持ちが取引行動に大きな影響を与えてしまうのです。

　フリーマーケットに参加することで，不用品でお金を稼ごう，少しでも利益を出そうと思っている人が多いはずです。それにもかかわらず，こんなにも簡

単に，目的と矛盾する取引行動を採用してしまうということは，売り手の感情がそれほど大きな影響力を持っているということを意味します。感情が取引行動に与える影響について調査することによって，一見非合理的に見える取引行動が売り手にとってどのような意味を持つのか，消費者間取引において人は何に価値を置くのかが明確に見えてくるはずです。

（2）消費者間取引における社会的価値

　第3節では，生産した製品をより広い範囲の他者に販売できるようになったプロシューマーが消費者間取引における売り手であると述べました。そして，その活動動機には，社会的，外的な結果を求める社会的動機が存在しています。ここでは，この社会的動機から消費者間取引が持つ特有の価値について，売り手側と買い手側の2つの視点に立って考察していきましょう。

1）買い手の視点から見る社会的価値

　本節冒頭でも述べた通り，「取引」と聞いた時，私たちの多くは「お金」や「ビジネス」というイメージを思い浮かべます。しかしながら，人は必ずしも経済的利益のみを求めて消費者間取引に参加するのではありません。上述したフリーマーケットは，個人消費者が不要になったものを売買する場です。この不用品売買という特徴から，安価で製品を手に入れることができることこそが，フリーマーケット最大の長所と考えている方も多いのではないでしょうか。しかしながら，製品の大量生産が可能となった現代，100円ショップやECサイトでは，フリーマーケットで購入するよりも安価で，質の高い製品を手に入れることができます。また，消費者間取引で売買される製品の品質は必ずしも一定ではありません。そのため，品質の予測が難しくなり，運悪く品質の悪い製品に当たってしまう可能性もあります。つまり，企業対消費者間取引と比較すると，消費者間取引はリスクが高くなるのです。消費者間取引以外にも，品質が高く，一定で，安価なマシンメイド製品を手に入れる機会を私たちはたくさん持っています。そんな中で，私たちはなぜ，フリーマケットをはじめとした消費者間取引を行うのでしょうか。

　ボストマンとロジャーズは，フリーマーケットが単に安価な製品を手に入れるだけの場所ではなくなっていることを指摘しました（Bostman & Rogers

2011)。実は，複数の研究によって，フリーマーケットで安価な製品を手に入れたい，という経済的動機だけでは，フリーマーケットへの参加の理由を十分に説明できないことが示されています（Webb et al. 2009, 2013）。人々は，フリーマーケットでの購買行動を「掘り出し物を見つけるための宝探し」と捉えていて，フリーマーケットに参加することによって関係者と社会的交流をしたいと考えているのです（Petrescu & Bhatli 2013）。確かに，一般的な小売店舗とは異なり，フリーマーケットは誰がどんな品物を販売しているのか，事前に把握するのは難しいです。多くの販売者と製品が並ぶ中で，自分が購入したいと思える製品との偶然の出会いを求めて，フリーマーケットに行く人が多いのかもしれません。

　加えて，消費者間取引では参加者同士の社会的交流，コミュニケーションが重視されることが一部の研究で示唆されています（Petrescu & Bhatli 2013；Tokita 2022）。取引を通じてコミュニケーションを楽しみたいという欲求によって消費者間取引に参加する人が存在するという事実は，消費者間取引における売り手が個人消費者であり，買い手と同じ「人間」であることに起因していると考えられます。売り手が企業ではなく，一人の人間であることは，消費者間取引の重要な要素であることがわかりますね。

２）売り手の視点から見る社会的価値

　売り手の活動動機については，第3節のプロシューマーの活動動機として触れました。プロシューマーの活動動機は2種類に分けられますが，ここでは，消費者間取引における社会的価値と関係の深い社会的動機を基に考えてみましょう。

　プロシューマーの社会的動機はコミュニティ，関係性，達成という3つの要素に分けられています。今回は，コミュニティと関係性について注目しましょう。前述しましたが，消費者間取引では参加者同士の社会的交流，コミュニケーションが重視される傾向があります。これを示すのが，コミュニティと関係性という要素です。コミュニティとはクリエイティブな活動を，同じような動機を持つ他者と共有したいという動機を意味しています（Dahl & Moreau 2007）。これは，主に消費者間取引における売り手同士のコミュニケーションに対する欲求を意味していると考えられるでしょう。関係性は，他者とつながりを感じ

たいという動機です。この要素は，売り手買い手にかかわらず，他の「人間」
と消費者間取引に関連する活動を通してつながりたいという欲求です。これら
の動機は，ハンドメイド製品などを売買する売り手に関しては，イメージしや
すいのではないかと思います。しかし，シェアリングサービスなどを提供する
売り手に関しても，この社会的動機が重要になることが示されています[11]
（Böcker & Meelen 2017）。これらに関しても，消費者間取引における人間と人
間が取引を行うという特徴が深く関わっていることがわかります。

（3）消費者間取引におけるハンドメイド製品の魅力

　ここでは，消費者間取引で取引される製品の魅力について考えていきましょ
う。第2節において，消費者間取引で扱われる製品の多くは，企業対消費者間
取引で扱われる製品と比較して品質が低い可能性があること，そして品質が変
動する可能性があることを説明しました。このことから，消費者間取引は製品
に関するリスクの高い取引であることがわかりますが，それでも消費者間取引
で製品を購入しようとする消費者が存在するのも事実です。この理由を考察す
るために，消費者間取引の中でも，特にハンドメイドマーケットで取引されて
いる製品に着目していきましょう。

　ハンドメイドマーケットで取引される製品の多くはハンドメイド製品ですが，
このハンドメイドとは，その名の通り「人の手で作られた」ことを意味してい
ます。アクセサリーや衣類，雑貨，食品など，様々なハンドメイド製品が存在
していますが，私たちはそんなハンドメイド製品に対して特別な魅力を感じて
いることが明らかになっています。ハンドメイド製品は，作り手の愛や努力，
思い入れを含んでいると考えられ，特別な魅力を持った製品として消費者に認
識されるのです（Job et al. 2017；Fuchs et al. 2015）。このことは，ハンドメイ
ド効果とも呼ばれています（Fuchs et al. 2015）。この効果の存在は，たとえ品
質が企業対消費者間取引よりも劣る可能性があったとしても，消費者があえ
て消費者間取引を行う理由と考えられるでしょう。売り手が人間であることで，
その人間が行っている生産活動を高く評価することとなり，ハンドメイド製品
が魅力的に映ります（Shapiro 2004；Norton et al. 2012）。消費者間取引が持つ
売り手が個人消費者であるという特徴が，製品の魅力を高めているのです。

5 人間であることと取引

　本章では，売り手と買い手双方が個人消費者である消費者間取引を取り上げ，この取引において重視する価値を考察してきました。ここまででわかるのは，売り手と買い手が「人間」であることが，消費者間取引において重要な要素となるということです。経済的利益を求めて合理的に意思決定を下す企業とは異なり，私たち人間は時々一見非合理的な判断を行います。それが色濃く反映されるのが消費者間取引であり，一見非合理的に見える判断も，感情や社会的動機，愛や努力によって高められた魅力に基づく価値を求める決断であると考えることができます。

　消費者間取引は年々その規模を増しています。より人間的な要素が強調され，それが企業対消費者間取引とは異なる価値を持つ消費者間取引に対する理解を深めることで，取引を行う消費者自身の他にも，取引仲介型プラットフォーム・ビジネスを展開する企業にとっても有益な示唆を与えることができるでしょう。

注
(1)　英語では flea market と呼ばれます。日本語では，青空市の他，蚤の市などとも呼ばれることがあります。
(2)　基本的には現金で支払いを行い，規制がない，もしくは緩いことに基づいて「非公式」としています（Ha 2014）。
(3)　デジタル庁の調査によると，日本における2021年のシェアリングエコノミー市場規模は過去最高の2兆4,198億円を記録しました。
(4)　個人が所有する自動車や居住する家，その中の一室など。Uber のように所有者自身が自動車を使ってタクシーサービスを提供するものから，自動車のみを貸し出すものまで，シェアリングの形は多様です。その他にも食品などが対象になることもあります。
(5)　メルカリは，日本だけではなくアメリカ，イギリスでもサービスを行っています。
(6)　機械によって生産された製品のこと。
(7)　このような品質の差を，経営学の分野では「変動性」と呼びます。変動性とは，サービスの基本的特性の一つで，サービスの生産者や消費者の人的要因によって提

供されるサービスが同一のものにならない可能性があることを意味しています。ハンドメイド製品にも，サービスと同様，製品の品質に変動性が現れるのです。

(8)　例えばオンライン上で製品を売買するサイトを 1 から作ろうとすると，CSS などのプログラミングの知識やサイトのデザインに関する知識，安全な決済システムに関する知識など，様々な知識が必要となり，これを個人がすべて担おうとすると莫大な時間コスト，金銭的コストが必要になってしまいます。

(9)　正確には，「自分の所有する製品を適応させ，変更し，変換し，自分たちのために生産する消費者」(Berthon et al. 2007 ; Toffler 1980) となっています。

(10)　プロシューマーの定義は研究や分野によって微妙に違いが存在しています。このことについては鴇田 (2020) を参照して下さい。

(11)　シェアリングエコノミー市場に参加する供給者と需要者の取引参加動機を調査した研究 (Böcker & Meelen 2017) によると，高価な宿泊施設などのシェアリングについては経済的動機が強く影響するものの，食事のシェアリングなどの個人的相互作用の高い要素を持つものに関しては，社会的動機が強く影響することがわかっています。

参考文献

経済産業省 (2021)「令和 2 年度　産業経済研究委託事業 (電子商取引に関する市場調査)」。

國領二郎 (1999)『オープン・アーキテクチャ経営』ダイヤモンド社。

鴇田彩夏 (2020)「社会環境によるプロシューマーの定義と活動動機の変化」『マーケティングジャーナル』40(2)，72-84頁。

山本仁志・石田和成・太田敏澄 (2003)「消費者間オンライン取引における評判管理システムの分析」『経営情報学会誌』12(3)，55-69頁。

Berthon, P., Pitt, L., McCarthy, I. & Kates, S. (2007) "When consumers get clever: Managerial approaches to dealing with creative consumers" *Business Horizons* 50, pp. 39-47.

Böcker, L. & Meelen, T. (2017) "Sharing for people, planet or profit? Analysing motivations for intended sharing economy participation" *Environmental Innovation and Societal Transitions* 23, pp. 28-39.

Bostman, R. & Rogers, R. (2011) *What's mine is yours: How collaborative consumption is changing the way we live Collins*, Collins.

Chandler, J. & Chen, S. (2015) "Prosumer motivations in service experiences" *Journal of Service Theory and Practice* 25(2), pp. 220-239.

Dahl, D. W. & Moreau, C. P. (2007) "Thinking inside the Box: Why Consumers Enjoy Constrained Creative Experiences" *Journal of Marketing Research* 44 (3), pp.

357-369.

Deci, E. L. & Ryan, R. M. (2000) "The "what" and "why" of goal pursuits: Human needs and the self-determination of behavior" *Psychological inquiry* 11 (4), pp. 227-268.

Forsythe, S. M. & Shi, B. (2003) "Consumer Patronage and Risk Perceptions in Internet Shopping" *Journal of Business Research* 56(11), pp. 867-875.

Fuchs, C., Schreier, M. & Osselaer, S. M. J. Van (2015) "The Handmade Effect: What's Love Got to Do with It?" *Journal of marketing* 79(2), pp. 98-110.

Ha, N. H. (2014) "Buy, sell and chatter: A case analysis of a Lisbon Flea Market" (Unpublished Master's dissertation) NOVA School of Business and Economics. Lisbon.

Job, V., Niktin, J., Zhang, S. X., Carr, P. B. & Walton, G. M. (2017) "Social Traces of Generic Humans Increase the Value of Everyday Objects" *Personality and Social Psychological Bulletin* 43(5), pp. 785-792.

Kotler, P. (1986) The Prosumer Movement: a New Challenge For Marketers, in NA-Advances in Consumer Research 13, eds., Richard J. Lutz, Provo, UT : Association for Consumer Research, pp. 510-513.

Norton, M. I., Mochon, D. & Ariely, D (2012) "The IKEA effect: When labor leads to love" *Journal of consumer psychology* 22(3), pp. 453-460.

Petrescu, M. & Bhatli, D. (2013) "Consumer behavior in flea markets and marketing to the Bottom of the Pyramid" *Journal of Management Research* 13(1), pp. 55-63.

Shapiro, L. (2004) *Something from the Oven: Reinventing Dinner in 1950s America*, NewYork: Viking.

Solomon, M. R. (2013) *Consumer behavior 10th edition*, Pearson Education.（＝2015, 松井剛監訳『ソロモン——消費者行動論』丸善出版。）

Solomon, M. R., & Stuart, E. W. (2000) *Marketing: Real People, Real Choices and the Brave New World of E-Commerce*, NJ: Prentice Hall.

Tapscott, D. & Williams, A. D. (2006) *Wikinomics: How mass collaboration changes everything*, New York: Portfolio（＝2007, 井口耕二訳『ウィキノミクス——マスコラボレーションによる開発・生産の世紀へ』日経 BP 社。）

Toffler, A. (1980) *The Third Wave*, New York: William Morrow and Company.

Tokita, S. (2022) "Institutional Logics Shaping the Behavior of Actors in C2C Handmade Market" *Portland International Conference on Management of Engineering and Technology（PICMET）*.

Venter de Villiers, M., Visnenza, A. & Phiri, N. (2018) "Importance of location and product assortment on flea market loyalty" *The Service Industries Journal* 38

(11-12), pp. 650-668.

Webb, J. W., Bruton, G. D., Tihanyi, L. & Ireland, R. D. (2013) "Research on entrepreneurship in the informal economy: Framing a research agenda" *Journal of Business Venturing* 28(5), pp. 598-614.

Webb, J. W., Tihanyi, L., Ireland, R. D. & Sirmon, D. G. (2009) "You say illegal, I say legitimate: Entrepreneurship in the informal economy" *Academy of management review* 34(3), pp. 492-510.

Wu, K., Vassileva, J., Noorian, Z., & Zhao, Y. (2015) "How do you feel when you see a list of prices? The interplay among price dispersion, perceived risk and initial trust in Chinese C2C market" *Journal of Retailing and Consumer Services* 25, pp. 36-46.

You, W., Liu, L., Xia, M. & Lv, C. (2011) "Reputation inflation detection in a Chinese C2C market" *Electronic Commerce Research and Applications* 10(5), pp. 510-519.

第4章 ライブコマースの現在地と未来

劉　亜氷

── キーワード ──
ライブコマース，配信者，インタラクティブ性

1　新しい販売手法としてのライブコマース

　スマートフォン1台で誰でも商品のプロモーションと販売を行うことができるライブコマースの台頭は，商品の販売方法を大きく変えつつあります。ライブ配信で豊富な内容を伝えられるだけでなく，配信者と視聴者の間でインタラクティブなコミュニケーションがとれることが特徴です。近年，中国で大人気のライブコマースは日本においても導入企業が増えてきています。特に，2020年以降は新型コロナウイルス感染症の拡大（以下，コロナ禍）によって，実店舗の売上が伸び悩む企業が多く存在しています。そうした中で，ライブコマースをコロナ禍に打ち勝つための新しい販売手法として活用する企業の増加が見られます。一方で，消費者の視点から見れば，日本におけるライブコマースの認知度は43.2％，利用経験は12.7％とまだ低いレベルにとどまっています（MMD研究所 2021：12）。ライブコマースは顧客体験を改善し，顧客と企業の新しい接点を作り出す有効なツールになれるでしょうか。

　本章では，以下のような点を意識しながら，日本におけるライブコマースの変遷と今後の可能性を考察します。第1に，ライブコマースとテレビショッピングはどう異なるのか。第2に，ライブコマースの導入は企業と消費者にどんなメリットをもたらすのか。第3に，ライブコマースの配信者に必要な特徴とスキルは何か。本章は先行文献と先端事例の整理を通して，上記の問題を考えていきます。

2　ライブコマースの関連研究

（1）ライブコマースの概念と特徴

　インターネットを通じたライブ配信で商品やサービスを販売する手法であるライブコマースは「ライブ配信」と「Eコマース」を組み合わせた新しい形の電子商取引（EC：Electronic Commerce，以下，EC）といえます。インタラクティブ性に注目した片山（2020：79）は「商品説明をインターネットでライブ配信し，視聴者と配信者がやり取りしながら購入できる」販売手法としてライブコマースを捉えています。矢田（2022：1）はプロモーション手段としての即効性に焦点を当て，「ライブの配信を見ながら，そこで紹介された商品やサービスを即座に購入することができる販売チャネルである」との定義を示しています。

　日本貿易振興機構（JETRO）の2021年の報告書では，通常のECとライブコマースを比較して，後者の特徴を情報伝達の優位性とコミュニケーションの優位性の2点にまとめています。[1]一般的なECは文字や写真を使用して商品情報を伝えることが多いですが，ライブコマースはライブ配信の動画を活用するため，これまでのECより豊富な情報を伝達できることが大きな特徴です。さらに，視聴者がチャット機能を通じて配信者とリアルタイムでコミュニケーションが取れるため，商品に関する不明点やアフターサービスへの不安なども即座に相談できます。リアルタイムでインタラクティブなコミュニケーションが取れることがライブコマースの最大の特徴ともいわれています。

（2）ライブコマースとテレビショッピングの相違

　実演販売を通して巧みに商品の魅力を伝え，購買を促す販売手法としてライブコマースよりも市場に浸透しているのはテレビショッピングです。テレビショッピングといえば，特徴的な甲高い声でお茶の間にわくわくする商品を提供したジャパネットたかたの創業者髙田明氏を思い浮かべる人も少なくないでしょう。社長でありながら長年間自らテレビで商品の魅力を伝えてきた髙田氏は伝え手に求められる能力からライブコマースとテレビショッピングの類似性を

見出しています。髙田氏によれば，ライブコマースにせよ，テレビショッピングにせよ，視聴者に見続けてもらうには，言語的な表現のみならず，身振り手振りと表情などの非言語的な表現を用いて，わかりやすく面白く説明することが必要だとします[(2)]。一方で，両者の相違点について，伝え手と視聴者のリアルタイム且つ双方向のコミュニケーションが挙げられました。テレビショッピングの伝え手はどんなに視聴者の立場に立って商品情報を説明したり，使い方を提案したりしても，即座に視聴者の疑問に答えることができず，一方的な情報伝達になります。しかし，インターネットの普及とライブ配信技術の進化にともなって，ライブコマースの配信者は商品を紹介しながら視聴者から投げられてきた質問や要望に対応できます。

　矢田（2022：1-2）はライブコマースとテレビショッピングの違いを以下の3点にまとめています。まず，スマートフォンを活用すれば，配信者も視聴者も気軽にライブコマースに参加でき，テレビショッピングより簡単に始められます。また，ライブコマースでは，視聴者は配信者の説明を聞いた後，そのままインターネット通販（以下，ネット通販）に誘導されます。テレビショッピングにおける「商品を探しにいく」「注文のために電話をかける」等の手間が省かれ，配信を見た結果が購買につながりやすいのです。さらに，配信者と視聴者の間で双方向のコミュニケーションが取れることもテレビショッピングにはなかった特徴です。

（3）ライブコマース利用者の特徴とライブコマースでよく売れる商品

　ライブコマースの視聴及び購入経験について，株式会社マクロミルの2018年の調査結果（MarkeZine 編集部 2018）では，視聴経験がある人は44％で，視聴後商品購入経験がある人は14％になっています。男女別では，男性は視聴経験者が49％，購入経験者が20％，女性は視聴経験者が32％，購入経験者が7％，と差が開きました。ライブコマースの購入率は調査主体やサンプルのサイズによって，結果が異なりますが，女性より男性の購入率が高いことは複数の調査で確認されています（MMD 研究所 2021；新倉 2022）。さらに，今後の利用意向を示した人は23.2％で，そのうち10代から30代はいずれも3割近く，40代と50代は2割未満との結果も報告されています（MMD 研究所 2021：14）。以上を

踏まえて，日本のライブコマース利用者の多くは10代から30代で，女性より男性の利用が積極的であるといえます。

　次に，ライブコマースでよく売れる商品について確認しましょう。前述の株式会社マクロミルの調査では，購入経験者を対象に実際に購入した商品のジャンルも聞いています。その結果，最も買われている商品は「服」の66％で，服以外に「アクセサリー・時計」「家電」もトップ3にランクインしています。さらに，2019年に実施された株式会社マクロミルと翔泳社（MarkeZine）の共同調査においても，ライブコマースで購入したい商品は「服」が42％で最も多く，その次に「家電」が39％，「コスメ・香水・美容」が31％となっています（「日本産業新聞」2019年10月17日付）。以上を踏まえて，ライブコマースでよく売れる商品分野はアパレル，家電，コスメなどであり，そのうちアパレルは購入実績と利用意向の両方において不動の首位であることがわかります。

　ところで，日本よりライブコマースの浸透率が高い中国では，利用状況はどうなっているのでしょうか。JETRO（2021）によれば，20代から30代の若年層を中心に利用されていることは日本と変わりがありません。しかし，日本では男性の積極的な利用が見られるのに対し，中国では女性の利用率が高いのは日本と異なります。ライブコマースでよく売れる商品については，中国と日本の状況は概ね類似しています。KPMG＆阿里研究院の2020年の調査報告によれば，ライブコマースの売上ランキングではレディース・アパレルが27.6％で2位以下を大きく引き離しますが，第2位から第5位までは，食品，バッグ類，化粧品・スキンケア用品，メンズ・アパレルになっています（KPMG＆阿里研究院　2020：39）。

（4）ライブコマースと EC は補完関係なのか

　前の説明を通して，洋服などアパレル分野の商品はライブコマースと極めて相性がよく，最もライブコマースの視聴者に購入されていることがわかりました。しかし，なぜライブコマースでアパレル分野の商品がよく売れるのでしょうか。本項はその原因の検討に焦点を当てた研究を取り上げます。

　ライブコマースはライブ配信を搭載した新しい形の EC とされていますが，アパレルは長らく EC に向かない業界とされてきました。なぜならば，現物を

見ないとわかりにくい色味や質感，試着しないと合うかどうかがわかりにくい
サイズ感はオンライン店舗では確認できないからです。アパレル商品の購入に
関して，オンライン店舗とオフライン店舗では大きな情報格差が存在している
ため，顧客側の買い物リスクが高くなりがちです（奥谷・岩井 2019：42）。こ
の課題の改善に向けて，大手ネット通販事業者が様々なサービスを導入しまし
た。例えば，ファッションショッピングサイト ZOZOTOWN を運営する株式
会社 ZOZO は，2017年に採寸用ボディースーツ「ZOZOSUIT（ゾゾスーツ）」
を無料配布し，サイズ測定の簡易化を試みました（株式会社 ZOZO HP）。アマ
ゾンもプライム会員限定で「Try Before You Buy」の 7 日間無料試着サービ
スを導入して，顧客の知覚リスクの低減に取り組んでいます（アマゾンジャパ
ン HP）。

　こうした知覚リスクの低減に大いに役に立つのはライブコマースです。まず，
ライブ配信の動画形式で商品を紹介するため，テキストや写真のみでは伝わり
にくい情報も伝えることが可能です。また，サイズ感の不安は身長別，体型別
のモデル複数名に試着してもらうことで解消が可能です。さらに，コーディネ
ートの確認などもコメント機能を通して，リアルタイムで配信者に質問できま
すので，EC を補完する相応しい存在といっても過言ではありません。

　では，ライブコマースはどのように消費者の知覚リスクを低減するのでしょ
うか。ルとチェン（Lu & Chen 2021）の研究はこの仕組みの解明に有益な視点
を提供しました。彼らはライブコマースでよく売れているアパレルとコスメ分
野の商品に着目し，シグナリング理論と不確実性に関する文献に基づいて，ラ
イブコマースの配信者と視聴者における類似性，及びライブコマースで推薦さ
れる商品の不確実性の低減に関する分析モデルを立てました（Lu & Chen
2021：5-7）。この分析モデルでは，（配信者と視聴者における）外見の類似性が
商品適合度の不確実性を減らし，購買意図を高めること，（配信者と視聴者にお
ける）価値観の類似性が信頼性を育み，商品品質の不確実性を減らすことで購
買意図を高めることなど，合計で 7 つの仮説が組み込まれています。

　仮説を検証するためのインターネット調査は調査日から直近 3 日間にアパレ
ルかコスメ分野のライブコマースを視聴したことがある535名の消費者を対象
に実施され，調査データは共分散構造分析によって解析されました。全体から

図4-1　ライブコマースにおける不確実性低減効果の検証結果（n＝535）

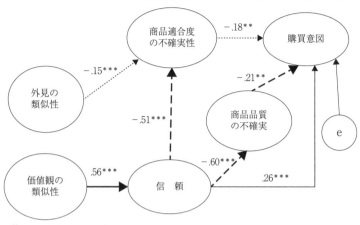

注：* $p<0.05$, ** $p<0.01$, *** $p<0.001$.
　　実線はプラスの影響，破線はマイナスの影響。
出所：Lu & Chen（2021：6-9）に基づき筆者作成。

見れば，影響力の大きさに差があるものの，外見と価値観の類似性が不確実性を低減し，購買行動を促進することに関する7つの仮説はすべて支持されました（図4-1参照）。不確実性の低減について，外見の類似性より価値観類似性の効果が顕著であり，価値観の類似性が信頼性や品質不確実性の低減を経由して購買意図に与える影響が特に大きいことがわかりました。

　さらに，商品分野とプラットフォームによる差を検証するための多母集団の同時解析も実施されました。結果，商品分野別では，顕著な差がなく，全体結果との一致度が高いと判断されます。一方で，プラットフォーム別の結果から興味深い差異が見られました。中国では，ライブコマースを展開するプラットフォームといえば，タオバオライブ（Taobao Live／淘宝直播）のようなECサイトにライブコマース機能を埋め込んだものがある一方で，ドウイン（Douyin／抖音）のようなSNS型のショートムービーサービスにライブコマースを取り入れたプラットフォームもあります。多母集団同時解析の結果は後者のプラットフォームにおける価値観類似性の強い影響力を示し，後者における配信者と視聴者の強い絆を示唆しています。

　以上の結果から，アパレルなど使用感がわかりにくく知覚リスクが高い商品のEC購買について，ライブコマースの配信者と視聴者の類似性，特に消費に

関する価値観の類似性は知覚リスクの低減に役立ち，購買促進の効果が大きいことがわかりました。なお，配信者と視聴者の類似性は熱意や個性のある商品解説を通して視聴者に伝わると考えられます。この意味ではライブコマースはECの弱みをカバーできる補完的な存在かもしれません。

3　ライブコマースの変遷と現状

（1）ライブコマースの源流

　日本におけるライブコマースの源流については定説がありませんが，2011年にライブ配信の代名詞的存在「Ustream」[5]がライブ配信で商品を販売することを提案した有料オプションサービス「アドフリー」が始まりである，とされています（ノダ 2017）。売り手がライブ配信を活用すれば，文字や写真だけでは伝えにくい商品の魅力を説明することが可能です。一方の視聴者はライブ配信を見れば，実際に店舗に行かずに商品情報を入手でき，チャット機能を使えば，リアルタイムで売り手に質問したり，不安を相談したりすることもできます。このように，ライブ配信と商品販売の親和性は極めて高いといえます。しかし，Ustreamが提案したライブ配信とEコマースを掛け合わせた新しい形の販売手法は大きく浸透しませんでした。理由について，ノダ（2017）は配信技術の制限，プラットフォームのサポート不足を指摘しています。まず，Ustreamがライブコマースを提案した2011年頃はまだライブ配信の初期で，配信も視聴もパソコンで行うのが一般的でした。配信技術の制限によって，ライブ配信を行う層と見る層が薄かったこと，配信を見て商品を買う考えが浸透しなかったことは大きな理由です。また，ライブ配信と購買サイトが一体になっている現在のライブコマースと違って，Ustreamの「アドフリー」では，視聴者をバナーリンクで外部の購買ページに誘導するのが基本だったため，視聴から購買への誘客率もよくありませんでした。

（2）黎明期のライブコマース

　2016年以降，ライブ配信者を経済的に支援するマネタイズの仕組みを提供するプラットフォームが増えてきました。ライブ配信の主なマネタイズ手段とし

て，広告収入，月額課金，配信者を支援するための有料アイテム（いわゆる投げ銭）を挙げることができます（三菱 UFJ リサーチ＆コンサルティング 2018：3-4）。一部のプラットフォームでは，配信者の企画を応援できるクラウドファンディング型の収益化機能も用意されています（モイ株式会社 2018：8）。投げ銭ほどストレートではありませんが，E コマースとライブ配信の親和性を商品の販売に活かし，売上の一部を配信者に還元するライブコマースもライブ配信のマネタイズ手段と考えられます。日本においては2017年からライブ配信と商品の販売を掛け合わせたライブコマースが現れました。

　日本におけるライブコマースの誕生は中国市場による影響も考えられます。2016年に中国では大手 EC 事業者の参入でライブコマースが一気に拡大しました。そうした中国市場の活況を見て，2017年以降日本でも IT 系ベンチャー企業，大手 EC 事業者など多くの企業がライブコマースに商機を見出し，続々と参入しました。先駆的なライブコマースアプリとして挙げられるのは，2017年4月に株式会社ディー・エヌ・エー（DeNA）によってリリースされた「Laffy（ラッフィー）」です。少し遅れて登場したのは株式会社 Candee が運営する「Live Shop！」です。同じ2017年に，大手 EC 事業者のメルカリと BASE もそれぞれ「メルカリチャンネル」「BASE ライブ」とのサービス名で，ライブコマースに参入しました。2017年は5つの関連サービスもリリースされたため，日本のライブコマース元年と呼ばれるようになりました。[6]

（3）新しい時代に入りつつある日本のライブコマース

1）2020年までのライブコマース

　日本でのライブコマースは2017年に誕生し，2023年時点で6年目を迎えています。しかし，メルカリやヤフーを含め，初期に参入した企業のほとんどが2020年までにサービスを終了し，市場から撤退する結果になりました。数年前の導入初期でライブコマースが定着しなかった要因として，八高（2021）は集客と購買ハードルの2点を挙げています。まず，ライブコマースのために立ち上げられたプラットフォームにいかに消費者を集めるかが大きな課題でした。中国の場合，もともと利用率の高い大手 EC 事業者と固定ファンが大勢存在する動画配信サイトにライブコマースが組み込まれる形で展開したため，集客の

問題は簡単にクリアされました。次に，購買ハードルが高く，購買転換率の悪さも指摘されています。ライブ配信を視聴する人が一定数集まっても商品の購買まで行きつく消費者が少なければ，ビジネスとしては成り立ちません。購買転換率を高めるには，消費者に共感を与えられる優秀な配信者の存在，ターゲット層のニーズに合う商品の選定，同時アクセス数が増えてもスムーズに視聴できるサーバー環境の整備，ライブコマース視聴中にシームレスに買い物できるユーザーインターフェースのデザインなど，様々なことが求められますが，初期参入の企業らはそれらの課題に対応することができませんでした。

2）2020年以降のライブコマース

　導入から数年で下火になってしまったライブコマースですが，2020年以降にはそれまでとは異なる新しい様相を示すようになりました。コロナ禍での行動制限によって，在宅時間が大幅に増加しました。感染症対策として人との接触を減らすことができるオンラインでの買い物，インターネットでの動画視聴などのオンライン消費が伸び続けています。一方，コロナ禍で顧客とのリアルな接点が減少した多くの企業もオンラインでのビジネス拡充に注力しはじめました。そうした中で，リアルタイムに双方向のコミュニケーションが取れるライブコマースが再び注目されるようになり，デジタル上の新たな顧客接点として導入した企業が増えてきています。前で述べた通りに，ライブコマースはアパレル，コスメのようなサイズ感や使用感がわかりにくく，知覚リスクが高い商品とは相性が良いため，コロナ禍以降の導入もアパレルやコスメ分野の企業に集中しています。前者の例としてセレクトショップの「ベイクルーズ（BAYCREW'S）」「シップス（SHIPS）」，レディースファッション通販の「神戸レタス」，後者の例として「資生堂」「ファンケル（FANCL）」が挙げられます。

　神戸レタスの場合，コロナ禍以降，Instagram の企業アカウントを使用して毎週火曜日と木曜日にライブコマースを定期開催しています。配信者は基本的に社員で，彼女たち自身も Instagram で1万人前後のフォロワーを持つマイクロインフルエンサーです。配信中，商品に関してわかりやすく説明するのはもちろん，視聴者の質問に合わせて身長別の提案を行うなど，双方向のコミュニケーションも意識しています。1回当たりのライブで平均同時視聴者数が1,000人，平均コメント数3,000件から5,000件とエンゲージメント率が非常に

高くなっています（青柳 2022：36）。神戸レタスにおけるライブコマースの実施は，ブランドに対する興味喚起，売上の向上にはポジティブな役割を果たしているといえます。

　ファンケルはコロナ禍による直営店舗の閉鎖で，顧客との新たなコミュニケーション手段として，2020年7月に「ライブショッピング」を開始しました。[7]外部プラットフォームを利用する神戸レタスと違って，ファンケルは自社サイト内にライブコマース機能を追加する埋込型のライブコマースを採用しています。配信者は商品 PR とライブショッピングを担当する自社社員ですが，毎回のテーマに沿って，店舗スタッフ，研究と企画などの担当者も出演して，商品の特長，使用方法や開発経緯などを紹介します。構成から配信まですべて自社内で行い，店舗での接客をオンラインで再現するために，直営店からの配信もありました。コメント機能を活用してライブ中の視聴者の質問や意見にも即時に応えるなどして，顧客とのコミュニケーション強化に寄与しています。

3）2020年以降のライブコマースの特徴

　2017年から2020年までの混沌とした初期展開と比較すれば，2020年以降のライブコマースには3つの特徴が見られます。まず，大手企業の参入が目立ちます。認知度が高く，固定ファンが一定数存在する大手企業であるがゆえに，初期に存在していたライブ配信の集客問題は軽減されます。次に，企業中心の展開であるため，配信者もほとんど社員となります。有名人インフルエンサーほど影響力が高くはありませんが，自社商品への熟知と熱意，起用コストの低さが強みです。また，コロナ禍で減少した顧客との接点を増やす意図が明確である点も導入企業に共通して見られます。これまでの企業は実店舗と EC を相互補完的な存在として位置づけていましたが，コロナ禍による行動制限で実店舗が一部機能不全になりました。そうした中で，対面接客のメリットを備えつつも巣ごもり消費のニーズに応えられるライブコマースの可能性が見直され，実店舗に代わる新たな顧客接点として，取り入れる企業が増えつつある，ということです。

　以上を踏まえ，2020年以降のライブコマースは社会情勢の変化，消費者のライフスタイルの変化に適合する販売手段として，展開の初期より市場に定着する条件が多く揃っているといえます。しかし，図4-2が示しているように，

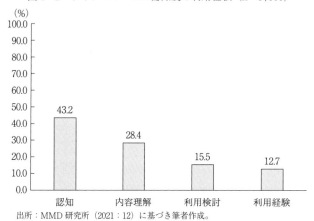

図4-2　ライブコマースの認知度と利用経験（n＝5,000）

出所：MMD研究所（2021：12）に基づき筆者作成。

日本におけるライブコマースの認知度は43.2％，利用経験は12.7％にとどまっています。一方，中国インターネット情報センターの調査結果によれば，2021年末時点の中国のライブコマースの利用者数は4億6,400万人に達し，インターネット利用者の44.9％を占めます（中国インターネット情報センター　2022：61）。ECの浸透率や消費者の購買行動を含めて，両国市場のライブコマースを単純に比較することはできませんが，日本のライブコマースはまだ発展途上にあり，課題も可能性も残されているといえるでしょう。

4　ライブコマースのメリットと課題

（1）企業視点の考察——ライブコマースを導入するメリット

ライブコマースの導入は企業に以下のメリットをもたらすことができます。
① デジタル接客のツールであり，従来の人的販売より効率が良い。
② 消費者の知覚リスクの低減に寄与する。
③ 顧客体験を豊かにし，顧客エンゲージメントの向上に貢献できる。
④ マーケティング効果を即時に把握できる。

コロナ禍による行動制限で実店舗の集客効果が低下し，対面接客を通して顧客とコミュニケーションを取る方法が使いにくくなりました。ライブコマース

をデジタル接客のツールとして導入すれば，実店舗の代わりに顧客とコミュニケーションを増やすことが可能です。従来の実店舗における人的販売は消費者に詳細な商品情報を提供でき，一人ひとりのニーズに合わせて臨機応変に提案できるなどのメリットを持っています。一方で，店舗スタッフが一度に対応できる人数が限られており，接客の効率が高くないという固有の課題も存在しています。ライブコマースを活用すれば，一度に大勢の視聴者に対応できるので，従来の人的販売より効率が良くなるところもメリットの一つです。

　アパレル，コスメ，家電などの商品を EC で購買する際，サイズ感や使用感がわかりにくいため，消費者は比較的高い知覚リスクを感じます。ライブコマースは文字や写真を中心に商品情報を伝える EC より豊富な情報を伝達できる上，視聴者がリアルタイムで配信者に質問することもできます。情報伝達とインタラクティブなコミュニケーションに優れるライブコマースは消費者の知覚リスクの低減にも大いに役立つと考えられます。また，配信者の熱量ある商品紹介を視聴しながら，配信者や他の視聴者とコメント機能で交流できるライブコマースは消費者の購買体験を豊かにし，ブランドへの顧客エンゲージメントを高める効果が期待できます。

　広告など従来のプロモーション手段は効果が出てくるまで時間を必要とし，効果の測定にも労力がかかります。それに対して，ライブコマースの場合は，視聴者数，コメント数，配信中や配信後のサイトアクセス数と売上金額などからマーケティング効果の多くが即時に数値に現れます。現段階ではライブコマースを商品の販売に使用する企業がほとんどですが，上記の特性を活かしてライブコマースを新商品発売前のテストマーケティングに使えば，新商品の成功率向上にも貢献できるといえます。

（2）企業視点の考察——ライブコマースの導入における課題

　ライブコマースを成功させるには以下の課題をしっかりと認識し，課題の解決に向けて取り組む必要があります。

① 　配信者の質が成果を左右する。

② 　配信環境の整備が必要である。

③ 　商品の選定が成果に影響する。

④　成果が出るまでに時間がかかる。

　配信者の人柄，魅力やパフォーマンスはライブコマースの成果に大きな影響を与えます。ライブコマースの配信者として，販売商品に熟知すること，熱量を持ってわかりやすく説明することは必要不可欠です。また，視聴者のコメントを丁寧に拾い，消費者の質問や意見に応える親しみやすさも求められます。さらに，ライブ配信中に予測不能の事態が起きても臨機応変に対応できる柔軟さも欠かせません。最後に，配信者自身が SNS で一定数のフォロワーを持ち，フォロワーの購買行動に一定の影響力を与えられる人物であればなお望ましいです。現段階の日本のライブコマースは企業中心の展開が多く，配信も社員が行うことが一般的ですが，将来的には商品の説明と双方向のコミュニケーションに長けており，ライブコマースに特化するプロの配信者「コマーサー」が現れるかもしれません。[8]

　ライブコマースの導入に当たり，配信環境への投資も必要です。ライブコマースはライブ配信の動画形式で多様な側面から商品の情報を伝えることを特徴としています。その特徴を活かすには，同時視聴者数が急激に増加しても，動画が途切れることなく，ストレスフリーな視聴体験を消費者に提供することが求められます。視聴から商品購買へのシームレスな移動を実現させるにもサーバー環境の整備が不可欠です。現在日本でのライブコマースには，自社サイトにライブコマース機能を追加する埋込型と Instagram などの SNS のライブ配信機能を活用する SNS 型が多く見られます。前者は固定ファンの集客，自社サイトへの誘客に優位性がある一方，配信環境の整備を軽視していれば，良い顧客体験の提供に失敗する可能性もあります。

　ライブコマースは EC より多くの商品情報を伝えられますが，品揃えの面では EC や実店舗に劣ります。小売業は消費者のニーズに適合する多様な商品をメーカーや卸から厳選し，豊富な品揃えとして提供することが付加価値の根源です。しかし，1 回のライブコマースで紹介できる商品の種類は限られます。消費者の興味を引きつけ，購買に結びつきやすく，且つブランドへの愛着を高められるような適切な商材を選定することが極めて重要です。一般的に，使用感がわかりにくい商品，ストーリー性がある商品などはライブコマースに向いていると考えられます。

　コロナ禍以降，デジタル接客の手段としてライブコマースを導入する企業が増えてきているとはいえ，市場に定着するまでなお時間がかかると予想されます。短期間におけるマーケティングの成果に左右されず，ライブコマースを顧客エンゲージメント向上の手段として地道に努力を重ねることが求められます。

（3）消費者視点の考察──ライブコマースのメリットと課題

　ライブコマースの利用は消費者に以下のメリットをもたらすことができます。
　　①　ECの利便性とライブ配信ならではの安心感を享受できる。
　　②　エンターテインメントとして買い物を楽しめる。
　　③　特定のブランドが好きな仲間と出会える。
　　④　対面接客よりリラックスした状態で接客を受けられる。
　ライブコマースはライブ配信を視聴しながら，視聴中のプラットフォームからシームレスに商品を購買できる新しい形のECです。商品の特徴と使い方に関する情報は配信者の説明から収集でき，質問や意見がある場合もコメント機能で即時に配信者に聞けます。知覚リスクの高い商品を購入する場合，実店舗に行かずに買い物ができるECの利便性を享受できるだけでなく，不安が軽減される状態で納得して購入できます。たとえすぐに購入する予定がなくても，配信者の熱量あるパフォーマンスから気になるブランドの開発秘話や裏話など，希少性のある情報を集められたり，配信者の魅力に引きつけられたりして，日常の買い物をエンターテインメントとして楽しむことができます。
　また，ライブコマースに参加すれば，その場に集まっている自分以外のユーザーと時間を共有することになります。その場限りのバーチャルコミュニティではありますが，特定のブランドが好きな仲間と出会い，コメントを通して交流できることはポジティブな経験として買い物の付加価値を高められるといえます。最後に，対面接客に苦手意識を持つ一部の消費者にとって，ライブコマースは売り込まれる感覚が少ない上に，物理的な距離も離れているため，対面接客のストレスから解放されると同時に，リラックスした状態で接客を受けられます。
　しかし，ライブコマースには，「ながら視聴」が難しく，時間を占有してしまうという問題点が存在しています。テレビにも共通することですが，映像と

音声の両方が含まれるライブコマースは他のことをやりながら同時に視聴することが難しいのです。とはいうものの，ライブ配信中に常にパソコンまたはスマートフォンの画面から離れずに見続けるのは時間を拘束されることになります。後からアーカイブで見逃したライブコマースを視聴することは可能ですが，ライブならではの盛り上がりが体験できず，情報の鮮度も落ちてしまいます。

5　ライブコマースの未来

　混沌なる初期を駆け抜け，現在の日本でのライブコマースは，コロナ禍の社会情勢に適合するデジタル接客の手段として見直されつつあります。ライブコマースの最大の特徴は，リアルタイムに同時双方向のコミュニケーションが取れることにあります。短期的なマーケティング成果に左右されず，地道な取り組みの中でライブコマースの特徴を活用すれば，顧客との接点を増やし顧客エンゲージメントを高める有効なツールになりえるでしょう。

　ライブコマースの展開について，現段階では，既存顧客の維持とエンゲージメント向上を目的とするものが多く見られますが，今後はストーリー性に富む地方の特産物のプロモーション，海外市場向けに日本製品の販売といった新規販路の開拓に活用する可能性もあります。ただし，遠方と海外向けに展開する場合，物流を含めてライブコマース配信後のアフターサポートの整備が求められます。さらに，現在のライブコマースは「モノ」の販売が中心ですが，今後は観光地への誘客，ブライダルの式場見学など，「コト」消費への活用も期待できます。

注
(1)　日本貿易振興機構（JETRO）地域・分析レポート「ライブコマース，健全な発展を見据えて（中国）」2021年7月27日によります。
(2)　NHKクローズアップ現代「コロナ禍で"爆売れ"急拡大ライブコマース」（初放送日：2021年4月1日）に出演した髙田氏の発言に基づいて作成。
(3)　タオバオライブ（Taobao Live／淘宝直播）はアリババグループ傘下のライブコマースチャネルです。
(4)　ドウイン（Douyin／抖音）はバイトダンス社（北京字節跳動科技有限公司）が

2016年にリリースしたショートムービーアプリ。TikTok はその海外版です。

⑸　三上（2017）によれば，Ustream は誰でも気軽にライブ動画を制作し放送できるサービスとして，2007年にアメリカで誕生しました。

⑹　ライブコマースの先駆的な事例は，ノダ（2018）によります。

⑺　株式会社ファンケル HP，時事ドットコムニュース「ファンケル ライブショッピング２周年記念回を開催」2022年７月25日によります。

⑻　武者ら（2022：7）によれば，コマーサーとは（企業の社員より）ライブコマースに一層特化し，商品の説明だけでなく，視聴者と双方向のコミュニケーションができ，販売までのマーケティングのロードマップを作れる人材のことです。

参考文献

青柳優子（2022）「SNS と EC が融合する時代――インフルエンサーをどう活用する？」『販促会議』288，34-37頁。

アマゾンジャパン HP（2022年８月26日アクセス）。

NHK クローズアップ現代（2021）「コロナ禍で"爆売れ"急拡大ライブコマース」（初放送日：2021年４月１日）。

MMD 研究所（2021）「ライブコマースに関する利用実態調査」。

奥谷孝司・岩井琢磨（2019）『世界最先端のマーケティング――顧客とつながる企業のチャネルシフト戦略』日経 BP 社。

片山ゆき（2020）「中国で伸びる『ライブコマース』って？――ネットの商品実況で保険も販売"１時間で24億円分"効果も」『エコノミスト』98(36)，79-81頁。

株式会社 ZOZO HP（2022年８月26日アクセス）。

株式会社ファンケル HP（2022年８月16日アクセス）。

時事ドットコムニュース「ファンケル　ライブショッピング２周年記念回を開催」2022年７月25日『JIJI』（2022年８月26日アクセス）。

中国インターネット情報センター（2022）「第49回中国インターネット発展状況の統計報告」『CNNIC』（2022年８月16日アクセス）。

新倉純樹（2022）「日本におけるライブコマースの現状」『KDDI 総合研究 R&A』2022年４月号，1-14頁。

日本産業新聞（2019）「ライブコマース，普及足踏み」10月17日付，004頁。

日本貿易振興機構（JETRO）（2021）「ライブコマース，健全な発展を見据えて（中国)」『JETRO』（2022年８月26日アクセス）。

ノダタケオ（2017）「ライブ配信メディア完全解剖――過去と今，そして未来へ」第63回「メルカリも参入したくらい『商品紹介』とライブ配信の相性はいい」『ASCII』（2022年８月16日アクセス）。

ノダタケオ（2018）「ライブ配信メディア完全解剖――過去と今，そして未来へ」第

103回「期待が外れた『スマホで通販番組』広がらないライブコマースの市場規模」『ASCII』（2022年 8 月16日アクセス）。

MarkeZine 編集部（2018）「ライブコマースの認知率は 3 割／購入に至る割合が高いのは男性／売れ筋 1 位は『服』【マクロミル調査】」『MARKEZINE』（2022年 8 月16日アクセス）。

三上洋（2017）「さらば Ustream，10年で消滅。IBM Cloud Video へ完全移行」『YAHOO』（2022年 8 月16日アクセス）。

三菱 UFJ リサーチ＆コンサルティング（2018）「ライブ配信サービス（投げ銭等）の動向整理」。

三菱 UFJ リサーチ＆コンサルティング（2020）「ライブコマースの動向整理」。

武者慶佑・池田好伸・川田麻由佳（2022）『成果を上げるライブコマースの教科書——双方向のやりとりで顧客の欲しいを引き出す新しい EC 戦略』翔泳社。

モイ株式会社（2018）「TwitCasting（ツイキャス）」。

八高正規（2021）「新規参入企業の 9 割撤退から第 2 次ブームへ——ブランド担当者が今知るべきライブコマースをゼロから解説」『MARKEZINE』（2022年 8 月16日アクセス）。

矢田美樹子（2022）「ライブコマースで新たな消費者接点づくり——ライブコマースサービス『Live kit』が変える企業のマーケティング」『Biprogytechnology review』42(1)，1-9頁。

KPMG & 阿里研究院（2020）「迈向万亿市场的直播电商（＝ 1 兆元市場に向かうライブコマース）」。

Lu, B. J. & Chen, Z. J. (2021) "Live Streaming Commerce and Consumers' Purchase Intention: An Uncertainty Reduction Perspective" *Information & Management* 58(7), pp. 1-15.

中国互联网络信息中心（2022）「第49次中国互联网络发展状况统计报告（＝第49回中国インターネット発展状況報告）」。

第 5 章	スマートフォンが手放せない！

土井　正

── キーワード ──

OMO，カスタマー・ジャーニー，行動データ

1　生活に浸透するスマートフォン

　みなさんは，スマートフォン（スマホ）に，毎日どのくらいの時間触れていますか？　夜，眠る直前まで Web 検索などをしていて，そのまま枕元に置いて，時間を確認するのも目覚ましもスマホのアラーム。目覚めたら，ベッドに入ったままで SNS のチェック，天気予報や交通情報を見て，起き出してからも YouTube を流しながら身支度を調え，電車の中でもニュースや記事，LINE や Instagram，Twitter，ゲームや動画鑑賞，TikTok。仕事場や学校でも，ポケットやカバンの中に，スマホは常にあなたの手の届くところにありますよね。スマホさえあれば安心。しまった，充電を忘れていたぞ！

　スマートフォンを忘れて外出する，充電が残り少ない，たまに通信障害でつながらないといったこともありますが，その時はかなり困ったことになりますよね。スケジュールがわからないし，連絡先もすべてスマホに入っているので，誰とも連絡が取れません。電車の乗り換えも検索できず，駅についても，マップが使えないとどっちへ行ったらよいかわかりません。遅れる，と連絡しようにも公衆電話を探したところで電話帳はスマホの中だし，いつも LINE やチャットで連絡を取っているので，そもそも友だちの電話番号はわかりません。なんとか目的地にたどり着いたとしても，イベントのチケットはスマホでコードを表示する必要があり，メールもショートメール（SMS）も当然使えず，お手上げです。おまけに，普段は QR コード決済やおサイフケータイを使っているので，現金はあまり持ち合わせていません。

　このように，いまでは，いつでも，どこでも，誰でも，そして何でもできるスマートフォンを持っています。スマホだけ持っていれば外出時も困りませんし，暇つぶしのツールとしても最適です。利用者としては，スマホの利便性が高くなるのは好ましいことですが，ビジネスの提供側の事業者の立場から見るとどうでしょう。スマートフォンは，企業や店舗のビジネス・モデル，つまり事業戦略や収益構造にどのような影響を及ぼしているのでしょうか。

　本章では，いまや私たちの生活に不可欠な存在となったスマートフォンをめぐるビジネスの変化を考えます。

2　スマートフォンの時代

（1）いつでも，どこでもスマートフォン

　スマートフォンは道具ですから，まずは使いやすいことが第一ですが，最大の特徴は，薄い，小さい，軽いといった携帯性の高さです。ポケットに入れて運ぶことができ，常にインターネットにつながっている。しかも，便利なアプリを自由にインストールして使えます。これは，スクリーン（画面）の小ささやキーボードがない，文字入力がしづらいといった（特に中高年にとっての）デメリットを克服しておつりがくるような高い利便性です。

　情報機器や通信機器などを，持ち運んで別の場所で利用することや，屋外を移動しながら使用することをモバイル（mobile）といいます。ノートパソコンやタブレットもモバイル端末といえますが，スマートフォンは，常に身につけたり，手に持っていたり，ポケットや小さな鞄に入れておくことができます。文字通り，携帯できる電話だった携帯電話（ケータイ：フィーチャーフォン）に比べ，パソコンに近く，どこでも使えるのがスマートフォンです。スマートフォンには，カメラだけでなくGPSをはじめ各種のセンサーが搭載されているので，位置情報等を活用することで，タクシーを呼んだり，花見の会場にピザを配達してもらったり，といったことが可能になります。このすぐれたモバイル性により，いつでも，どこでも使うことができるのがスマートフォンです。

図5-1　ケータイ・スマートフォン所有者のうちのスマートフォン比率の推移

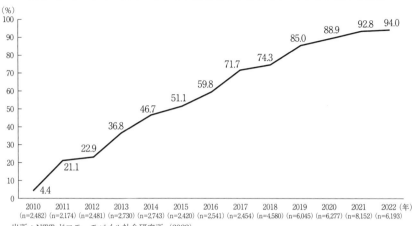

出所：NTT ドコモ　モバイル社会研究所（2022）。

（2）誰でもスマートフォン

　NTT ドコモ　モバイル社会研究所（2022）の調査によれば，日本全国のケータイ・スマートフォン所有者のうち，スマートフォンを所有している割合は，2010年には4.4％だったものが，年々増加して2022年1月には94.0％となりました（図5-1）。

　総務省情報通信政策研究所（2022）の「インターネット利用端末の種類」の調査では，モバイルネット（スマートフォン）の平均利用時間は PC 等での利用をすべての世代で上回っています。特に，20代は平日，休日とも，スマートフォンの利用時間が1日200分を超えていますし，平日は仕事で PC をバリバリ使っていると思われる30〜50代も休日は PC の利用時間が下がり，スマホの割合が高くなります。インターネットの利用という面でも，その中心がスマートフォンとなっていることがわかります（図5-2）。いまや，誰もがスマホを使う，「誰でもスマートフォン」の時代と言えます。

（3）何でもスマートフォン

　スマートフォンの用途について考えてみましょう。フォン（Phone）という名が付いているように，まずは電話です。スマートフォンは，持ち運べる電話

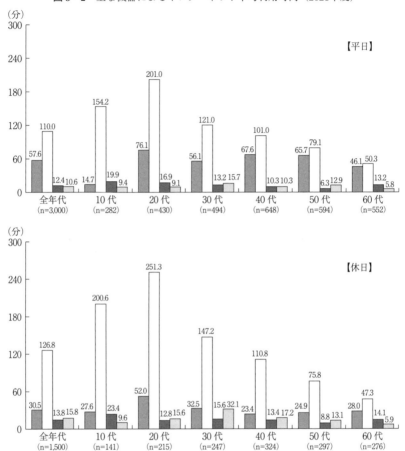

図5-2 主な機器によるインターネット平均利用時間（2021年度）

出所：総務省情報通信政策研究所（2022：56）を基に筆者作成。

に他なりませんが，現在では，電話としての利用は限定的です。しかも，携帯電話回線の通常の音声通話を用いた電話よりも，LINE 通話（ビデオ通話含む）や Facebook Messenger，Skype といった通信（パケット）を利用した通話が増えています。

　次に，スマホでよく使われるのは，コミュニケーションのツールとしてのソーシャルメディアです。「LINE」は 8 割弱，「Twitter」は約 4 割，「Instagram」

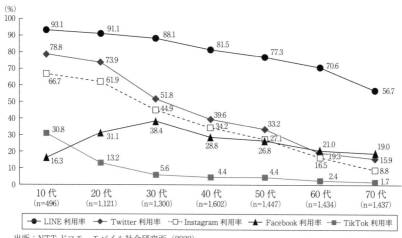

図 5 - 3　ソーシャルメディアの利用率【年代別】

出所：NTT ドコモ　モバイル社会研究所（2022）。

は 3 割強，「Facebook」は 2 割半ばの人が利用しています。年代別に見ると10
代では「TikTok」もよく利用されています（NTT ドコモ　モバイル社会研究所
2022，図 5 - 3）。
　検索や調べものをする，SNS や動画を見るといったことは，インターネッ
ト利用の基本ですが，スマートフォンは，アプリをインストールすることで格
段に用途が広がります。パソコンでも利用できる Web サイト経由の使い方だ
けでなく，専用のアプリも数多く用意されていることが，スマートフォンの使
い勝手を向上させています。地図機能もますます進化していますし，キャッシ
ュレス決済ができる，交通系電子マネーで電車やバスに乗れる，健康や食事管
理，防災情報へのアクセスなど，スマートフォンで暮らしをより便利にするこ
とができます。例えば，「Google レンズ」(1)は，目の前のものをカメラにかざす
ことで，文章や看板の文字の翻訳やそこからの検索ができます。ファッション
や家具，雑貨などを画像検索して，販売サイトまで誘導してくれたり，道端の
花の名前や公園で見かけた犬の種類など，動植物の画像検索もできたりします。
また「宿題」機能があり，数学の問題でスマホを数式にかざすと解法と解答を
教えてくれます。学生にとってはとても便利な機能ですね。
　ユーザーにとってのスマートフォンは，とにかく便利なものです。通勤・通

学や待ち時間などのスキマ時間の暇つぶしの道具としても最適ですし，何でもできるので，スマホだけを持って（財布も持たずに）外出することもあるのではないでしょうか。前述のように携帯性も高いので，結果としていつでも身に付けていることになります。みなさんにとっても，いつでもまずはスマホを取り出す「何でもスマートフォン」になっているのではないでしょうか。

3　どんなときもスマートフォン

（1）モバイル・ファースト

　スマートフォンのデメリットは，やはり，画面が小さい，文字が打ちにくい，情報量が少ないということにつきます。そのため，ネットショッピングやネットバンキングなども，当初は自宅のパソコンを利用する形態が一般的でした。スマホでは，商品情報が十分でない，画像などが見にくい，クレジットカードや決済情報を入力するのが面倒，と無理して使っていたように思います。しかし，アプリの改良やサイトのインターフェースの改良等もあって，いまでは，ネットショッピングの利用は，スマホから購入する人が増え，特に10～30代女性では８割を超えます。もはや，スマホはPCの代替手段ではなくなったといえます（図５-４）。

　モバイル端末を利用した電子商取引（ｅコマース）の形態を，特にモバイル・コマース（Mコマース）といいます。スマートフォンの普及にともない，(2)
ｅコマース事業者の対応もスマートフォン優先，まずはスマホからという考え方に変わってきました。Webサイトもスマートフォンなどの携帯端末向けのページをメインとするということです。スマホで表示しても，ページが崩れないことは当然で，スマホにとって使いやすいものにならなければなりません。

　Googleは，2018年３月，ユーザーの大半がモバイルデバイスからGoogle検索にアクセスしているという理由から，「モバイルファースト・インデックス(MFI)」への移行を発表し，これまで検索データの基としていたデスクトップ版のコンテンツから，クロール，インデックス登録，およびランキングシステムにモバイル版のコンテンツを優先使用するようになりました。キャッシュページもモバイル版に順に移行しています。(3)

図5-4　直近1カ月にネットショッピングで利用したデバイス

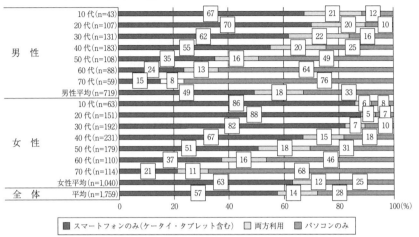

出所：NTTドコモ　モバイル社会研究所（2022）。

　ショッピングサイトでも，スマホ向けアプリを用意し，アプリ経由で購入した顧客にポイントを付けるなど，スマートフォンからの購入を誘導していますが，実際の購入サイトやアプリの使い勝手が悪いと，パソコンに戻ってしまう，別のサイトに行かれてしまうことになります。モバイルファーストはeコマース／Mコマースにおける喫緊の課題です。

（2）モバイル・ペイメント

　Mコマースは，スマートフォンなどのモバイル端末で利用することだけがeコマースとの違いと考えがちですが，携帯端末だけで金銭の取引を含むすべての取引が完了する必要があります。このモバイル端末を利用した電子決済をモバイル・ペイメントあるいはモバイル決済，日本ではスマホ決済といいます。モバイル・ペイメントには様々な方法がありますが，カードリーダーにICチップ内蔵のスマートフォンをかざす「電子マネー型」，スマートフォンに表示したQRコードを店舗側に読み取ってもらうか，店舗に用意されたQRコードをスマートフォンで読み取る「QRコード型」（QRコード決済）などがあります。

　QRコード決済は，店舗側が読み取り機を用意しなくてよい（＝導入費用が

かからない）ことが利点です。中国では，スマホによる QR コード決済がかな
り普及しています。通常のスーパーや商店での買物だけでなく，飲食店や露店，
タクシー，そしてお年玉，こずかい，割り勘といった個人間のお金のやり取り
もスマホで行われています。中国のキャッシュレス決済は，アリババ（阿里巴巴
集団）の支付宝（Alipay：アリペイ）と騰訊（テンセント）の微信支付（WeChat
Pay：ウィチャットペイ）という2者の QR コード決済で寡占状態です。ほとん
どの店の会計デスクには，両者の QR コードが並んで置かれて（張られて）い
て，顧客が自分のスマホで QR コードを読み取る方法が主流です。[5]

　当初，アリペイは主にオンラインショッピングや電子商取引で利用されてい
ましたが，今では公共料金の支払い，クレジットカードの返済，オンライン・
オフライン店舗での決済，タクシーや病院の予約・支払い，資産運用など多様
な分野をカバーする決済サービスとなっています。菊谷は，「アリペイアプリ
を活用すれば，金融サービスごとに別のアプリを開いてサービス提供を受ける
という面倒なプロセスは一切不要になり，同一のアプリ内で全ての金融商品を
享受できるのである。ユーザーは流動性商品である余額宝[6]といったサービスを
活用して資金プールしながら，必要に応じてアプリ内を縦横無尽に移動し，あ
らゆる金融サービスを画面タッチ一つで完結することができる。ユーザーにと
っては，極めて便利で手間が少ない」（菊谷 2018：13-14）と，アリペイが単な
る決済アプリでなく，総合金融サービスの入口であると述べています。

　他方，ウィチャットペイは，中国で10億人以上のユーザー数を誇る，LINE
と同様のチャットサービス「微信（WeChat）」に紐づいたモバイル決済です。
アリペイは PayPay と，ウィチャットペイは LINEPay と提携し，それぞれの
QR コードを使えるので，日本でもコンビニなどを中心にそのまま中国元建て
で使うことができます。李（2018）は，中国のイノベーションの発展は，この
両者が熾烈な競争によって牽引したモバイル決済がすべての基点になっている
といいます。

　日本でも経済産業省等がキャッシュレスの普及を後押ししていることもあり，
2018年以降，キャッシュレス，そしてスマホ決済が広く使われるようになりま
した。スーパーやコンビニなどでは，キャッシュレス対応セルフレジ（無人レ
ジ）が一般的に見られますが，イオンは「レジゴー」[7]という，買い物しながら

自分のスマホで商品のバーコードをスキャンする会計サービスを導入していま
す。商品は買い物しながらスキャンしていますので，出口のゲートにスマホを
かざせば，あらかじめ登録しておいた決済方法で支払いが済み，レジに並んだ
り，あらためて会計したりする必要がありません。

（3）モバイル・オンリー

モバイルファーストは，スマホ優先ということですから，ある意味，「スマ
ホでもできるようにすること」でしたが，最近では，「スマホでしかできない」
ことも増えています。多くのSNSは，PCやタブレットでも使用することがで
きますが，インターフェースはスマートフォンに最適化されていて，例えば
LINEは，携帯電話番号がアカウントと紐づけられていることからわかるよう
に，スマホを持っていることが前提のサービスとなっていて，事実上スマホな
しでは使えません。Apple WatchもiPhoneが必須ですし，ウェアラブル端末
もスマホと紐づけないとほとんどの機能が使えません。

スマートフォンを持っていないと利用できないサービスも存在します。イベ
ントのチケットの中には，本人確認済みのスマホからしか購入できず，紙のチ
ケットが発券されないので，電子チケット（スマホに表示されるコード）で入場
する，というように，スマホを持っていないユーザーは排除されるサービスが
成立しています。

米Amazon.comが開設した無人店舗Amazon Goでは，レジに並ばず自動で
支払いが完了するので出口で精算する必要がありません。商品を棚から取り出
したところを天井に据え付けられたカメラが認識するので，「レジゴー」のよ
うに，商品をスキャンする必要もありません。ただし，スマートフォンに
Amazon Goのアプリをインストールし，会員としてサインインして表示され
た画面（コード）をかざさないと買い物できないばかりか，店にも入れません。[8]

このように，ユーザーがスマートフォンを持っていることや使うことが前提
となり，スマホでしか使えない，スマホでしかできないことが増え，モバイ
ル・オンリーのビジネスが展開されています

4　スマートフォンの ABCD

　これまで見てきたように，スマートフォンは，誰でも，いつでも，どこでも，どんなときも，何でも，何にでも使えるものでした。Anyone，Anytime，Anywhere，All Location といった特徴を持つスマートフォン（「スマホのA」）を，企業や店舗といったビジネス提供者はどのように活用しようとしているのでしょうか。

（1）オンラインとオフラインの融合

　ビジネスのやり方を意味するビジネス・モデルには，色々な定義がありますが，ごくかいつまんでいうと，ビジネスから収益を上げる方法のことです。収益を上げるには，まず顧客を引きつけ，購入につなげなければなりませんが，スマートフォンのビジネス・モデルといった場合，真っ先に思い浮かぶのは，O2O（Online to Offline）です。O2O とは，Web サイトや SNS，インターネット広告などオンラインで情報を発信して，顧客をオフライン（＝リアル店舗）へ誘導して購買を促す施策のことです。具体例としては，公式アプリを立ち上げ，会員向けサービスを行う，あるいは，アプリを通じてクーポンを配付するといったことも有効です。位置情報（GPS）を活用して店舗情報を公式 SNS やメール，SMS 等でプッシュ配信する，来店ポイントを付与する，といったこともできます。ネットで注文を受け，店舗で受け取るといったサービスも一般的に行われています。

　O2O は，オンラインとオフラインの関係性に着目し，相乗効果（シナジー）を狙ったものですが，スマートフォンの普及によって，オンラインとオフラインの垣根はかなり低くなり，いまや，オンラインとオフラインは，境界のない世界，つまりボーダーレスです。スマホの「B」は，ビジネスのBでもありますが，Borderless のBです。

　その一つの考え方が，オンラインとオフラインは融合するという OMO（Online Merges with Offline）です。OMO は，Google China の元社長で中国・北京に本拠を置くベンチャーキャピタル Sinovation Ventures の CEO，

図5-5　ビフォアデジタルとアフターデジタル

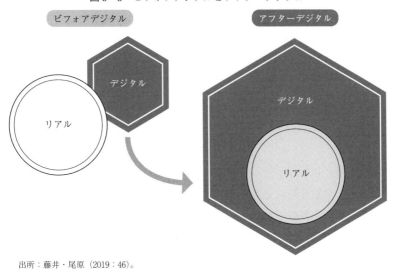

出所：藤井・尾原（2019：46）。

Kai-Fu Lee（李開復）が2017年に提唱した概念です。Lee（2017）は，シェアリング自転車「Mobike（摩拝単車）」やタクシー配車「DiDi（滴滴出行）」，デリバリーフード「Meituan（美団）」などを例として，もはやオンラインとオフラインの境界は消滅したと主張しています。

　Lee（2017）は，OMOの発生条件として次の4つの要因を挙げています。
　① 急速なスマートフォンの普及
　② 手間やストレスのない支払いシステム
　③ より安価ですぐれたセンサー
　④ AIの進歩
　本章では，AIについては詳述しませんが，これまで見てきたように，OMOは現在の状況に合致しているのではないでしょうか。

　藤井・尾原（2019）は，モバイルやIoT（Internet of Things：モノのインターネット），センサーが遍在し，現実世界でもオフラインがなくなるような状況になると，「リアル世界がデジタル社会に包含される」という図式に再編成されるとし，そういった世界を「アフターデジタル」，従来の社会を「ビフォアデジタル」と呼んで区分しています（図5-5）。アフターデジタルの世界では，

リアルはデジタルと融合し，包含されています。

　中国では，Gmail や YouTube といった Google のサービスだけでなく，Facebook，Twitter，Instagram なども使うことができません。しかし，インターネットもスマートフォンもかなり普及しています[9]。スマホ決済についてで述べたように，実際，中国は，日本以上にスマートフォンが生活に欠かせない国になっています。藤井・尾原（2019）は，中国の「平安保険グループ」やアリババ集団の食品スーパー「フーマー（盒馬鮮生）[10]」などを OMO の事例としています。

　平安保険は，10年ほど前から保険商品で他社と差別化することは難しいという認識の下，金融を軸にして娯楽や住居など生活関連サービスを充実させてきましたが，中でも特に成功しているのが「平安グッドドクターアプリ（平安好医生）」です。中国では，大学病院などの大病院に患者が集中して，病院にかかるのが大変という課題があり，このアプリではそれを解決する以下のようなサービスを提供しています。

　　①　平安保険が，信用できる医師を選別し，アプリ上でプラットフォーム化

　　②　アプリを立ち上げてウォーキングするなど，健康関連のアクティビティでポイントが貯まる

　　③　貯めたポイントを使ってチャットで健康相談できる

　　④　健康相談の結果，通院が必要ならばアプリから時間指定で診察予約が可能

と，スマホ（アプリ）から，リアルな通院まで，シームレスな世界が実現しています。藤井・尾原は，「中国では既に OMO が当たり前になってしまっているので，2018年の後半には既にあまり使われない言葉になりました」（藤井・尾原 2019：57）と言っています。いまやオフラインだとか，これはオンラインで，といった区別をする必要がないということです。

　日本でも，OMO の取り組みは進められています。みなさんも，売り場で，スマホを使って商品の詳細や価格（相場）を検索することは普通のことになっていると思いますが，ビックカメラは，「電子棚札[11]」（図5-6）を採用し，値札の表示価格をリアルタイムに変更しています。電子棚札に EC サイトの口コミ

評価（5つ星マーク）や商品詳細の
WebサイトへつながるQRコードを
表示し，顧客の比較検討をしやすくし
ました。また，この電子棚札には，
「アプリでタッチ」という機能が付加
されています。棚札はタグになってい
て，商品タグにタッチすると，店内の
在庫だけでなく，商品の詳細とレビュ
ーが一目でわかります。電子棚札自体

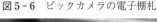

図5-6　ビックカメラの電子棚札

出所：ミライト・ワン（2020）。

にNFC（近距離無線通信）機能を搭載し，スマートフォンをかざすだけで自社
アプリの商品ページでレビューを表示することもできます。タッチした商品は，
アプリでそのままいつでもどこでも注文できるので，スマホで注文して，家に
届けてもらうこともできます。

　ビックカメラでは，スマホを棚札にかざしながら買物をする。帰宅後にアプ
リで注文するといった，オンラインとオフラインの垣根を越えたスマートフォ
ンが可能にした新しい買物体験ができます。

　こういったOMOビジネスの展開のためには，スマートフォンの存在が不可
欠です。スマホなしでは成り立ちません。

（2）常につながっている

　オンラインとオフラインが融合している世界では，店舗や事業者は顧客とい
つもつながっています。スマートフォンが可能にした「C」は，顧客
（Customer）のCですが，その顧客はつながっている（Connected）という意味
での「C」でもあります。マーケティングの神様とも称されるコトラーも，
「結論からいうと，オンラインの世界とオフラインの世界は，ゆくゆくは共存
し，融合するだろう」（Kotler et al. 2016＝2017：46）と述べています。コトラ
ーが前提としているのは，スマートフォンが可能にした接続性（Connectivity）
の時代です。人々は，モバイル端末により，瞬時に膨大な量の情報にアクセス
し，インターネットにおける集合知を利用して，よりよい購買決定ができるよ
うになりました。顧客同士は，SNSなどを通じてお互いに情報を共有し，積

極的につながり，様々な形で「顧客コミュニティ」を生み出しているのです。

　e コマースの時代に，消費者の購買行動プロセスを説明する代表的モデルとしては，AISAS[12]がありました。インターネット上で消費者がある商品を認知してから購買に至るプロセスとして，Attention（認知・注意）→ Interest（興味・関心）→ Search（検索）→ Action（購買行動）→ Share（情報共有）の頭文字を取ったものです。

　製品やサービスを知った顧客が購入・推奨に至るまでの道筋をカスタマー・ジャーニーと言いますが，コトラーら（Kotler et al. 2016）は，顧客がネットにつながっている「接続性の時代」には，顧客が購入に至るまで5A の道筋（The 5A's Customer Path）をたどると主張しています[13]。5A とは，認知（Aware）から始まり，特定のブランドやサービスに対する顧客の興味を駆り立て（Appeal），市場におけるブランドや選択肢に関してさらに調べ質問をし（Ask），どの商品を購入するか決定する（Act）。最終的に，購入したもの，使用したもの，選んだものに満足したら，この商品やサービス・ブランドを家族や友人，同僚に推奨する（Advocate），というものです（表5-1）。

　以前のカスタマー・ジャーニーは，対象者が徐々に絞られていく漏斗（＝ファネル）形状をしていましたが，5A モデルの考え方では，プロセスのすべての段階において，顧客と店舗，あるいは顧客同士が，いつでもどこでも誰とでもつながっています。スマートフォンがネットにつながってさえいれば，オンラインかオフラインか，場所も時間も関係ありません。顧客はプロセスのどの段階からでも入ることができます。これが，スマートフォンがもたらしたマーケティングの大きな変化です。

（3）すべてはデータのために

　私たちは，スマートフォンから利便性を享受するのと引き換えに，自分に関する様々なデータを，スマホ経由で色々な事業者に渡しています。例えば，Google マップを使おうとすると，位置情報と Web の検索歴から，候補地がサジェスト表示されます。当然，検索した結果は Google アカウントに紐づけられて Google のサーバーに蓄積されます。電子マネーやスマホ決済の記録，買物歴や移動歴も同様です。Google マップのタイムラインには，マップ検索を

表5-1　カスタマー・ジャーニーのマッピング

	認知 （AWARE）	訴求 （APPEAL）	調査 （ASK）	行動 （ACT）	推奨 （ADVOCATE）
顧客の行動	顧客は過去の体験やマーケティング・コミュニケーション，それに他社の推奨から，受動的にたくさんのブランドを知らされる	顧客は自分が聞かされたメッセージを処理し（短期記憶を作ったり，長期記憶を増幅したりする）少数のブランドだけに引きつけられる	顧客は好奇心に駆られて積極的に調査し，友人や家族から，またメディアから，さらにはブランドから直接，追加情報を得ようとする	追加情報によって感動を強化された顧客は，特定のブランドを購入する。そして，購入・使用・サービスのプロセスを通じてより深く交流する	時とともに，顧客は当該ブランドに対する強いロイヤルティを育む。それは顧客維持，再購入，そして最終的には他社への推奨に表れる
考えられる 顧客タッチポイント	・他社からブランドのことを聞かされる ・たまたまブランドの広告に触れる ・過去の経験を思い出す	・ブランドに引きつけられる ・検討対象にする少数のブランドを選ぶ	・友人に電話をしてアドバイスを求める ・オンラインで製品レビューを検索する ・コールセンターに電話する ・価格を比較する	・店舗かオンラインで購入する ・その製品を初めて使う ・問題について苦情を言う ・サービスを受ける	・そのブランドを使いつづける ・そのブランドを再購入する ・そのブランドを他者に推奨する
顧客の主な感想	知っている	大好きだ	よいと確認している	購入するつもりだ	推奨するつもりだ

出所：Kotler et al.（2016＝2017：100-101）.

していなくても，スマホを持ち運んでいるだけで，ロケーション履歴に基づいて，過去に訪れたり利用したりした可能性がある場所とルートが表示されます。他の人に見られることはありませんが，毎月，「〇月に訪れた場所」「〇月のアクティビティ」といったメールが届きます。Google アンケートモニターというアプリでも，「昨日訪れたお店はこの中にありますか」といったアンケートが定期的に届きます。いくつかの店や場所の名前が並んでいますが，その中の一つは，自分が実際に訪れたことがある場所です。また，健康アプリでは，GPS や各種センサーによって，歩いた距離や歩数が記録されます。スマート

ウォッチなどを併用すると，就寝時間や脈拍数まで測定可能です。

　このように，スマートフォンがもたらした「D」は，データ中心（Data Oriented）の世界です。すでに，「私よりも私のことをよく知っている」のがスマートフォンです。これまでのユーザーデータは，ポイントカードや POS レジで収集された性別，年齢，住所といったいわば「属性データ」です。それが，位置情報等と組み合わせることで，これまでは取得が難しかった実店舗への訪問回数や滞在時間等が把握でき，さらにモバイル・ペイメントによって，決済情報とリンクした買物データが入手できます。モバイル・ペイメントでは，すべてのお金の動きがオンラインデータとして蓄積されます。キャッシュレス決済では，通常店舗側に 2 〜 5 ％程度の決済手数料がかかりますが，アリペイやウィチャットペイは，決済手数料は無料です。本章第 3 節（2）で見たように，支払いの便利さに加え，ビジネスのゲートウェイになっていることが重要で，スマホ決済から収集したデータを活用することで，コストは十分ペイすると考えているからです。店舗や事業者側は，ユーザー（顧客）がスマートフォンを常時持ち歩くようになったいまでは，リアルな「行動データ」を収集することが容易に可能となりました。

　事例として挙げた平安保険グループもビックカメラも，ねらいとするのは顧客の「行動データ」の収集です。Amazon Go もイオンも，無人レジで省人化を図るといったことは主たる目的ではありません。李（2018）は，「DiDi（滴滴出行）は，自家用車やタクシーをシェアするビジネスではなく，本質的には乗客 1 人ひとりの行き先データをシェアするデータ企業」であるといいます。藤井・尾原（2019）は，行動データの重要性について，スマートフォンは，「とてつもなく浸透している」ことよりも，これによって「あらゆる消費者の購買行動のデータが取れるようになった」ことが重要だと述べています。

5　スマートフォンのビジネス・モデルの正体

　スマートフォンは本当にいつの間にか私たちの生活に入り込んできて，なくてはならない存在となりました。いま，この章を読んでいただいているみなさんのすぐ傍にもスマホがあるのではないでしょうか。

　スマートフォンは，従来考えられなかった画期的な機器なので，心配事や懸念点も数多く指摘されます。無駄に時間を浪費して勉強がおろそかになるといったものから，スマホ依存症やスマホ脳といった深刻なものまでありますし，個人情報漏洩やフィッシング詐欺といったこともときおりニュースになります。また，本章を読んで，Google をはじめ，様々な店舗や事業体が個人データを収集していることに対して「なんだか怖いな」と思った方も多いかもしれません。

　私たちは，当面はスマートフォンとうまく付き合っていくしかありません。，現時点では，スマホを使わないで生活することは正直難しいからです。もちろん，依存せず，適度な使い方をすべきであることは言うまでもありません。

　「スマートフォンが手放せない！」のは，みなさん（ユーザー）だけでなく，店舗側も同じです。企業や店舗といったビジネス提供者の側からみると，誰でも，いつでも，どこでも，そして何でもできるスマートフォンをいかにビジネスに役立てるか，その答えの一つは，顧客との関係性（コネクティビティ）であり，データ，とりわけ行動データの収集と活用です。販売チャネルの多様化やオンラインからオフラインへの誘導といったマーケティング手法から一歩進んで，顧客の行動履歴自体に価値を見出して，ビジネスに活用する。これこそがスマートフォンがもたらした新しいビジネス・モデルの正体です。アリババ集団の創始者ジャック・マー（馬雲）は，2014年の講演で「データを制する者は世界を制する」として，データ・テクノロジーの時代を予言したと言われています。アリババ傘下のアリペイやフーマーが行動データを活用したビジネスを志向するのは当然のことです。

　スマートフォンは，所詮は便利な道具にしかすぎません。一見，万能のようにも思えますが，スマートフォンではできないこと（スマホの限界）もあるはずです。この点については，次の課題とします。

注
(1)　Google レンズ（https://lens.google/intl/ja/, 2022.8.28.）。
(2)　モバイルコマースは，グローバル・モバイル・コマースフォーラムの発足時
　　（1997年11月20日）に，ケビン・ダッフィー（Kevin Duffey）によって作られた造

語で、「ワイヤレステクノロジーを介して、どこでも消費者の手に直接電子商取引
機能を提供すること」を意味します。ダッフィーは、「多くの人はモバイルコマー
スを『最高の顧客のポケットに入る小売店』と考えたがるかもしれない」と述べて
います（Global Mobile Commerce Forum Inaugural Plenary Conference, Minutes
of Meeting（http://cryptome.org/jya/glomob.htm, 2022.8.28.）。

(3)　「クロール」「クローラ」（「ロボット」や「スパイダー」と呼ばれることもありま
す）は、ウェブページ間のリンクをたどることによってウェブサイトを自動的に検
出してスキャンするプログラムを指す総称です。Google のメインのクローラは
Googlebot と呼ばれます（「モバイルファースト インデックス登録に関するおすす
めの方法」『Google 検索セントラル』ドキュメント https://developers.google.com/
search/mobile-sites/mobile-first-indexing?hl=ja, 2022.8.28.）。

(4)　読み取り機と物理的に接触する必要がない非接触型 IC カード（チップ）は、日
本では、ソニーが開発した Felica チップが、交通系の IC カード型乗車券（Suica,
Pasmo など）をはじめ、電子マネーの決済手段として普及しています。スマート
フォンにも移動体通信各社が Felica チップを搭載し、「おサイフケータイ」サービ
スを展開しています。世界的には、Felica ではなく、近距離無線通信規格（Near
field communication）NFC Type A/B が普及していて、VISA カードなどが、日本
でも NFC を用いたタッチレス決済の普及に努めています。

(5)　キャッシュレス推進協議会（2022）によると、2020年における中国のキャッスレ
ス決済比率は83.0％（日本は29.8％）ですが、都市部では限りなく100％に近いの
ではないかと思います。実際、2019年に中国に旅行した際は、屋台なども含め、現
金を扱っていない（受け取ってくれない）店が多く、スマホ決済が使えないと街中
では食事もできず、何も買えませんでした。アリペイやウィチャットペイのアカウ
ントに入金するには、中国国内発行のクレジットカードや中国の銀行口座を持って
いないと難しかったので、ホテルのフロントクラークに現金を渡して、アリペイの
アカウントに入金してもらいました。カウンターにレジがない、あっても現金が入
っていない店もありました。

(6)　余額宝（ユアバオ）は、世界最大の MRF（マネーリザーブファンド：オープン
型社債投資信託）で、銀行預金よりも高い金利を提供しかつ流動性の高い金融商品
サービスです。1中国元単位からの買い付けが可能であり余額宝の残高を活用した
即時直接決済も可能です。アリペイの運営会社である Ant Financial は、他にもバ
ーチャルクレジットカード機能の「花唄」、即時キャッシング可能な「借唄」、医療
保険など広範で総合的な金融システムを提供しています（廉ら 2017＝2019）。

(7)　イオンのレジゴー（https://www.regigogo.jp/, 2022.8.28.）。

(8)　電子決済だけを受け入れ、現金を受け付けないのは、銀行口座やクレジットカー
ドを持たない低所得者層に対する差別だとして、サンフランシスコ市は2019年5月

にキャッシュレスオンリーのビジネスを禁止したことなどから，Amazon Go では，サンフランシスコやニューヨークで，キャッシュ支払い可能な店舗を開いています（Pisani 2019）。

⑼　2021年12月末現在，中国のスマートフォン利用者は10.29億人で，インターネット利用者全体に占める割合は99.7％（CCINIC 2022）。

⑽　「フーマー（盒馬鮮生）」については，アリババグループの最新のテクノロジーを使った新しい小売業態「新小売（ニューリテール）」の事例として，日本語の文献やHPなどでもたくさん紹介されていますので，探してみてください。

⑾　ビックカメラでは，ミライト・テクノロジーグループの提案により（株）CREiST の「電子棚札〈InforTab〉」を採用しました。2020年8月で全店（49店舗）への導入が完了しています（ミライト・ワン 2020）。

⑿　消費者の購買行動を示すモデルはいくつかありますが，インターネット普及前の代表的なモデルとしては，AIDMA は，Attention（注意）→ Interest（興味）→ Desire（欲求）→ Memory（記憶）→購買行動（Action）と，伝統的な AIDA に Memory（記憶）を加えたもので，商品・サービスを消費者の「記憶」に残し，中長期的な購買行動につなげる手法です。

　　AISAS は，AIDMA から，感情的に商品が欲しくなる「欲求（Desire）」と商品やブランド名を記憶する「記憶（Memory）」に代えて，e コマースにおいて特徴的なプロセスである「検索（Search）」と「情報共有（Share）」を入れたもので，2005年に電通が商標登録しています。

　　吉田（2018）は，スマホの時代では，強い欲求は構築されにくいプロセスとなり，「Search」すら効率化されるようになったといいます。

⒀　コトラーら（Kotler et al. 2016）は，顧客がたどる道筋を「Customer Path」としていますが，邦訳では「Path」に旅を意味する「ジャーニー」という訳語が当てられています（Kotler et al. 2016＝2017）。日本では，カスタマー・ジャーニーという用語が一般的に使われています。

参考文献

NTT ドコモ　モバイル社会研究所（2022）『データで読み解くモバイル利用トレンド2022-2023』NTT 出版。

菊谷信広（2018）「スマホアプリから全事業へ簡単アクセス『中国総合フィンテック』モデルの事例研究」『KDDI 総合研究所 R&A』2018年7月号，KDDI リサーチ，1-18頁。

キャッシュレス推進協議会（2022）「キャッシュレス・ロードマップ2022」。

総務省情報通信政策研究所（2022）「令和3年度情報通信メディアの利用時間と情報行動に関する調査報告書」。

総務省編（2022）『情報通信白書 令和4年版』日経印刷。

ハンセン，アンデシュ／久山葉子訳（2020）『スマホ脳』新潮新書。

藤井保文・尾原和啓（2019）『アフターデジタル』日経BP社。

吉田健太郎（2018）『スマホマーケティング』日本経済新聞出版社。

李智慧（2018）『チャイナ・イノベーション』日経BP社。

廉薇・辺慧・蘇向輝・曹鵬程（2017）「蚂蚁金服――从支付宝到新金融生態圏」（＝2019，永井麻生子訳『アントフィナンシャル――1匹のアリがつくる新金融エコシステム』みすず書房。）

Kotler P., Kartajaya, H. & Setiawan, I. (2016) *Marketing 4.0: Moving from Traditional to Digital*, John Wiley & Sons.（＝2017，恩藏直人監訳，藤井清美訳『コトラーのマーケティング4.0――スマートフォン時代の究極法則』朝日新聞出版。）

Lee Kai-Fu (2017) "Kai-Fu Lee on the merging of online and offline worlds" *The World in 2018*（*The Economist*).（https://kaifulee.medium.com/kai-fu-lee-on-the-merging-of-online-and-offline-worlds-a590efd37d75, 2022.8.28.）.

CCINIC（中国互聯網絡信息中心）（2022）『第49次中国互聯網絡発展状況統計報告』（http://www.cnnic.cn/hlwfzyj/hlwxzbg/hlwtjbg/202202/P020220407403488048001.pdf, 2022.8.28.）.

ミライト・ワン（2020）「事例紹介」ビックカメラ（https://www.mirait-one.com/casestudy/case002/, 2022.8.28.）。

Pisani Joseph (2019) Amazon opens first Go store that accepts cash, *AP News*, 2019.5.8.（https://apnews.com/article/ec06ed96ee334e3caa6dd6aaca122f8a, 2022.8.28.）.

<table>
<tr><td>第6章</td><td>これからのデジタル変革（DX）時代に求められる人材像
——学びに向けて</td></tr>
</table>

伊藤利佳

── キーワード ──

DX, イノベーション, Growth Mindset

1 日本の現状とDX

　2020年初頭からCOVID-19によって全世界が甚大な打撃を受け，2022年になってようやくその被害が一定程度収束に向かいつつあります。しかし，グローバル社会の現代では，コロナ一つを例にとっても，マスクや医療品の不足，半導体不足による製造業の混乱など多くの問題が起きました。また，他国間の争いによって，原油価格の高騰や食料不足，ヨーロッパのエネルギー不足も起こっています。そのため現在では，あらゆる観点での安全保障やサプライチェーンの見直しが全世界で行われています。日本でも，急激な円安による食料や電気，ガソリンなど生活必需品が値上がりしており，市民の生活を圧迫しています。

　このような外部環境の変化は，歴史上のあらゆるタイミングで起こっていますが，変化には必ず陰の側面と陽の側面があります。コロナ禍時代においても，観光，飲食，アパレル，運輸などが致命的な打撃を受ける一方，ネットビジネス，医療，衛生用品，IT製品，物流などの業界は成長しています。また，例えば厳しい業界である外食産業の中にあっても，割安なランチ施策や迅速なドライブスルー環境の整備などによって，コロナ禍の環境でも好調を維持している企業もあります。ここで無視してはならないのは，COVID-19の影響や結末を確実に予想できた者は，1年前には誰もいなかったということです。業界による有利不利はあるにせよ，うまく立ち回れた企業も，対応方法が事前にわかっていたわけではありません。そのような企業は，環境変化に敏捷に対応し，

未知の環境下での不利な状態をできるだけ最小化し，強みを可能な限り経済価値に変換することに成功したということです。成否を分けたのは，正しい戦略の事前準備ではなく，"変化に対応する敏捷性"を身につけていたことが大きいと言えます。ポストコロナの経営においては，企業経営のあらゆる局面で敏捷性を醸成することが，自らの企業の競争的優位を保つための鍵と言えます。この敏捷性は，巨額な設備投資によって成し遂げられるものではなく，情報技術と人への投資を行い，企業と顧客の間の距離を短くし，メンバーのマインドセットを変革していくことによって実現されます。これこそがデジタルトランスフォーメーション（DX：Digital Transformation，以下，DX）の重要な核ではないでしょうか。そこで，本章では，ポストコロナの DX 時代に求められる人材像と学びについて考えます。

2　日本のデジタル化

（1）日本のデジタル化は本当に遅れているのか

　スイスのローザンヌに拠点を置くビジネススクール，IMD（International Institute for Management Development）は，例年，デジタル競争力ランキング（World Digital Competitiveness）を発表しています。このランキングは，政府や企業がどれだけ積極的にデジタル技術を活用しているかを示した国際指標で，デジタル競争力に影響を与える要因を「知識」「技術」及び「将来への備え」の３つに分類して評価を行っています。2021年の日本のランクは，63カ国中28位です（IMD 2022）。近辺の国としては，27位はマレーシア，29位はカタールとなります。なお，１位はアメリカです。[1]日本の順位を下げている要因は，「人材」「規制枠組み」「ビジネスの俊敏性」となっており，情報教育の遅れ，レガシーな行政手続き[2]，時代に即していない経営メンタリティなど，思い当たる原因を列挙するのはそれほど難しいことではありません。
　総務省の『情報通信白書 令和３年版』では，上述の IMD のランキングを分析し，日本がデジタル化で遅れを取った理由として，「ICT 投資の低迷」「業務改革等を伴わない ICT 投資」「ICT 人材の不足や偏在」などを挙げています（総務省編 2021：24-26）。総務省が遅れの原因分析をしているという事実

は，残念ながら日本のデジタル化が遅れていることを示しています。

（2）2025年の崖

　日本のデジタル化の遅れが，危機的な状況を生み出す可能性があることに，経済産業省は気づいていました。2018年に経済産業省のDXに向けた研究会は「DXレポート──ITシステム『2025年の崖』の克服とDXの本格的な展開」を発表しています。その中で経済産業省は，DX推進の前段階として，既存ITシステムの刷新が必須であり，それがなされなかった場合，複雑化，老朽化，ブラックボックス化した既存システム（いわゆるレガシーシステム）が足かせとなって，年間最大12兆円の経済損失が生じる可能性があるという警鐘を鳴らしています（経済産業省編 2018a：26）。

　アメリカのコンサルティング会社であるマッキンゼーの試算によると，日本において，デジタル技術の活用で生み出される価値の7割は既存事業を変革することによって生み出され，残りの3割が新規のビジネス創造から生まれると推定されています（McKinsey & Company 2020：1）。事業の変革を行うには既存ITシステムの刷新が必須であり，それをいかに迅速に行うかに企業の成功がかかっています。つまり，「2025年の崖」問題は既存ITシステム問題であり，企業経営者にとって喫緊の課題と言えます。

（3）なぜ，日本のデジタル化は立ち遅れたのか

　前述の総務省の分析のうち，日本のデジタル化が立ち遅れた原因として「ICT投資」と「ICT人材の不足」という2つの観点で考えてみます。まず，投資についてですが，経済規模が異なるため金額の比較は一概にはできませんが，推移で見ると，アメリカは1989年から約4倍に投資額が伸びています（総務省編 2019：62）。しかし，日本は30年間経っても微増にとどまり伸び悩んでいます。これも遅れの要因の一つと考えられますが，それ以外に，日米において大きな違いが見られるのは，ソフトウェア投資におけるパッケージソフトウェア（以下，パッケージソフト）と受託開発の内訳です。

　一般にパッケージソフトとは，汎用的に販売され，多くのユーザーが利用している既製のソフトウェアを指し，受託開発とは，企業や組織が求めているシ

ステムの開発を外部のベンダー企業に依頼し，要求に沿ったシステムやソフト
ウェアを開発することを指します。日本ではパッケージソフト11.7％，受託開
発88.3％と，受託開発が圧倒的多数を占めているのに対し，アメリカではパッ
ケージ29％，受託開発33.8％に加え，自社開発37.2％となっており，自社内で
も開発していることがわかります（総務省編 2019：63-64）。システムを受託開
発で作成する場合，依頼したユーザーのニーズに沿って最適化できる点につい
てはメリットですが，ニーズのすべてを把握してもらうために膨大な説明を行
い，社内やステークホルダーの合意をとりつけたりするのに時間がかかるため，
システムの開発期間が長期化します。また，ゼロからプログラムを作成するた
め，初期費用も当然割高になり，維持，管理なども外部業者に頼ることになり
ます。さらに場合によっては，各企業の業務やニーズに合っていない情報シス
テムが導入されてしまう可能性もあります。一方，パッケージソフトを使う場
合も，そのままではユーザーが要求する機能を100％満足させることは難しい
ため，機能上で譲れない部分についてはカスタマイズや機能の追加が生じます。
パッケージソフトのカスタマイズは手を入れれば入れるほど保守費用が膨らみ，
複雑化するため，改修しづらくなる傾向があります。しかし，パッケージソフ
トを採用する場合には，できるだけ改修しないで済むように業務を変更するこ
とで業務を標準化し，それに対応するパッケージソフトを使うことで費用も時
間も抑えることができます。また，システムが陳腐化した場合でもパッケージ
ソフトであれば迅速に対応することが可能です。

　前述した通り，日本のICT投資については，その多くを既存ITシステムの
維持管理に費やしてきたという構造的な問題が明らかになっています。JUAS
（日本情報システム・ユーザー協会）は，企業のIT投資において「現行ビジネス
の維持・運営（ランザビジネス）」予算と「ビジネスの新しい施策展開（バリュ
ーアップ）」予算について定点観測を行っています。『企業IT動向調査報告書
2022』によれば，IT投資の76％強がランザビジネス予算にあてられていて，
バリューアップ予算に回せていないという現状が報告されています（日本情報
システム・ユーザー協会編 2022：18）。

　その要因の一つとして，企業における情報システム開発の位置づけという日
本固有の傾向があります。日本の場合，情報システム開発という業務は事業を

推進する上での重要な業務として考えられておらず，長い間投資の対象として重視されてきませんでした。その結果，個別の部門側の要件が会社全体の最適性よりも優先されるということが起こっていました。しかし，業務の生産性を考えると，個別最適化は効率が悪く，会社全体の利益に結びつかないことも多くあります。そのため，現在，改めて全体最適の重要性が強調されています。これは，事業部門が業務をシステムに合わせることで全体最適を実現しようという取り組みです。

　また，投資額の割り振りの問題に加え，IT人材の偏在が問題となっています。IPAでは，主要先進国について，IT企業とそれ以外の企業（ITを利用するユーザー企業：以下，ユーザー企業）に所属するIT人材の割合を調査しています。海外においては，IT人材の多くはユーザー企業に所属にしているのに対して，日本ではIT人材の約72％がIT企業に所属しており，ユーザー企業には28％しか所属していないということが明らかになっています（情報処理推進機構 2017：75）。日本以外の他の国では，ユーザー企業に所属する割合が5割を超えており（アメリカ65％），IT人材の所属先が日本と諸外国では大きく異なっていることがわかります。この要因として，ユーザー企業経営者がIT投資に価値を見出さず，自社の情報システムの改善に関与しようとしてこなかったことに加え，構築・運用もIT企業に丸投げするケースが多かったことが挙げられます。社内にIT人材を抱えるよりもIT企業に依頼した方が低コストで効率的だと考え，外部のIT企業に情報システムを委託していました。このことは，前述した日本における受託開発の多さとも密接に関係しています。その副作用として，企業内にIT人材が十分に育たず，事業部門とIT部門が効率的に連携できないという問題が生じています。一方，丸投げされたIT企業でも問題は生じています。定年退職などの世代交代や離職などに際して情報承継が十分になされてこなかったために技術やスキルが属人的になりやすく，徐々にシステムがブラックボックス化してしまうという問題です。その結果，当初のシステムの要求要件が不明となり，システムの全面的な刷新が行えないという問題や，生産性の低下といった問題が発生しています。つまり，いずれの企業でも，このような状態では，ITのコストが莫大になるため，戦略的な投資に資金を回せず，手が打てないという事態に陥ることになります。

（4）DX による希望

それでは，このようにデジタル化が立ち遅れている日本において，DX は復活の切り札となれるのでしょうか。経済産業省は DX について，「企業がビジネス環境の激しい変化に対応し，データとデジタル技術を活用して，顧客や社会のニーズを基に，製品やサービス，ビジネスモデルを変革するとともに，業務そのものや，組織，プロセス，企業文化・風土を変革し，競争上の優位性を確立すること」（経済産業省編 2018b：2）と定義しています。平たく言えば，クラウドや AI，データサイエンスなどの先端的なデジタル技術を活用して将来のデジタル市場においても優位性を確立できるようビジネスや組織を変革する，ということを意味しています。そのために，経済産業省は「デジタルトランスフォーメーションを推進するためのガイドライン（DX 推進ガイドライン）Ver.1.0」を発しました。わずか 9 頁のガイドラインですが，経営のあり方・仕組みとその基盤となる IT システムの構築という観点で，正鵠を射たアドバイスに満ちています。DX はデジタル技術によって競争上の優位性を確立することを目的としていますが，そのためには企業内のデジタル化が柔軟で，環境変化にスピーディーに対応することが求められます。これには，社内に優秀な人材を確保すると同時に，社内 IT 基盤の核心部分においては内製化し，企業経営者はそれを実現するためのオーナーシップと投資，人材育成を継続的に行う必要があります。これは既存システムの刷新の必要性を訴えている2025年の崖問題への対応そのものが DX の対応への第一歩であることを意味していますが，前述した通り，現状では必要な人材の確保も難しい状況となっています。

3　イノベーションからの学び

　デジタル技術を用いて革新を実現するという観点では，DX はデジタル・イノベーションと内容的にほとんど同義であることに気づきます。

　DX 推進ガイドラインの冒頭に，DX 推進のための経営のあり方，仕組みとして「想定されるディスラプション（『非連続的〔破壊的〕イノベーション』）を念頭に，データとデジタル技術の活用によって，どの事業分野でどのような新たな価値（新ビジネス創出，即時性，コスト削減等）を生み出すことを目指すか，

という経営戦略・ビジョンの提示が必要である」と記されています（経済産業省編 2018b：5）。この破壊的イノベーションという概念は，市場競争のルールを破壊し，業界の構造を劇的に変えるほどの革新的なイノベーションを意味するもので，ハーバードビジネススクールの教授だったクレイトン・クリステンセンによって提唱された概念です。

（1）破壊的イノベーション

　クリステンセンによると，技術イノベーションには持続的イノベーション（sustaining innovation）と破壊的イノベーション（disruptive innovation）という2つがあるとされています。

　持続的イノベーションとは，すでに存在している自社の製品に対して，さらに性能を向上させるために起こすことで，既存顧客の価値を最大化するような革新を指しています。かつてのコンピュータの技術革新を例に考えるならば，毎年演算装置（CPU）の周波数を向上させ，搭載できるメモリー量を増加させ，製品の歩留まりを向上させていくような取り組みのことです。これらの技術革新によって，より高性能を求める市場の満足を得ることができ，企業は競争力を維持することができます。

　一方の破壊的イノベーションは，従来とは異なる価値基準を市場にもたらします。既存の製品と比べると低性能ではあっても，低価格で小型で操作が簡単な製品を提供するような技術です。高機能で高額な製品を求める既存のメインの顧客とは異なる少数の新しい顧客から評価される特長があります。また，新たな技術やアイディアによって，業界構造や市場の価値観を劇的に変えてしまうことで新たな市場を創出していく破壊的技術もあります（クリステンセン 2001：22-23）。

　しかし，多くの場合，大企業がこのようなイノベーションを起こすことは簡単ではありません（イノベーションのジレンマ）。クリステンセンによれば，大企業には既存のビジネスがあり，企業内のシステムやオペレーションはその顧客とビジネスのために最適化されているため，大企業がそれを棄損するような破壊的イノベーションを行うことは極めて困難だからです（クリステンセン 2001：238-240）。それに対して，小さな新興の会社には新しいビジネスを推進

する上で制約となるような既存のビジネスがないため，破壊的イノベーションを実現しやすいと言えます。

　アメリカの自動車業界では，GM やフォードがトヨタにコンパクトカーの市場を奪われ，そのトヨタは韓国の現代や起亜に，そして韓国企業は中国から同様の危機にさらされつつあります。またコンピュータ業界で言えば，IBM のメインフレームから DEC のミニコン，それからパソコンへという流れがあり，現在では IBM のメインフレームは残っているもののその市場を大幅に縮小し，DEC においては，当時のパソコンメーカーであった Compaq に買収され，その Compaq は2002年にヒューレットパッカードに吸収合併されています。

（2）企業経営者と破壊的イノベーション

　多くの経営者は，他の経営者よりも早くこの破壊的イノベーションを発見し，技術開発し，市場投入することによって新しい市場を独占したいと思うに違いありません。これを実現するには，いち早く破壊的イノベーションの領域を捕捉し，敏捷に市場投入プロセスを策定して実行する以外にありません。経済産業省が DX ガイドで示している DX は，既存 IT システムの刷新が急務であるという基本的なものですが，新しい製品やサービスの迅速な市場投入プロセスの基盤整備として，破壊的イノベーションの価値創造の中の欠くことができない第1ステップと言えます。

　さて，一早く破壊的イノベーションの領域を捕捉するには，どうしたらよいのでしょうか。クリステンセンは，ハーバードビジネススクールのインタビューで，未来を予測するには優れた理論が必要だと語っています（Harvard Business Review 2012）。クリステンセンは，半導体メーカーのインテルの CEO だったアンディ・グローブに求められて破壊的イノベーションの理論を紹介し，それによってインテルは，当時の競争相手だった AMD に対抗するため，自社の主力商品である Pentium の市場を害することを覚悟して廉価版である Celeron を市場投入し，AMD に市場を侵害されることを防いだとされています。クリステンセンは，優れた理論を見出したらそれを通して未来を見通すことが重要であると述べています（Harvard Business Review 2012）。ただし，理論はその発見や開発そのものに時間がかかる上，経営上の理論は環境に

応じて理論も変化するという側面を持っています。発見された理論に基づいて行動しようとしても，準備などに手間取ればその間に環境が変化したり，他社が先んじて開発したりしてしまう可能性もあるため，迅速なアクションが求められるのは言うまでもありません。

（3）破壊的イノベーション創出のための AI

　一方で，AI 技術には，こういった破壊的イノベーションとなる技術革新の困難さを穴埋めできる可能性があります。破壊的イノベーションを実現するには，新しい価値基準に基づいた市場を創造する必要がありますが，そこには過去の実績の情報がないため，新たな市場がどのようなものになるかを市場調査から推測することは難しくなります。しかし，AI 技術を用いることで破壊的イノベーションが生まれる可能性があり，こうした技術は，日本の産業での活用が期待されます。特に，近年大幅に研究が進んだ深層学習（ディープラーニング）を用いることで，大量のデータから人間では気づかないような特徴量があぶり出されることで，そこから推論が生まれ，情報のない新しい市場に関してもアドバイスが得られる可能性もあります。もちろん今のところ AI 技術でできないことも沢山ありますが，経営者の判断や発見の助けとして AI を役立てることは大いに可能性のある領域だと考えられます。

（4）DX の勝者とは

　さて，どういう企業が DX の勝者となるのでしょうか。まず，DX 前夜としての「2025年の崖」問題は，簡単に言えば，日本のデジタル化の遅れを取り戻すための第一歩として，既存 IT システムの刷新を促しています。第一歩ですから，これを克服できたとしても直ちに DX の勝者となることにはならず，DX はその後に続くさらなる挑戦と捉えることが妥当です。

　経済産業省の定義の通り，DX のゴールは競争上の優位性を確立することにあります。イノベーションからの学びと統合すると，DX において勝者となるには，先進的なデジタルの力を使って，他者に先んじて破壊的イノベーションの可能性を発見し，躊躇なくそれに適切な投資をしていくことが鍵となります。破壊的イノベーションの発見は簡単なことではありませんが，重要なのは，事

実やデータに基づき，敏捷に意志決定をし，実行していくことになります。つまり，DX の肝とは，まさにこの敏捷性であり，それを実現可能とするためには，冷徹に事実を視認し，現実をいち早く把握することにあります。

　DX のコンテクストにおいては，様々な場面において成功の鍵となりうる要素が連なっています。計算資源調達のクラウド活用，アプリケーション開発のDevOps [6]など，これらは商品の競争力を高めるのみならず，生産性を向上し，商品開発のサイクルを縮減し市場投入を早めるという側面も持っています。

　私たちは，いわゆる GAFA の出現を目の当たりにしました。GAFA の 1 社である Amazon は，ジェフ・ベゾスが1993年に発足した Cadabra.com を後に改称した企業であり，わずか20年余りの間に巨大プラットフォーマーとしての地位を確立します。Apple こそ創業が1976年で歴史は長いですが，Google が1998年，Facebook は2004年と，いずれも短い期間の間に，現在の地位を築いています。イノベーションの時代である現代において，GAFA に代表される IT 企業の領域は，「Winner takes all」の先行者優勢の領域であり，まさにスピード勝負の世界と言えます。

　クリステンセンによれば，破壊的イノベーションによって成功できる形態は，ベンチャービジネスのような形態や小さなチームで，大きく儲けようとせず，市場の情勢を見極め，小規模でも利益を得られるコスト構造を構築することが必要であると指摘しています（クリステンセン　2001）。それを実現可能とするような柔軟な情報基盤を構築し，それを活用できるような組織の整備と人材育成，環境の変化に迅速に動ける敏捷性が重要です。また，大企業における持続的技術と異なり，破壊的技術を生み出すためには，他に先んじて育つかどうかがわからない不透明な市場のリスクを引き受けるだけの強いリーダーシップも必要となります。

4　DX 時代に必要とされる人材

（1）IT 人材の現状

　DX 時代に必要とされる人材とはどのような人材でしょうか。IPA（情報処理推進機構）は，DX に対応する人材として 7 つの役割に分類しています（情

報処理推進機構編 2021：93）。その7つの役割とは，①プロダクトマネージャー，②ビジネスデザイナー，③テックリード（エンジニアリングマネージャー，アーキテクト），④データサイエンティスト，⑤先端技術エンジニア，⑥UI/UXデザイナー，⑦エンジニア／プログラマーの7つです。デジタル事業に対応する人材として，この7つのうち，最も育成したい人材は，日米企業ともに，「プロダクトマネージャー」が1位で一番割合が高い結果となりましたが，日米ともに量も質も不足しています（情報処理推進機構編 2021：104）。プロジェクトマネージャーは，デジタル事業の実現を主導するリーダー格の人ですからDX実現のためには欠かせない人材ですが，日米ともに大幅に不足している現状が浮き彫りになりました[7]。

　また，「2025年の崖」問題が提起されていることからも明らかなように，現時点では，多くの日本企業はIPAが定義するようなモデルに基づいてDXをただちに推進することは困難な状況にあります。したがって，一部の先進企業を除いて，今しばらくはブラックボックスとなってしまっている既存ITシステムの刷新に専心せざるを得ません。本来ならば，既存ITシステムの刷新のタイミングで社内システムを完全にDX推進体制にすることが望ましいですが，そう簡単にはいきません。日本企業が受託開発を長年重視してきたために，ブラックボックス化してしまったシステムを“見える化”するだけでも大変なコストがかかり，パッケージソフトの採用やそれに伴う業務改革には，さらに多くの投資と時間が必要になるという問題を抱えているからです。

　IPAはIT人材全体の不足感について，ユーザー企業を対象に調査を行っています（2015〜2019年の5年間）。『IT人材白書2020』によれば，ユーザー企業にIT人材の「量」について「過不足」の度合いを尋ねたところ，「大幅に不足している」と「やや不足している」の2つを合わせて，約83〜89％という結果でした。また，「質」については約90％の企業で不足であると回答しており，そのうち30〜40％が「大幅に不足している」と回答しています（情報処理推進機構編 2020：33-35）。

　このように，日本のユーザー企業におけるIT人材の不足が非常に顕著となる中，2025年までの時間を考えると，外部からの新たな人材確保は見込めないため，現行社員のIT/DX人材への再教育が必須になると考えられます。残念

ながら，企業内の再教育については，日本ではあまり盛んではありませんが，この風潮も見直す必要があります。AI，IoT，データサイエンスなどの先端技術領域に関する社員の学び直しについて，アメリカ企業のうち，社員（全社員または選抜社員）の学び直しを実施している企業は72.1％であるのに対し，日本は24％にとどまっています（情報処理推進機構編 2021：105）。人材育成には時間がかかるため，経営者にとっても雇用される側にとっても，育成や学びのタイミングはもはや先送りにすることはできない課題となっています。また，人材不足が背景にあると，必然的に IT/DX 人材の流動性が高まり，企業としては雇用条件を引き上げていかざるを得ません。外部からの雇用だけでなく，社内人材を DX 人材に育成したとしても，雇用条件が悪ければ，すぐに人材流出につながりますが，流動性は雇用や業界の活性化につながるという側面もあります。また，DX 人材とそれ以外の社員の賃金格差をどのように取り扱っていくかも大きなテーマとなるはずです。日本全体の人件費のコストは，DX を起爆剤として上がっていかざるを得なくなります。

（2）DX 人材となるために

　デジタルは今や技術というだけでなくインフラになっています。経済産業省の2020年の報告書には，各企業において必要な DX 人材として「自社のビジネスを深く理解した上で，データとデジタル技術を活用してそれをどう改革していくかについての構想力を持ち，実現に向けた明確なビジョンを描くことができる人材」（情報処理推進機構編 2021：103）と書かれています。IT スキルを用いて明確なビジョンを示して社内の変革を牽引できるビジネスリーダーとなりうる人材が求められているということです。DX 人材は，ビジネス遂行上のスキルとデジタル技術の融合のような側面があります。また，他部門と共同プロジェクトになることもあるため，まとめる力やコミュニケーション力も必要になります。それぞれの部署で異なる要求が出たり，各部門の利害がぶつかったりする時には相談し，プロジェクトを円滑に進める力も必要となります。このような力を身に付けるには，まずは自らの専門を徹底的に学んで高め，それらの専門性と，他の知識や情報との関連づけを行うことによって，より広い視野でものごとを見ることができるようになります。学際を横断する難しさ，専

門性を高めることは簡単ではありませんが，それをコツコツと積み重ねることが大切です。IT が苦手な人ほど IT リテラシーを身に付けると，それが自身の強みになります。これまでとは違ったより広い視点をもって現場の技術や知見を活かすことができ，相手の立場を理解できるようになるからです。まずはデジタルが苦手な人はデジタル技術を，ビジネスに慣れていない人はビジネスを，それぞれの立場で学ぶことが第一歩です。

1）マインドセットを考える

　ビジネスにせよ，IT にせよ，両方に通じることの重要性があまり考えられなかった過去の時代においては，どちらか一方でも秀でるということは企業人人生の一定のゴールとも言えるほどの成果でした。その分野の第一人者，その技術の名人と言われるようになることができたのは，そこに携わる人たちのうちのほんの一握りの人間にすぎませんでした。それは今でもあまり変わらないかもしれません。それでは，その一握りの人たちは，他の人とどう違っていたのでしょうか。

　アメリカの社会心理学者，キャロル・ドゥエックは，この命題に対して，マインドセット（心のあり方）をキーワードに，価値あるアプローチを与えてくれています。Fixed Mindset と Growth Mindset という二項対立，つまり，人間の能力は変わらないと信じている人たち（＝Fixed Mindset の人たち）と，人間の基本的資質は努力次第で伸ばすことができると信じている人たち（＝Growth Mindset の人たち）とでは，成功の度合いが著しく異なるという考え方です（ドゥエック 2016：8-13）。すなわち，Growth Mindset の人たちの方が成功の度合が大きく，さらに，その多くは長い期間持続可能であることを研究によって明らかにしました。この違いは社会学的な実験で実際に観測されるとともに，著名なスポーツ選手や企業経営者においても違いが顕著であることが示されました。それによって，人間の学びの姿勢に関する洞察を与えてくれています。誰でも成功のためには何かに挑戦しなければなりませんが，必ずしもその挑戦がうまくいくとは限りません。むしろ失敗することの方が多いかもしれません。そうやって失敗や挫折を繰り返すということは，さらに挑戦を重ねなければならないことになります。その道のりは非常に辛く，誰もが諦めてしまいそうになります。それを克服するためには，まずは挑戦する（努力する）こ

とそのものを楽しむという心のあり方を持つことが大切です。結果だけを求めるのではなく，努力のプロセスを楽しく感じることができれば，人生の長い時間を楽しみに満ちた時間に変えることができるとともに，自分の人生で想定された結果以上の成功を実現できる可能性があります。同時に，このようなGrowth Mindset は，一度獲得したら習得完了という性格のものではなく，これを維持していくことが重要なため，Growth Mindset の維持のプロセスそのものも楽しめるようになります。

　Microsoft の CEO のサティア・ナデラ（Satya Nadella）は，キャロル・ドゥエックの著書を読んで大いに学びました。サティアは，常に挑戦し，失敗や間違いから学ぶことで人間は前進する，というこの概念は個人にも Microsoft のような大企業にも適用できると考え，極めて有用であるとインタビューで語っています（Stanford Graduate School of Business 2019）。事実，Growth Mindset というキーワードは Microsoft のウェブページでは企業文化の重要な概念として示されています。この事例は Microsoft のような大企業においても，Growth Mindset，心のあり方が大切にされているということを示唆しています。

2）リテラシーの重要性とコミュニケーション能力

　人間は，多かれ少なかれ，過去の自分の学びや経験によって自分の価値を高め維持しています。同時に，周囲からの評価もこれによって決定されていると言えるでしょう。どのような分野でどういう学習をしてきたか，どのような職業でどのような仕事をしてきたか，これらを総称してキャリアと呼びます。

　従来の企業組織は目的に基づいて分けられており，そこに必要なキャリアを持つ人間が配置されることによって，最適化されています。例えば，人事部門には人事の専門家が配置され，開発製造部門にはモノづくりのプロフェッショナルが，そして IT 部門には IT 一筋の人たちが多く働いており，かつての日本の企業では，多少の人事異動はあっても，役員にでもならない限り大幅な横の部門への異動はありませんでした。こういった部門単位の最適化は，部門間のコミュニケーションを阻み，悪名高い「サイロ化」を起こしてしまいます。サイロというのは，家畜の飼料や穀物などを個別に貯蔵する塔状の倉庫を指し，「サイロ化」とは，企業などの組織構造が縦割り構造となっているために，他部門との連携や情報共有がうまくいかず，効率が悪くなっている組織を指しま

す。

　DX を推進するには，事業部門と IT 部門が緊密に連携する必要があります
が，まずはこの「サイロ化」を打破しなければなりません。このためには，事
業部門に所属する人も IT 部門に所属する人も相互理解が不可欠となります。
相互理解をスムーズにするためには，事業部門の人材であれば IT のリテラシ
ーが必要であり，IT 部門に所属する人材であれば，事業部門のビジネスに対
するリテラシーが必要となってきます。DX を推進するにあたって，今後ます
ますその傾向は強くなります。少なくとも，相互に理解し合い，同じ目標に向
かえるようなコミュニケーションを行う必要が生まれるため，それを実現する
ための学習が必要となります。これは，事業部門の人が Python のプログラム[8]
を自分で書くことができるようになることを意味しているわけではありません。
例えば，IT によって達成すべき目標や実現するのにかかるコストと時間の見
当がつけば相互理解の大きな助けとなります。それができれば，事業部の人が
IT 部門の人に過度な負担をかけないで済み，情報共有や連携がうまくいくこ
とになります。リテラシーは，自分自身の仕事の生産性を高めるだけでなく，
他部門の人との円滑なコミュニケーションにつながり，それよって良いチーム
ワークを実現することにつながります。

　IT に限らず，リテラシーを身に付けるためには学習が必要となりますが，
それには「好奇心」を持つことが最も早道です。まずは，自分の身近な人間，
別部門の同僚について好奇心を持つことが重要です。どういう仕事をしている
のか，どういうモチベーションがあるのか，今は何が課題で，何が成功の尺度
なのか，今の自分の仕事とどう関わっているのか。好奇心の持ち方は様々です
が，好奇心は，疑問と答えの発見につながり，組織の「サイロ化」を阻む働き
もしてくれます。

　ハーバードビジネススクールのフランチェスカ・ジーノは，好奇心があると，
難局を前向きに捉えることができ，好奇心を発揮している時の方が仕事の成果
が上がると指摘しています（ジーノ 2018：34-46）。また，「たいていの組織で
は，リーダーも部下も『疑問を呈することは"権威者への挑戦"であって歓迎
されない』という暗黙のメッセージを受け取る」と好奇心について言っていま
す（ジーノ 2018：46）。つまり，好奇心を持ち，それを表明するには，勇気が

必要になるということです。これは，部門最適化の「サイロ化」を打ち破る際
に必要な勇気と同じです。最後にものを言うのはそのような一人ひとりの働き
かけになります。DX 時代とは言っても，何かを判断し，決定し，遂行するの
は人ですから，DX を進めるにあたっても，誰も動かなければ始まりません。
一人の力は小さくても結局は人間の力が大きく作用することになります。

5　希望の時代に向けて

　DX について考える時，現代のグローバルな市場において，企業の競争力と
は何なのか，また，その競争力を高めるためには一体何が必要なのかという基
本的な問いに立ち返らされます。同時に，高度経済成長時代以降，1979年にエ
ズラ・ヴォーゲルによって著され，ベストセラーにもなった著書 *Japan as
Number One* に代表されるように，日本は，評価され，すべての側面ではない
にせよ，諸外国から一定の尊敬を受けたにもかかわらず，現在では，世界競争
力が低下し，1990年代前半には 1 位であった総合順位は，2022年度は34位にな
ってしまっています（IMD HP 2022）。いつの世も，歴史に学ぶことは大切な
ことです。*Japan as Number One* には，"Lessons for America"（アメリカへの
教訓）という副題がついており，この書物は単に日本を賞賛する書物ではなく，
当時のアメリカの再起を促すためのガイドブックでした。
　COVID-19 パンデミックや，急激な円安，グローバルサプライチェーンの
危うさは，多くの面で諸外国に依存している日本の構造上の脆弱性を明らかに
しました。エネルギー，食糧，半導体，ワクチンといった，社会経済活動を継
続する上で必要不可欠な資源が，有事においてはそれを確保すること自体まま
ならないという現実は，日本人にとって改めて多くのことを考えさせられる機
会となりました。こういった厳しい現実の問題一つひとつを解決する上で，今
後はますます広い視野で物事を考えられるリーダーシップが必要となっていく
でしょう。情報化もそのキーワードの一つです。
　本章では，主に「学ぶこと」に焦点を当てて考えてきました。グローバルな
この時代に，企業人や学生など，次の時代を担う主役の方々には，是非，ビジ
ネスにおいても自分のワーキングロケーションについて考え，海外にも進出し

てほしいという思いがあります。かつての日本人にとって，英語などの外国語が海外進出の最大の障壁でしたが，現代では，動画やオンライン講座など自宅にいながらにしてそれを学ぶ機会や手段が多くあります。また，AI によって音声認識や翻訳アプリケーションなどが多数開発され，助けてくれる道具もいくつも整備されてきています。学習に対して喜びを感じられるように，好奇心と Growth Mindset を持ち続けて学ぶことで，新たな世界が見えてくることでしょう。

注
(1)　2位香港，3位スウェーデン，4位デンマーク，5位シンガポールと続き，その他アジア主要国では8位台湾，12位韓国，15位中国という結果となっています。
(2)　レガシーとは，遺産や先人の遺物，あるいは，時代遅れのものを意味します。「レガシーシステム」は時代遅れになってしまったコンピュータシステムを指します。
(3)　経済産業省が2018年9月に発表した『DX レポート　〜IT システム「2025年の崖」の克服と DX の本格的な展開〜』に記された言葉です。DX レポートでは，企業などの既存システムが「老朽化，複雑化，ブラックボックス化しており，2025年までに解決すべき課題が山積している」と指摘しています。この状況を改善できない場合には「経済損失が2025年以降，最大12兆円／年にのぼる可能性がある」と警告しています。
(4)　日本では1989年よりは微増しているものの，1997年の20.0兆円がピークで，2017年時点で16.3兆円と漸減しています。
(5)　日本において IT 企業として扱った業種は，「ソフトウェア業」「情報処理・提供サービス業」「インターネット附随サービス業」。情報処理・通信に携わる人材として扱った職種は，「システムコンサルタント・設計者」「ソフトウェア作成者」「その他の情報処理・通信技術者」となっています（IPA 定義）。
(6)　DevOps（デブオプス）とは，これまで対立しがちだった開発側と運用側がお互いに連携・協調することによって，より迅速かつ柔軟にソフトウェア（システム）を開発するための開発手法。
(7)　日本企業においては，42.3%の企業が，アメリカ企業においても40.2%がプロダクトマネージャーの育成が必要だと答えています。
(8)　オープンソースで運営されているプログラミング言語で，機械学習や深層学習などの最先端分野の開発にも使われています。

参考文献

ヴォーゲル，エズラ・F／広中和歌子・木本彰子訳（1979）『Japan as Number One
　　——アメリカへの教訓』TBS ブリタニカ。

キム，ジーンほか／榊原彰監修，長尾高弘訳（2020）『The DevOps 勝利をつかめ！
　　——技術的負債を一掃せよ』日経 BP 社。

クリステンセン，クレイトン／玉田俊平太監修，伊豆原弓訳（2001）『イノベーショ
　　ンのジレンマ』翔泳社。

経済産業省編（2018a）『DX レポート——IT システム「2025年の崖」の克服と DX
　　の本格的な展開』経済産業省。

経済産業省編（2018b）「デジタルトランスフォーメーションを推進するためのガイ
　　ドライン（DX 推進ガイドライン）Ver.1.0」経済産業省。

経済産業省編（2020）「DX レポート 2　中間とりまとめ」。

情報処理学会歴史特別委員会編（2010）『日本のコンピュータ史』オーム社。

情報処理推進機構編（2020）『IT 人材白書2020』。

情報処理推進機構編（2021）『DX 白書2021』。

ジーノ，フランチェスカ／有賀裕子訳（2018）『好奇心を収益向上に結び付ける 5 つ
　　の方法』Harvard Business Review。ダイヤモンド社。

情報処理推進機構編（2017）『IT 人材白書2017』情報処理推進機構。

総務省編（2019）『情報通信白書 令和元年版』日経印刷。

総務省編（2021）『情報通信白書 令和 3 年版』日経印刷。

ドゥエック，キャロル・S／今西康子訳（2016）『マインドセット——「やればでき
　　る！」の研究』草思社。

西垣通（2013）『集合知とは何か』中央公論新社。

日本情報システム・ユーザー協会編（2022）『企業 IT 動向調査報告書2022』日経 BP 社。

ボーグマン，クリスティン・L／佐藤義則・小山憲司訳（2017）『ビッグデータ・リ
　　トルデータ・ノーデータ——研究データと知識インフラ』勁草書房。

松尾豊（2020）『人口知能のアーキテクトたち』オライリージャパン。

山口栄一（2006）『イノベーション破壊と共鳴』NTT 出版。

Harvard Business Review (2012) Disruptive Innovation Explained (https://www.
　　youtube.com/watch?v=qDrMAzCHFUU&t=25s, 2022.8.20.).

International Institute for Management Development (IMD) (2022) *World
　　Competitive Ranking* (2022.8.20.).

Stanford Graduate School of Business (2019) Satya Nadella, CEO of Microsoft
　　(2022.8.13.).

McKinsey & Company (2020)『デジタル革命の本質——日本のリーダーへのメッセ
　　ージ』マッキンゼー・デジタル・日本。

第Ⅱ部　潮流に乗るための経営学の基本

| 第7章 | 関係性の概念から見る組織研究の動向 |

伊藤真一

――― キーワード ―――

研究方法論，機能主義，解釈主義，社会構成主義

1 経営学と組織

　経営学とは組織がいかに目標を設定し，その目標をいかに達成することができるかを問う学問です。そして組織が組織目標を達成するためには何よりもまず，そもそも組織とは何か，組織の中ではどのような力が働いているのか，組織は外部の環境にどのように適応していくのか，などといった組織そのものに対する理解が欠かせません。組織研究は，80余年の間，こうした組織のメカニズムの解明に尽力してきました。

　従来の組織研究は定量的手法を用い，客観的法則や変数間の因果関係の解明に取り組んできました。しかし，組織現象のような無数の要因が複雑に絡み合う現象を説明するには，人間の主観的側面や社会的な文脈，人々の関係性といった要素にも注目する必要があり，これらが組織現象をいかに作り上げるかを説明しようとする研究が1990年代以降盛んに行われています。本章ではまず，従来の組織研究がどのような視点で組織現象を説明しようとしてきたか，またその限界が何かを確認した後に，近年注目されている社会構成主義に立脚した組織研究の動向と経営学の未来について検討します。

2 組織研究のアプローチを特徴づける4つの次元

　組織のメカニズムはどのようにして解明することができるのでしょうか。組織研究の方法の議論において頻繁に引用されるのがバレルとモーガン（Burrell

図7-1　社会科学のアプローチを特徴づけている立場

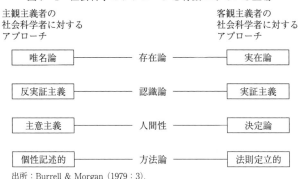

主観主義者の
社会科学者に対する
アプローチ

客観主義者の
社会科学者に対する
アプローチ

唯名論	存在論	実在論
反実証主義	認識論	実証主義
主意主義	人間性	決定論
個性記述的	方法論	法則定立的

出所：Burrell & Morgan (1979：3).

& Morgan 1979) です。彼らは「あらゆる組織の原理は何らかの科学哲学ならびに社会の理論を基礎にしている」(Burrell & Morgan 1979：1) と主張し，その科学哲学を理解するための次元として，存在論，認識論，人間性，方法論の4つを示しました (図7-1)。

　1つ目の軸は存在論です。存在論とはあらゆる物事の存在をどのように考えるかといったことを意味します。実在論とは「人の認識の外部にある社会的世界は，確固たるもので，目に見える，比較的不変な構造からなる現実の世界であると仮定」(Burrell & Morgan 1979：4) する立場です。社会的世界は，人間が作り出すものではなく，個人の認識とは無関係に存在すると見なします。

　一方，唯名論とは「個人の認識の外部にある社会的世界は，現実を構造化するために使われる名前，概念，ラベル以外の何ものでもない」(Burrell & Morgan 1979：4) と仮定する立場です。実在論者とは異なり，唯名論者は，物事は人間が「名前」をつけることによって創造されると考えます。例えば，「厳しい言葉で叱責しながら学生を指導する」ことには現在「アカハラ（アカデミックハラスメント）」という名前がついています。アカハラという言葉がなかった時代には，人格を否定するような厳しい言葉で叱責されても人々はそれを受け入れていましたが，アカハラという名前がつくことで，私たちは人格を否定するような激しい言葉で叱責することは悪いことであると認識するようになりました。このように，唯名論者は人がある事柄に名前をつけることによって，その現象が立ち現れると理解します。

　2つ目の軸は認識論です。認識論とは社会的世界や社会現象をどのように理解することができるかを意味します。実証主義は「構成要素間の規則性や因果関係を探ることによって，社会的世界で起こることを説明し，予測しようとする認識論」（Burrell & Morgan 1979：5）です。一方，反実証主義は，「社会的世界は本質的に相対的なものであり，研究対象となる活動に直接関与している個人の視点からしか理解することができない」（Burrell & Morgan 1979：5）とする認識論です。

　3つ目の軸は人間性です。ここでいう人間性とは，人間の意志や行動は何によって規定されるのかについての前提を意味します。決定論（環境決定論とも言います）とは「人や人の活動は，その人を取り囲む状況や環境によって完全に決定される」（Burrell & Morgan 1979：6）という考え方であり，主意主義は「人間は完全に自律的で自由意志を持つ」（Burrell & Morgan 1979：6）とする考え方です。

　そして4つ目が方法論です。方法論とは，社会現象を理解するための研究方法を意味します。法則定立的なアプローチは「体系的な手順と技法に基づいて研究を行うことの重要性を強調するもの」（Burrell & Morgan 1979：6）です。このアプローチは仮説の構築と，アンケート調査などの定量的手法による仮説検証を重視します。一方の個性記述的アプローチは「社会的世界を理解するには，調査対象から直接知識を得る以外の方法はない」（Burrell & Morgan 1979：6）という考えに基づいています。そのため，対象者が置かれる状況に入り込み，その対象を取り巻く背景や生活史を詳細に把握することに力点が置かれ，インタビューや観察といった手法による定性的なデータ収集と分析が行われます。

　これら4つの次元は基本的には相互に関連しており，例えば存在論として唯名論を採用するなら，認識論は反実証主義，その背後にある人間性は主意主義を前提とし，個性記述的な方法論を採用することが多いです。ただし，4つの次元はグラデーションの問題であり，多くの研究は例えば唯名論，実在論のどちらか一方のみを採用し，もう一方を完全に排除するのではなく，中間的な立場に立つことが多いです。

　こうした4つの次元を背景として，経営組織論では様々な立場から研究が行

われてきました。本章では，組織研究において重要な影響をもたらしてきた機能主義，解釈主義，そしてより近年注目されている社会構成主義について，基本的な視点とどのような研究が行われてきたのかについて説明します。

3　機能主義と組織研究——因果関係の解明

（1）機能主義とは

　機能主義は，20世紀における社会学や経営学，組織研究において最も支配的な立場です。機能主義とは端的に言うと，社会的世界の構成要素を特定し，それらの構成要素間の関係を明らかにするとともに，構成要素がどのような機能を果たすかを研究していく立場です。機能主義は，社会的世界を「その構成員（＝内部者）の認識とは独立して存在する客観的実在物」（坂下 2002：69）としています。すなわち，実在論，実証主義，決定論，かつ法則定立的な傾向を持っています（高橋 1998）。また，問題志向的なアプローチをとり，諸問題に対して実際的な解決策を用意することに関心を持っています。一方，その関心は，社会的事象の効果的なコントロールにあります（高橋 1998）。すなわち，社会現象の構成要素同士の関係を明らかにすることによって，例えば組織が抱える問題を明らかにでき，解決策を提示することができると考えます。

（2）機能主義的組織研究の例

　リーダーシップ研究を例に挙げて機能主義を説明します。リーダーシップとは「目標設定や目標達成に向けた努力の中で，組織された集団の活動に対して影響をおよぼすプロセス」（Stogdill 1950：3）と定義され，組織論のみならず経営学で最も研究されているトピックでもあります。

　機能主義に立脚するリーダーシップ研究の中でも古典的なものは，リーダーの個人特性（例えば，知性，学歴，責任感，社交性，社会的ステータスなど）と業績の関係性やリーダーシップスタイル（例えば，タスク志向的な行動や人間関係志向的な行動をどの程度行うか，など）と業績の関係性などを検討してきました（e.g. Blake & Mouton 1964；Stogdill 1948）。これらの研究をモデル化すると図7-2のようになります。この図は特定の個人特性やリーダーシップスタイル

図7-2　機能主義的リーダーシップ研究のモデル例1

出所：筆者作成。

図7-3　機能主義的リーダーシップ研究のモデル例2

出所：筆者作成。

と組織や集団の業績との関係を示しています。

　また，機能主義的研究は単に2つの要素（例えば，個人特性やリーダーシップ
スタイルといった変数と業績といった変数）のみでなく，2つの変数の関係を調
整したり媒介したりする要素も明らかにしようとしてきました。例えば，ハー
シィとブランチャード（Hersey & Blanchard 1969）やハウス（House 1971）は
リーダーシップスタイルと業績の関係性を検討しましたが，単に2つの要素間
の関係に注目するのではなく，環境的要素との関係性にも注目しました。つま
り，あるリーダーシップスタイルはどのような状況でも万能なのではなく，特
定の状況下でのみ有効であると措定し，リーダーシップスタイルと業績の関係
を調整する環境的要因も特定したのです。図7-3はこうした研究をモデル化
したものです。このモデルは，リーダーシップスタイルと結果変数，そして調
整する要因の関係性を示しています。

　こうした研究は（集団や組織にとって好ましい）リーダーシップという社会現
象を構成する要素を特定し，その要素同士の関係を明らかにすることで，高業
績と結びつく個人特性を持つリーダーを選考したり，高業績に結びつく行動を
リーダーに取らせたりすることによって，組織をマネジメントすることを志向
しています。機能主義的研究は，リーダーシップのみならずその他の様々な組
織現象を解明してきました。

（3）機能主義の限界

　しかし，機能主義的な研究にも限界が存在します。大月（2020）は組織研究
における機能主義の限界として以下の3点を挙げています。1つ目は，組織を
分析する際に，構成要素と相互の関係性を深掘りすることを意図すると，パタ
ーン化という静態的な分析になってしまう点です。実際の組織現象は，日々環
境や状況が変化する中でその現象に関連する人々，事柄がダイナミック（動態
的）に相互作用することが考えられますが，こうした点が分析できなくなりま
す。

　2つ目は，研究対象となる社会や組織を構成する人間の解釈（意味形成）す
る側面が含まれない点です。この点に関しては，高橋（1998）も「組織現象を
法則定立的にかつ客観的に研究するという視座は，人間のもつ主観を完全に払
拭することが前提とならなければならない。個人は完全に自分の意識とは独立
した基準を用いて，組織現象を理解することが可能なのであろうか」（高橋
1998：55）と疑問を呈しています。

　そして3つ目は，機能主義的研究が実際には現象の構成要素間の関係性を明
らかにするには至っていない点です。加えて，観察された事実から，文化人類
学で提示されたような見えない構造といった抽象化した議論が展開できない点
です（大月　2020：98-99）。

　これらの3点が機能主義的組織研究の主な限界点です。こうした機能主義的
な研究の限界点を乗り越えるために注目されたのが，次節以降で説明する解釈
主義や社会構成主義です。

4　解釈主義と組織研究──人間の解釈への注目

（1）解釈主義とは

　機能主義を標榜する組織研究は，自然科学的な方法を用いて客観的法則や究
極的真理を探求してきました。これらの研究は，現実を外にあるもの（out
there）なものであり，人間の活動とは独立して存在するとして捉えており，
したがって客観主義的な方法によって組織現象を解明しようとしてきました
（Willmott 2003）。こうした機能主義的組織論は着実に成果を挙げてきた一方で，

徐々にその限界を見せはじめました（高橋 2002）。こうした背景を受けて，1970年前後からは，組織における個人の主観的な意味解釈の過程に注目する解釈主義的組織研究が台頭するようになってきました（竹中 2014）。

　解釈主義は，唯名論，反実証主義，主意主義，そして個性記述的な傾向を持ちます（高橋 2006）。その上で，「解釈的立場に立つ研究者は人間の意識と主観性を深く掘り下げ，社会的生活の基底にある基本的な意味を探求」（高橋 1998：42）しようとします。

　個人の主観に焦点を当てて組織現象を検討する必要性に関して，竹中（2013）は，①組織が客観的実体として存在している，②組織は何らかの秩序を有する，③組織は何らかの目的あるいは目標を有し，合理的に作動するという機能主義的組織論が前提としてきた事柄を批判する形で主張しています。

　まず，①について，竹中（2013）は，組織を特定の空間や時間に限定されるような客観的実体としてではなく，組織は組織メンバーによって主観的に解釈される存在として捉えるべきであると主張しています。なぜなら，例えば医師，看護師，患者，清掃員が同一の組織（病院）に対して抱くリアリティは異なるように，個人によって組織のリアリティは異なります。すなわち，組織とは当事者によって何が組織と解釈されるかというリアリティの中にしか存在しないため，組織を客観的に理解しようとするのではなく，組織メンバーの主観を通して理解する必要があります（竹中 2013）。

　次に，②組織をアプリオリに秩序を有する存在としてではなく，当事者の間の普段のプロセスによって秩序は構築されると捉えるべきであるとの指摘についてです。組織研究に重要な影響を与えたパーソンズ（T. Persons）やルーマン（N. Luhmann）は組織をある程度安定したシステム，つまり秩序を保つ存在として捉え，秩序立っていない残余を環境として捉えていました。しかし，彼らのシステム理論では，多様な主観性を持つ人間の間になぜ秩序が形成されるのか，また，なぜ時としてその秩序が解体されるのかに関しては説明ができません。むしろ，組織の秩序も組織成員が暗黙に理解したときに成立すると捉えることによって理解は可能になり，したがって，当時者たちの間で行われている不断のプロセスに注目し，どのように秩序が構成されるのかという視点が求められます（竹中 2013）。

　そして，③組織に先立って組織目標が存在し，組織目標達成のために組織化
が行われるといったように，組織と組織目標の関係性を捉えるのではなく，組
織目標は組織化のプロセスの中で回顧的に解釈され，形成されると捉えるべき
であると竹中（2013）はワイク（Weick 1979）の議論を援用しながら主張しま
した。ワイク（Weick 1979）は安定的で静的な「組織」などというものは存在
せず，ダイナミックに進行する組織化，すなわち多義性を削減し，共通の認識
を形成していくプロセスが存在するのみであると主張しました。その上でワイ
ク（Weick 1979）は，組織目標とは，多様な個人目標を持つ人々の絶えず進行
するコミュニケーションや，行為のプロセスの中で回顧的に解釈され現れるも
のであると指摘したのです（竹中 2013：79-83）。このように組織目標を捉える
ならば，組織目標は機能主義的な組織論のように所与として存在するものでは
なく，人々の行為やコミュニケーションを通して事後的に解釈されるものであ
り，したがって，やはり人々の主観や解釈にフォーカスを当てて組織目標を研
究する必要があると言えます。

（2）解釈主義的組織研究の例

　では，解釈主義に立脚する研究とは具体的にどのようなものがあるのでしょ
うか。組織研究において解釈主義が最も盛んに取り入れられた分野が組織文化
論です。

　機能主義的組織文化論では，組織の創業者やリーダーが組織文化を創り出し，
組織全体に浸透させることが可能であるという議論がなされてきました。つま
り，リーダーは組織文化をコントロールすることができるという前提をもとに
研究が進められてきました。一方で，解釈主義的組織文化論においては，リー
ダーは必ずしも組織文化をコントロールできることを前提とはせず，組織メン
バーによって文化は作られると主張します。また，組織文化は均一的ではなく，
それぞれの組織メンバーによって多様に解釈されます。

　このような前提の違いから，解釈主義的組織文化論においては，組織文化は
組織メンバーの相互作用に着目しながらどのように価値観が形成され，広まっ
ていくのかを研究されています。例えば，スマーシッチ（Smircich 1983）は，
組織文化がどのように組織のメンバーによって構成されていくのかを，保険会

社の調査を通じて明らかにしました。彼女は実際に組織の中に入り観察を行うことにより，組織メンバーが組織内の現象をどのように意味解釈し，文化を形成していくのかを説明しました。この分析では，リーダーが自らの行動や発言を通して価値観を根づかせ，組織文化を形成，維持していくプロセスではなく，メンバーがリーダーの行動や会社の儀式，スローガンなどを解釈することによって組織文化が形成，維持されていくプロセスが描かれています。

　この保険会社では，対処するのに困難や苦痛を伴う意見の相違や問題は包み隠し，「物議をかもすようなことは持ち出してはならない」(Smircich 1983：57) という組織文化が形成されていました。このような組織文化は，メンバーが社長の行動，スタイル，好みを解釈した結果生まれました。メンバーたちは，社長が「問題や意見の相違を議題に乗せるべきではない」という哲学を持っていると解釈し，自分たちが反対意見を出せば，トラブルメーカーとラベルづけされ，後ろ指を差されると恐れました。そして，メンバーたちはお互い反対意見を言わないように自制し，表面上は調和的にふるまっていたのです。このように，必ずしもリーダーの個人的な価値観がリーダーによって組織文化として形成されるわけではなく，メンバーの解釈と相互作用によって形成されていく側面もあることが明らかになりました。

　この会社の組織文化は，このような解釈図式を参照しながら組織で起こる出来事を解釈することによって，さらに維持されることとなります。例としては，「月曜日の朝礼」という出来事が上記の解釈図式を通して解釈され，そのことが組織文化を維持することになった場合を挙げます。スタッフメンバーたちは，「月曜日の朝礼」を社長の価値観が反映された儀式として解釈していました。つまり，社長の，穏やかに，冷静に，誠実に，対立なく調和的になどといった価値観を反映したものとしてみなしていました。そのため，この会議でのディスカッションは表面的なものでしかなく，お互い対立を避けるような発言にとどまっていました。スタッフメンバーはその会議を中身のないものであると考えていましたが，メンバー間の調和を維持するための儀式であると理解し，調和を乱さないような行動をし続けました。このように，組織メンバーは「月曜の朝礼」を既存の解釈図式の中で解釈し，そのことが組織文化を維持させていたのです。この研究から，組織文化はメンバーの解釈を通して構成され，組織

文化に埋め込まれた解釈図式を参照して組織的儀式などを解釈することを通して，もとの解釈図式と組織文化を維持しているということが明らかになりました。このように，解釈主義的組織文化論では，組織文化は一人のリーダーによって作られるのではなく，組織メンバーによる解釈と相互作用の結果として生まれるとされています。また，その維持，浸透においてもリーダーの行動，発言よりも，組織の解釈図式の中での再解釈によって組織文化が維持，浸透される側面が強調されてきました。

5　社会構成主義と組織研究——関係性への注目

（1）社会構成主義とは

　1990年代は社会構成主義に立脚する組織研究が多く見られるようになってきました。社会構成主義は，人々が当然のことと見なしていることが人々の相互作用によって作り上げられるプロセスに注目しようとする立場です。社会構成主義は解釈主義の視点と多くの共通点が見られ，基本的には解釈主義と同様に，存在論は唯名論を，認識論は反実証主義を採用し，主意主義的な人間観と個性記述的な研究方法を採用します。ただし，社会構成主義は人々の解釈，行為に影響をもたらす社会的現実がいかに構成されていくのかという点に，より強い関心があります。

　私たちは様々な「社会的現実」とともに／その中で生活しています。社会的現実とは「常識や規範などの社会的に共有された行為，出来事，振る舞い，規則，価値観等の総称」（石井 2007：2）を意味します。

　こうした社会的現実は人々の行動に影響を与えます。例えば，日本では年上の人を敬うことは当然のことと考えられ，このことにそれほど疑問を持たない人もいるかと思います。こうした当然のことと思っていること，つまり社会的現実によって，私たちは年上の人に敬語を使ったり，言うことを聞いたり，席を譲ったりします。これは組織でも同様で，「うちの会社のミッション（使命）は斬新なアイディアと情報技術で社会を変えることである」という文化・規範があれば，その会社のメンバーは新しい製品・サービスの提案を積極的にすることに力を入れるでしょうし，「自社のミッションは確立された技術をもとに

お客様に安定的なサービスを提供することである」という文化・規範があれば，その会社の従業員は新しいことの提案よりも，むしろ既存のシステムをいかに安定的に効率よく運用するかに注力するでしょう。また，その会社では明朗活発で多少強引にでもメンバーをまとめ上げようとする人物が優れたリーダーであると信じられていれば，新たにリーダーになった人物はそのように振る舞う傾向にあるでしょうし，冷静で客観的データに基づく冷静な計画立案がリーダーに求められる資質であると信じられていれば，新たにリーダーになった人物はそのように振る舞うでしょう。このように，社会的現実は日常生活においても組織生活においても，私たちの思考や行動に重要な影響をもたらします。社会構成主義の研究テーマの一つは，組織や組織を取り巻く社会の社会的現実が，組織あるいは組織メンバーの思考や行動にどのように影響を与えるかを検討することです。

　社会的現実は人々に影響を与えますが，この社会的現実は客観的なものではなく，人々の相互作用によって構成される（作り上げられる）と考えるのも社会構成主義のもう一つの特徴です。社会的現実は人間と無関係に存在するのではなく，人間自身が作り出すものです。ある社会，組織において何が正しいことかを判断するのは人間です。例えば2022年8月現在，新型コロナウイルス感染症に対処するために公共の場でマスクを着用することが望ましいとする社会（例えば日本など）もあれば，公共の場でマスクをする必要はないとする社会（例えばアメリカなど）も存在します。これら社会は両方とも新型コロナウイルスという同じ感染症に直面しているにもかかわらず，正しいとされることが異なります。組織現象もこれと同じで，「うちの会社のミッション（使命）は○○だ」「あの人はすごいリーダーだ」「会社のためにプライベートを犠牲にするのは当然のことだ」といった，その組織では当然のことと見なされている現実は，人々によって作られたものであると考えます。このように，社会的現実（例えばマスク着用の好ましさや自社のミッション）は客観的な事実によって決定されるのではなく，むしろその社会を構成する人々によって作り上げられるということが明らかになっています。

　では，こうした社会的現実はどのように作り上げられるのでしょうか。社会構成主義では，人々の相互作用と，相互作用における言語の重要性を強調しま

す。例えば社会構成主義の代表的な研究者であるケネス・J・ガーゲンとメアリー・ガーゲンは「人は対話（ダイヤローグ）を通じて意味をつくっていくのであり，『言葉が世界を創造する』」（Gergen & Gergen 2004＝2018：4）と述べ，言語の役割を前景化しています。言語を，現象を表現する手段と見なす伝統的で常識的な見方とは異なり，社会構成主義は言語が現象を作り出すと考えるのです（Burr 1995＝1997：51）。

　人間の相互作用において，言語は非常に大きな影響をもたらします。なぜなら，人間は言葉のやり取りを通して意味をやり取りするからです。私たちは幼少期から，「これはお箸，これはごはん，ごはんはお箸で食べる。ごはんはお行儀よくこぼさないように食べる。食べ終わったらご馳走様と言い，作ってくれた人や食べ物に感謝する」といったように，言語を通して対象の機能や社会生活の中での意味や対象同士の関係性を理解していきます。

　こうした人間の相互作用における言語の重要性を強調し，組織現象を分析する研究方法を組織ディスコース分析と言います。組織ディスコース分析は「日常の組織的な行為において社会秩序を形成するときのディスコースの役割を探求」（Grant et al. 2004＝2012：13）することを目的としています。ディスコースは日本語では「言説」とも訳され「ある現象や問題に対して意味づけする言語思考の方法」（Balogun et al. 2011：768）や，「特定の問題について話したり書いたりする方法を構成する発言，概念，用語そして表現の関連づいたセット」（Laine & Vaara 2007：37）といったような定義がされています。

（2）社会構成主義的組織研究の例

　この社会構成主義と研究方法論としての組織ディスコース分析は組織研究において広く受け入れられています。例えば，リーダーシップ研究においては，リーダーとフォロワーの関係性がいかなるプロセスで構築されていくかといったことが研究されています。社会構成主義的リーダーシップ研究の特徴は，リーダーシップを発現する（emergent）現象であるとする点です。フォロワーが彼らの経験をリーダーシップの概念と結びつけて構成する時，すなわち，彼らの関係性をリーダー／フォロワーの関係性として解釈する時，リーダーシップは発現するのです。したがって，研究アジェンダとしては，どのような状況に

おいてフォロワーがこのような関係性を構築するかということになります。

　社会構成主義的なリーダーシップ研究の例として，ガードナーとアヴォリオ（Gardner & Avolio 1998）はリーダーのカリスマ的イメージがフォロワーの中でどのように構築されていくかを検討しました。カリスマとはウェーバー（Weber 1956）によって社会学に援用された概念で人々を惹きつける天与の資質を意味し，人々の情緒的帰依によって成立します。つまりカリスマ的リーダーシップはフォロワーたちが「あの人は他の人とは異なるすばらしい才能や能力があり，この組織をよい方向に導いてくれるに違いない」といった認識を共有することによって社会的に構成されるのです。ガードナーとアヴォリオ（Gardner & Avolio 1998）はカリスマ的リーダーと呼ばれる人たちが，フォロワーからのイメージを構築するために戦略的に印象マネジメントを行っていることを明らかにしました。つまり，リーダーの特定の行動がカリスマ的リーダーとしての印象をフォロワーに植え付け，それによりカリスマ的リーダーとそのフォロワーという関係性を構築していたのです。また，ポール・デュ・ゲイら（du Gay et al. 1996）はリーダーシップとは何かに関する社会的なディスコースが，「リーダー」と「マネジャー」の区別を明確化させてきたことを指摘しました。以前は，リーダーシップもマネジメントもほぼ同じ内容を指す語として使用されてきました。しかし，ネオカリスマ的リーダーというディスコースが登場したことにより，リーダーはダイナミックに組織変革を導く人として，マネジャーは所与のタスクを処理するよう部下をマネジメントする人として，区別されるようになったことを明らかにしました。このように社会構成主義に立脚するリーダーシップ研究は，リーダーとフォロワーの関係性がいかに構築されていくか，またその際のディスコースの役割を説明してきました。

6　関係性の概念から見る組織研究

　このように，これまでの組織研究は，因果関係の解明（機能主義），組織成員の解釈の理解（解釈主義），社会的現実や関係性がいかに構築されていくかの理解（社会構成主義）といったようにその関心を変遷させてきました。また，それに伴いその背後にある科学哲学や具体的な研究方法論が議論され，今日に

至るまで発展してきました。

　さらに近年では，より多様な視点から関係性の概念に焦点が当たっています。従来の社会構成主義は上述の通り，言語の役割を強調し，その研究方法としてディスコース分析を重用してきました。しかし，近年では言語以外の存在も組織分析の俎上に乗せるべきであるとの主張がなされています（e.g. Conrad 2004；Robinchaud & Cooren 2013）。

　例えばその議論の一つがラトゥール（B. Latour）やカロン（M. Callon），ロー（J. Law）らによって提唱されたアクター・ネットワーク理論です。アクター・ネットワーク理論は事実が事実として構築されていく過程を描くための研究方法論です（Latour 1987）。アクター・ネットワーク理論は端的に説明すると，アクター（現象に対して影響をもたらす主体）が他のアクターを自身の目的達成のために巻き込んでいくプロセスを解明しようとするものです。この理論が注目された最も大きな理由の一つが，人間以外の多様な存在も現象に対して影響をもたらすアクターになり得ると主張した点です。私たちの生活も組織の活動も，人間以外の多様なアクターが重要な影響をもたらします。例えば，2022年現在の大学でのオンライン授業について議論する際，新型コロナウイルス，Zoomなどのオンライン会議システム，パソコンやスマートフォンなどの情報端末，住環境といった多様な非人間的存在を抜きに語ることは困難です。このように非人間アクターを人間アクターと同様に現象に作用する力を持つ存在として扱い，目標達成のための関係性がいかに構築されていくのかについて議論しようとする試みが，アクター・ネットワーク理論です。

　また，アクター・ネットワーク理論を背景の一つとし，物的な存在と社会的存在の両面から組織現象を解明しようとする研究アプローチが，社会物質性アプローチです。社会物質性アプローチは組織研究の研究方法論としてはかなり新しい考え方であり，それゆえにまだ議論の途上にあるため，研究者によってその捉え方には幅があります。

　社会物質性アプローチの特徴について提唱者であるオリコフスキーは，以下のように説明しています。

　　「（社会物質性という）オルタナティブな視点は，社会と物質は日常において構成的に絡み合っている（constitutively entangled）ということを仮定

しつつ，物質性は，組織化に不可欠であることを強く主張する。構成的絡み合いの立ち位置は，人間も技術も特権的に扱わない…（中略）…。そうではなく，社会と物質は不可分に関係している。物的でない社会は存在しないし，社会的でない物質も存在しない。」(Orlikowski 2007：1437)

　つまり，社会物質性はある存在を，これは社会的な存在であるとかこれは物質的な存在であるといった区別を行わず，すべての存在を社会的であり物質的な存在であると見なします。例えば，スマートフォンは実際に触ることができ質量を持つ物質的な存在でもあり，友人との人間関係を構築したり仕事をしたりといった社会生活を維持するのに必要不可欠な社会的存在でもあります。あらゆる存在をこのように捉え，そうした社会物質的存在が，組織や組織の目標達成に向けた活動にいかなる影響をもたらすかを検討するのがオリコフスキー(Orlikowski 2007) の立場です。

　一方で，オリコフスキーの考え方には問題があると主張し，新たな社会物質性アプローチを提案しているのがレオナルディ (P. M. Leonardi) です。オリコフスキー (Orlikowski 2007) のように，あらゆる存在を物的なものと社会的なものが絡み合ったものとして捉えると，システムを構成要素に分解することができないため，より良いシステムを構築することができないと指摘しています (Leonardi & Rodriguez-Lluesma 2012)。その上で彼らは，物的なものと社会的なものをある程度分離し，それらが重なり合うことによってエージェンシー(現象に作用する力) が現れると主張しています。

　こうした社会物質性アプローチを採用した組織研究も散見されるようになってきており，例えば組織アイデンティティ (Katila et al. 2019)，経営戦略(Dameron et al. 2015)，情報システムの構築 (Doolin & McLeod 2012) といった研究に援用されています。リーダーシップ研究では筆者 (伊藤 2019) は，従来の社会構成主義的リーダーシップ研究がディスコースに偏重してきたことを指摘し，社会物質性の観点からリーダーシップを議論する必要性を主張しました。その上でケーススタディを行い，ディスコースがモノと結びつくことによって，マネジメント側のディスコースが，リーダーが意図した形で労働者に理解され，労働者の中で共有されたディスコースが職場の物的環境を変化させ，こうしたディスコースとモノの相互の結びつきの中で組織目標達成に向けたリーダーシ

ップが受け入れられていったというプロセスを描きました。

　このように，組織研究はその背景に多様な科学哲学を持ちながら今日まで発展してきました。新たな科学哲学は，組織研究に新たな視点をもたらし，それにより多様な視点から組織のことが明らかにされてきました。今後も新しい科学哲学の登場が，経営学の未来を切り開いていくことになると思われます。

参考文献

石井徹（2007）「社会的現実研究における『変』という感覚の効用——無意識と意識，集合と個人の接点として」『社会文化論集』（島根大学）4，1-15頁。

伊藤真一（2019）「リーダーシップにおけるディスコースと物質性」『日本情報経営学会』39(3)，52-65頁。

大月博司（2020）「機能主義と組織理論」高橋正泰監修『組織のメソドロジー』学文社，90-107頁。

坂下昭宣（2002）『組織シンボリズム論——方法と論点』白桃書房。

高橋正泰（2002）「組織論とディスコース」『経営論集』（明治大学）49(3-4)，67-62頁。

高橋正泰（2006）『組織シンボリズム——メタファーの組織論 増補版』同文舘出版。

竹中克久（2013）『組織の理論社会学——コミュニケーション・社会・人間』文眞堂。

竹中克久（2014）「組織における物理的空間についての社会学的アプローチ」『明治大学教養論集』501，47-65頁。

Balogun, J., Jarzabkowski, P. & Vaara, E. (2011) "Selling, Resistance and Reconciliation: A Critical Discursive Approach to Subsidiary Role Evolution in MNEs" *Journal of International Business Studies* 42, pp. 765-786.

Blake, R. & Mouton, J. (1964) *The Managerial Grid*, Gulf Publishing Company.

Burr, V. (1995) *An Introduction to Social Constructionism,* Routledge.（＝1997，田中一彦訳『社会構築主義への招待——言説分析とは何か』川島書店。）

Burrell, G. & Morgan, G. (1979) *Sociological Paradigms and Organisational Analysis: Elements of the Sociology of Corporate Life*, Ashgate Publishing.

Conrad, C. (2004) "Organizational Discourse Analysis: Avoiding the Determinism-Voluntarism Trap" *Organization* 11(3), pp. 427-439.

Dameron, S., Lê, J. K., & LeBaron, C. (2015) Materializing strategy and strategizing materials: Why matter matters, *British Journal of Management* 26, pp. S1-S12.

Doolin, B. & McLeod, L. (2012) "Sociomateriality and boundary objects in information systems development" *European Journal of Information Systems* 21(5), pp. 570-586.

du Gay, P., Salaman, G. & Rees, B. (1996) "The Conduct of Management and the

Management of Cconduct: Contemporary Managerial Discourse and the Constitution of the 'Competent Manager" *Journal of Management Studies* 33, pp. 263-282.

Gardner, W. L. & Avolio, B. J. (1998) "The Charismatic Relationship: A Dramaturgical Perspective" *Academy of Management Review* 23(1), pp. 32-58.

Gergen, K. J. (2009) *Relational Being: Beyond Self and Community*, Oxford University Press. (=2020, 鮫島輝美・東村知子訳『関係からはじまる――社会構成主義がひらく人間観』ナカニシヤ出版。)

Gergen, K. J. & Gergen, M. (2004) *Social Construction: Entering the Dialogue*, Taos Institute Publications. (=2018, 伊藤守監訳, 二宮美樹翻訳統括『現実はいつも対話から生まれる――社会構成主義入門』ディスカヴァー・トゥエンティワン。)

Grant, D., Hardy, C., Oswick, C. & Putnam, L. L. (2004) "Organizational Discourse: Exploring the Field" in Grant, D., C. Hardy, C. Oswick & L. L. Putnam (eds.) *The SAGE Handbook of Organizational Discourse*, SAGE Publications, pp. 1-36. (=2012, 清宮徹訳「組織ディスコース――研究領域の探求」高橋正泰・清宮徹監訳『ハンドブック――組織ディスコース研究』同文舘出版, 1-58頁。)

Hersey, P. & Blanchard, K. H. (1969) "Life Cycle Theory of Leadership" *Training and Development Journal* 23(2), pp. 26-34.

House, R. J. (1971) "A Path Goal Theory of Leader Effectiveness" *Administrative Science Quarterly* 16(3), pp. 321-339.

Katila, S., Laine, P. M. & Parkkari, P. (2019) "Sociomateriality and affect in institutional work: Constructing the identity of start-up entrepreneurs" *Journal of Management Inquiry* 28(3), pp. 381-394.

Laine, P-M. & Vaara, E. (2007) "Struggling Over Subjectivity: A Discursive Analysis of Strategic Development in an Engineering Group" *Human Relations* 60(1), pp. 29-58.

Latour, B. (1987) *Science in Action: How to Follow Scientists and Engineers Through Society*, Harvard University Press. (=1999, 川﨑勝・高田紀代志訳『科学が作られているとき――人類学的考察』産業図書。)

Leonardi, P. M. (2012) "Materiality, Sociomateriality, and Socio-Technical Systems: What Do These Terms Mean? How Are They Different? Do We Need Them?" in Leonardi, P. M., B. A. Nardi & J. Kallinikos (eds.) *Materiality and Organizing: Social Interaction in a Technological World*, Oxford University Press, pp. 25-48.

Leonardi, P. M. & Rodriguez-Lluesma, C. (2012) "Sociomateriality as a Lens for Design: Imbrication and the Constitution of Technology and Organization" *Scandinavian Journal of Information Systems* 24(2), pp. 79-88.

Orlikowski, W. J. (2007) "Sociomaterial Practices: Exploring Technology at Work" *Organization Studies* 28(9), pp. 1435-1448.

Robinchaud, D. & Cooren, F. (2013) "Introduction: The Need for New Materials in the Constitution of Organizaiton" in Robinchaud, D. & F. Cooren (eds.) *Organization and Organizing: Materiality, Agency, and Discourse*, Routledge, pp. 207-221.

Smircich, L. (1983) "Organizations as Shared Meanings" in Pondy, L. R., P. J. Frost, G. Morgan & T. C. Dandridge (eds.) *Organizational Symbolism*, JAI Press, pp. 55-65.

Stogdill, R. M. (1948) "Personal Factors Associated with Leadership: A Survey of the Literature" *The Journal of Psychology* 25(1), pp. 35-71.

Stogdill, R. M. (1950) "Leadership Membership and Organization" *Psychological Bulletin* 47, pp. 1-14.

Weber, M. (1956) *Wirtschaft und Gesellschaft, Grundriss der Verstehenden Soziologie, Vierte, Neu Herausgegebene Autflage, Besorgt von Johannes Harsg Winckelmann.* J. C. B Mohr.（＝1960, 世良晃志郎訳『支配の社会学1』創文社。）

Weick, K. E. (1979) *The Social Psychology of Organizing* (2nd ed.), MA: Addison-Wesley.（＝1997, 遠田雄志訳『組織化の社会心理学 第2版』文眞堂。）

Willmott, H. (2003) "Organization Theory as a Critical Science?: Forms of Analysis and 'New Organizational Forms'" in Tsoukas, H. & C. Knudsen (eds.) *The Oxford Handbook of Organization Theory*, Oxford University Press, pp. 88-112.

<table>
<tr><td>第8章</td><td>高齢化社会とこれからの
働き方について考える</td></tr>
</table>

原みどり

--- キーワード ---

高齢化社会，労働力人口，ジョブ型雇用

1　日本における高齢化

　高齢化社会という言葉は，ニュースや新聞などでもよく耳にするのではない
かと思います。その際，高齢化が社会にもたらす影響について議論がなされま
す。「社会で高齢化が進むと何か問題がありそうだ」と思っても，実際に何が
問題になるのかあまりよくわからないことが多いのではないでしょうか。本章
では，まず高齢化社会とはどのような社会なのか，日本の人口の推移や高齢化
がどれだけ進んでいるのか，そして高齢化社会になると何が問題になるのかに
ついて，ということに関して見ていきます。その上で，今までの日本における
働き方や，これからの働き方はどうなっていくのかについて考えていきます。

（1）高齢化になると何が問題なのか

1）高齢者とは

　高齢者とは年齢的には何歳以上の層を指すのでしょうか。内閣府（2021）に
もありますように，「高齢者の用語は文脈や制度ごとに対象が異なり，一律の
定義がない」のが実情です。例えば，世界保健機関（World Health Organiza-
tion：WHO)⁽¹⁾ では，65歳以上の人のことを高齢者としています。そして，65歳
から74歳までを前期高齢者，75歳以上を後期高齢者と呼んでいます。原則的に
は，日本を含む多くの国では，高齢者は65歳以上であると定義しています。た
だ，この65歳以上という定義には，医学的・生物学的に明確な根拠はないと，
日本老年学会・日本老年医学会（2017）による「高齢者に関する定義検討ワー

キンググループ」の報告書内で指摘されています。その理由として，日本においては，近年，個人差はあるものの，この高齢者の定義が現状に合わない状況が生じていること，そして高齢者，特に前期高齢者の人々は，まだまだ若く活動的な人が多く，高齢者扱いをすることに対する躊躇や違和感を多くの人が感じていることを同報告書では挙げています。

　また，内閣府の『高齢社会白書 平成18年版』や『高齢社会白書 令和3年版』には，高齢者に関するコラムがあります。そこでは，65歳以上を高齢者と定義した場合，平均寿命が伸び，元気で活動的で，社会や地域において，それまで培ってきた知識や経験を活かし活躍している高齢者は多く存在していると指摘します。平均寿命が伸び，活動的な高齢者が増加し，国民の中で高齢者の概念が変化していることから，高齢者自身も社会の担い手として自らの能力や経験を活かし，就労などで参加できるような社会を形成する上でも，旧来の画一的な高齢者観の見直しが必要性であると言及しています。

　平均寿命も延びている昨今，周囲を見渡しても心身ともに元気で自身の経験や技術を活用している高齢者が多く，65という数値で高齢者と定義することには無理があるかもしれません。本人のやる気や能力のように，年齢だけでは測れない要素も含めて定義していく必要があると思われます。今後，高齢者の定義が変わることがあるかもしれません。しかし，本章では，高齢化社会の一般的な内容について見ていきますので，これまでの定義に基づき，65歳以上を高齢者として捉えていきます。

2）「高齢化社会」と「高齢社会」

　次に，「高齢化社会」と「高齢社会」の違いについて見ていきます。一見すると両者は似ていますが意味は異なります。「高齢化社会」というのは，「高齢化率が7％を超えた社会」を指すのに対して，14％を超えた社会を「高齢社会」と呼びます。

　内閣府（2006）によれば，「『高齢化社会』という用語は，1956（昭和31）年の国連の報告書において，当時の欧米先進国の水準を基にしつつ，仮に，7％以上を『高齢化した（aged）』人口と呼んでいたことに由来するのではないかとされているが，必ずしも定かではない」としています。さらに，同省は「平成7年に制定された高齢社会対策基本法は，『我が国の人口構造の高齢化は極

めて急速に進んでおり，遠からず世界に例を見ない水準の高齢社会が到来する
ものと見込まれている』と前文で述べており，法律として初めて『高齢社会』
の用語を使用したものである」（内閣府 2006）ともしています。さらに，これ
から到来が予想される高齢化率の一段と高い社会を「超高齢社会」と呼ぶこと
があります。この「超高齢社会」についても，特に明確な定義があるわけでは
ありません。

3）高齢化によって生じる問題とは

　では，高齢化が進むと何が問題となるのでしょうか。第1に，労働力不足の
問題が挙げられます。労働力とは，簡単に言うと働き手のことです。労働者が
減少すると，日本における成長力の低下にもつながることになります。第2に，
年金・医療費負担が膨張する傾向にあることも問題として挙げられます。この
両者に対応することが，今後の社会において大きな課題となり，解決法の一つ
として高齢者の活用が考えられるのです。

　原（2017）でも指摘していますが，社会保障費の負担は大幅に膨張する傾向
を見せており，国の財政赤字に拍車をかけています。それを示しているのが，
表8-1です。1970年度以降，社会保障負担や国民負担率が増加傾向となって
おり，社会保障負担は3.5倍近くにもなっています。国民負担率と財政赤字の
合計である潜在的な国民負担率も約50％近くと高くなっています（表8-1）。

　今後，さらに高齢化が進行したならば，働き手である労働力の確保がより必
要となってきます。その解決策として考えられるのは，AI，外国人労働者，
女性労働者，高齢者の活用です。

　このうち本章では高齢者層の就業促進に着目します。笹島（2021：7）も
「長い職業経験で培った職業能力水準も極めて高く，労働力減少時代を迎えて
いる日本経済を支え，発展させるためにも大いに活用を図っていくことが求め
られる」と指摘していることから，今後は高齢者層がこれまで培ってきたノウ
ハウや保有する知識などを活用することは，社会保障費の負担の軽減など労働
力の補填以上のメリットが期待できます。

表8-1　国民負担率の推移

（単位：％）

年度	国税 ①	地方税 ②	租税負担 ③	社会保障負担 ④	国民負担率 ⑤	財政赤字 ⑥	潜在的な国民負担率 ⑦
1970	12.7	6.1	18.8	5.4	24.2	0.5	24.7
1980	13.9	7.8	21.7	8.8	30.5	8.2	38.7
1990	18.1	9.6	27.7	10.6	38.3	0.1	38.4
2000	13.7	9.2	22.9	13.1	36.0	9.5	45.5
2010	12.1	9.5	21.6	15.7	37.3	12.3	49.6
2020	16.4	10.1	26.5	18.1	44.6	5.3	49.9

注：租税負担③は国税①と地方税②の合計，国民負担率⑤は租税負担③と社会保障負担④の合計，潜在
　　的な国民負担率⑦は国民負担率⑤と財政赤字⑥の合計です。
出所：厚生労働省(2020)で公表された数値を筆者が抜粋して作成。

（2）日本の人口の推移

1）日本の総人口の推移

　現在の日本の人口はどのくらいなのでしょうか。総務省統計局（2022b）に
よると，2022年7月1日現在（概算値）の総人口は，1億2,484万人で，前年
同月に比べ85万人減少となっています。これだけでは日本の人口は減少してい
るという実感はわかないかもしれません。ところが，2010年から2020年にかけ
ての長期時系列のデータを確認すると，2008年1億2,808万人を境に，日本の
総人口がどんどん減少しています（図8-1）。日本の総人口は確実に減ってき
ているのです。

2）男女別に見た人口の推移

　今度は男女別の人口を見ていきます。図8-2はここ20年ほどの人口の推移
を男女別に見たグラフです。男女ともに人口は減少しているのですが，2000年
以降，男性よりも女性の人口が多くなっています。内閣府によると，日本の平
均寿命は，2019年現在，男性81.41年，女性87.45年と，前年に比べて男性は
0.16年，女性は0.13年上回ったとしています（内閣府 2021）。女性の平均寿命
が男性よりも6歳ほど高いことを鑑みますと，女性の人口が男性よりも上回っ
ていることは納得がいくのではないでしょうか。

3）年齢階層別に見た人口の推移

　年齢階層別の人口割合を見ると，0〜9歳，10代はこの20年で9〜11％台か

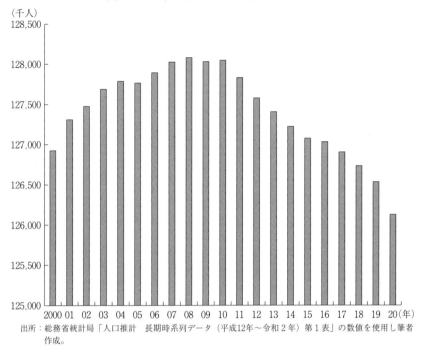

図8-1　日本の総人口の推移（2000〜2020年）

出所：総務省統計局「人口推計　長期時系列データ（平成12年〜令和2年）第1表」の数値を使用し筆者作成。

ら7〜8％台へと，また，20〜30代の割合も年々減少しています。特に，これから日本の経済を支える20代の層が減っているのは懸念されます。他方，60歳以上の層に注目してみると，2009年頃を境として，総人口に占める割合が急激に高まっています。グラフでは目立ちませんが，90歳以上の層は，2000年と2020年を比較すると3倍近く増えています（図8-3）。

（3）日本における高齢化の状況

1）高齢化の現状

　内閣府（2021）によると，日本の総人口1億2,571万人（2020年10月1日現在）のうち65歳以上人口は，3,619万人となり，総人口に占める割合も28.8％となっています。65歳以上人口を男女別に見ると，男性は1,574万人，女性は2,045万人で，女性人口100人に対する男性人口は77.0であり，男性対女性の比は約3対4となっています。そして，65歳以上人口のうち，前期高齢者を示す

図8-2　男女別に見た人口の推移

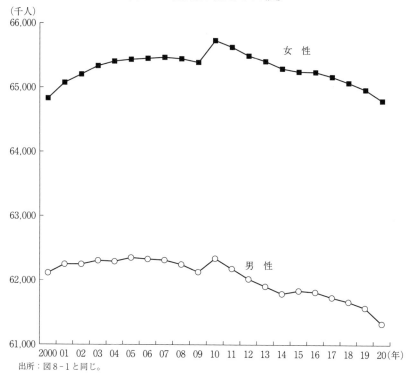

（千人）

出所：図8-1と同じ。

「65〜74歳人口」は1,747万人（男性835万人，女性912万人）で総人口に占める割合は13.9％となっています。後期高齢者を表す「75歳以上人口」は1,872万人（男性739万人，女性1,134万人）で，総人口に占める割合は14.9％であり，65〜74歳人口を上回っているのが現状です。

　さらに，内閣府（2021）では，日本の65歳以上人口は，1950年には総人口の5％に満たなかったものの，1970年に高齢化社会を示す7％を超え，1994年には高齢社会を示す14％を超えたとしています。その一方で，15〜64歳人口は，1995年に8,716万人でピークを迎え，その後減少傾向となり，2020年には7,449万人と，総人口の59.3％となっています（図8-4）。このまま高齢化率が伸び続けると，いずれは30％を超え，2065年には高齢化率は38.4％に達することが予測されています。

図8-3　年齢階層別の人口割合（2000〜2020年）

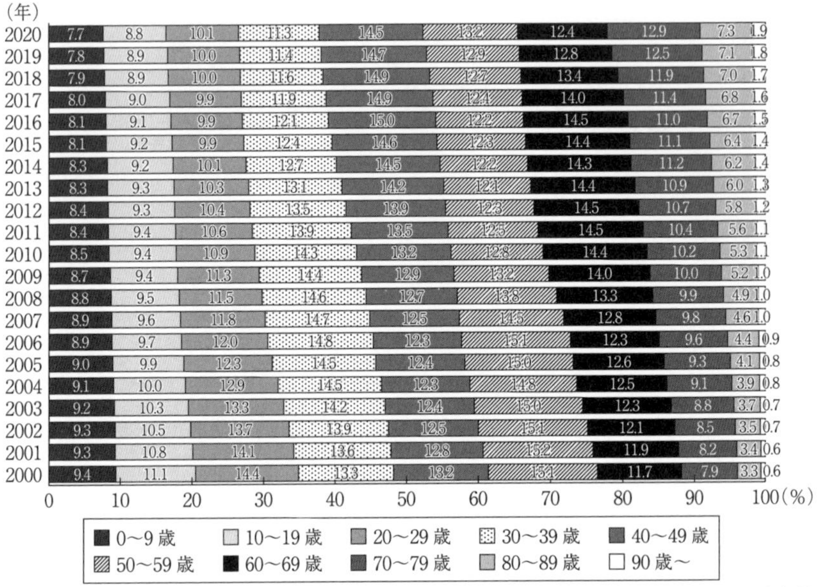

（年）	0〜9歳	10〜19歳	20〜29歳	30〜39歳	40〜49歳	50〜59歳	60〜69歳	70〜79歳	80〜89歳	90歳〜
2020	7.7	8.8	10.1	11.3	14.5	13.2	12.4	12.9	7.3	1.9
2019	7.8	8.9	10.0	11.3	14.7	12.9	12.8	12.5	7.1	1.8
2018	7.9	8.9	10.0	11.6	14.9	12.7	13.4	11.9	7.0	1.7
2017	8.0	9.0	9.9	11.9	14.9	12.7	14.0	11.4	6.8	1.6
2016	8.1	9.1	9.9	12.1	15.0	12.7	14.5	11.0	6.7	1.5
2015	8.1	9.2	9.9	12.3	14.6	12.3	14.4	11.1	6.4	1.4
2014	8.3	9.2	10.1	12.7	14.5	12.2	14.3	11.2	6.2	1.4
2013	8.3	9.3	10.3	13.1	14.2	12.1	14.4	10.9	6.0	1.3
2012	8.4	9.3	10.4	13.5	13.9	12.2	14.5	10.7	5.8	1.2
2011	8.4	9.4	10.6	13.9	13.5	12.3	14.5	10.4	5.6	1.1
2010	8.5	9.4	10.9	14.3	13.2	12.3	14.4	10.2	5.3	1.1
2009	8.7	9.4	11.3	14.4	12.9	12.2	14.0	10.0	5.2	1.0
2008	8.8	9.5	11.5	14.6	12.7	13.3	13.3	9.9	4.9	1.0
2007	8.9	9.6	11.8	14.7	12.5	13.5	12.8	9.8	4.6	1.0
2006	8.9	9.7	12.0	14.8	12.3	15.1	12.3	9.6	4.4	0.9
2005	9.0	9.9	12.3	14.5	12.4	15.0	12.6	9.3	4.1	0.8
2004	9.1	10.0	12.9	14.5	12.3	14.3	12.5	9.1	3.9	0.8
2003	9.2	10.3	13.3	14.2	12.4	15.0	12.3	8.8	3.7	0.7
2002	9.3	10.5	13.7	13.9	12.5	15.1	12.1	8.5	3.5	0.7
2001	9.3	10.8	14.1	13.6	12.8	15.2	11.9	8.2	3.4	0.6
2000	9.4	11.1	14.4	13.3	13.2	13.1	11.7	7.9	3.3	0.6

0　　10　　20　　30　　40　　50　　60　　70　　80　　90　　100（%）

凡例：■ 0〜9歳　□ 10〜19歳　■ 20〜29歳　▨ 30〜39歳　■ 40〜49歳　▧ 50〜59歳　■ 60〜69歳　■ 70〜79歳　■ 80〜89歳　□ 90歳〜

注：(1)　5歳階級ごとの数値を10歳階級ごとに計算し直しています。各年齢階層別の人口割合は，各年齢層の人口数を総人口数で除して算出しています。
　　(2)　90〜94歳，95〜99歳，100歳以上は，90歳以上の層としてまとめています。
出所：図8-1と同じ。

2）地域別の高齢化

　表8-2を見ると，2019年の65歳以上の人口数自体は，東京都320万9,000人，神奈川県232万9,000人，大阪府243万4,000人となっていますが，高齢化率が最も高いのは秋田県の37.2％であり，続いて高知県35.2％となっています。高齢化率は今後伸び続け，2045年では秋田県で50.1％と予測されており，東京都でさえも30.7％と3割を超えることが予想されています。都市規模別に見た65歳以上の人口指数（2015年＝100）を見ても，都市規模が大きくなるほど，65歳以上の人口指数の伸びが高くなっています。今後は大都市も含めて全体的に高齢化率が高まっていくことが推測されるのです。

3）高齢化の国際的動向

　日本だけでなく，高齢化の世界的な動向を図8-5で確認します。同図は世界の高齢化率を欧米とアジアに分けてみたものです。日本と欧米諸国の数値を

図8-4　高齢化の推移と将来推計

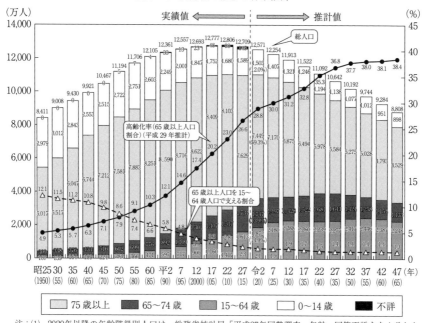

注：(1)　2020年以降の年齢階級別人口は，総務省統計局「平成27年国勢調査　年齢・国籍不詳をあん分した
　　　　人口（参考表）」による年齢不詳をあん分した人口に基づいて算出されていることから，年齢不詳は存
　　　　在しない。なお，1950〜2015年の高齢化率の算出には分母から年齢不詳を除いている。ただし，1950
　　　　年及び1955年において割合を算出する際には，（注2）における沖縄県の一部の人口を不詳には含めな
　　　　いものとする。
　　　(2)　沖縄県の昭和25年70歳以上の外国人136人（男55人，女81人）及び昭和30年70歳以上23,328人（男
　　　　8,090人，女15,238人）は65〜74歳，75歳以上の人口から除き，不詳に含めている。
　　　(3)　将来人口推計とは，基準時点までに得られた人口学的データに基づき，それまでの傾向，趨勢を将
　　　　来に向けて投影するものである。基準時点以降の構造的な変化等により，推計以降に得られる実績や
　　　　新たな将来推計との間には乖離が生じ得るものであり，将来推計人口はこのような実績等を踏まえて
　　　　定期的に見直すこととしている。
　　　(4)　四捨五入の関係で，足し合わせても100％にならない場合がある。
資料：棒グラフと実績の高齢化率については，2015年までは総務省「国勢調査」，2020年は総務省「人口推
　　　計」（令和2年10月1日現在〔平成27年国勢調査を基準とする推計〕），2025年以降は国立社会保障・人
　　　口問題研究所「日本の将来推計人口（平成29年推計）」の出生中位・死亡中位仮定による推計結果。
出所：内閣府（2021：4，図1-1-2）を抜粋。

比較してみると，1950年から1980年にかけては，日本の数値は5から10％未満
で推移しており，スウェーデン，ドイツ，フランスよりも低い数値となってい
ます。その一方で，アジア諸国と比較した場合は，日本の高齢化率が際立ってい
ます。推計値となっていますが，2030年以降は日本の高齢化率は30％台となっ
ており，2060年にかけても高水準で推移していく傾向であることがわかります。

表8-2　都道府県別の高齢化率の推移

	令和元年 (2019)			令和27年 (2045)	高齢化率の伸び (ポイント)
	総人口（千人）	65歳以上人口 （千人）	高齢化率（％）	高齢化率（％）	
北海道	5,250	1,673	31.9	42.8	10.9
青森県	1,246	415	33.3	46.8	13.5
岩手県	1,227	406	33.1	43.2	10.1
宮城県	2,306	652	28.3	40.3	12.0
秋田県	966	359	37.2	50.1	12.9
山形県	1,078	360	33.4	43.0	9.6
福島県	1,846	582	31.5	44.2	12.7
茨城県	2,860	843	29.5	40.0	10.5
栃木県	1,934	554	28.6	37.3	8.7
群馬県	1,942	580	29.8	39.4	9.6
埼玉県	7,350	1,961	26.7	35.8	9.1
千葉県	6,259	1,743	27.9	36.4	8.5
東京都	13,921	3,209	23.1	30.7	7.6
神奈川県	9,198	2,329	25.3	35.2	9.9
新潟県	2,223	720	32.4	40.9	8.5
富山県	1,044	337	32.3	40.3	8.0
石川県	1,138	337	29.6	37.2	7.6
福井県	768	235	30.6	38.5	7.9
山梨県	811	250	30.8	43.0	12.2
長野県	2,049	653	31.9	41.7	9.8
岐阜県	1,987	599	30.1	38.7	8.6
静岡県	3,644	1,089	29.9	38.9	9.0
愛知県	7,552	1,892	25.1	33.1	8.0
三重県	1,781	530	29.7	38.3	8.6
滋賀県	1,414	368	26.0	34.3	8.3
京都府	2,583	753	29.1	37.8	8.7
大阪府	8,809	2,434	27.6	36.2	8.6
兵庫県	5,466	1,591	29.1	38.9	9.8
奈良県	1,330	417	31.3	41.1	9.8
和歌山県	925	306	33.1	39.8	6.7
鳥取県	556	178	32.1	38.7	6.6
島根県	674	231	34.3	39.5	5.2
岡山県	1,890	573	30.3	36.0	5.7
広島県	2,804	823	29.3	35.2	5.9
山口県	1,358	466	34.3	39.7	5.4
徳島県	728	245	33.6	41.5	7.9
香川県	956	305	31.8	38.3	6.5
愛媛県	1,339	442	33.0	41.5	8.5
高知県	698	246	35.2	42.7	7.5
福岡県	5,104	1,425	27.9	35.2	7.3
佐賀県	815	246	30.3	37.0	6.7
長崎県	1,327	433	32.7	40.6	7.9
熊本県	1,748	543	31.1	37.1	6.0
大分県	1,135	373	32.9	39.3	6.4
宮崎県	1,073	346	32.3	40.0	7.7
鹿児島県	1,602	512	32.0	40.8	8.8
沖縄県	1,453	322	22.2	31.4	9.2

出所：内閣府（2021：11，表1-1-10）を抜粋。

図8-5　世界の高齢化率の推移

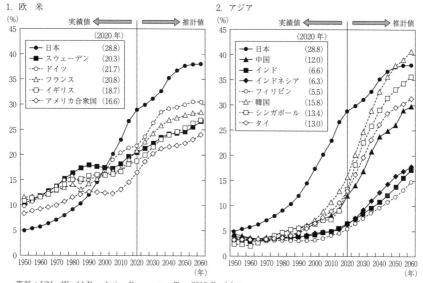

資料：UN, World Population Prospects：Tne 2019 Revision.
　　　ただし日本は，2015年までは総務省「国勢調査」，2020年は総務省「人口推計」（令和2年10月1日現在〔平成27年国政調査を基準とする推計〕）2025年以降は国立社会保障・人口問題研究所「日本の将来推計人口（平成29年推計）」の出生中位・死亡中位仮定による推計結果による。
出所：内閣府（2021：7，図表1-1-6）を抜粋。

　このように，日本の高齢化は，国際的に見ても非常に高い数値となっています。

2　日本の就業状態

（1）日本で働いている人はどれくらいいるのか

1）「労働力調査」から見る日本の就業者数

　「労働力調査」（総務省統計局）によると，現在日本で働いている人は，2021年時点で就業者は6,657万人となっています。「労働力調査」というのは，日本における就業・不就業の実態を明らかにして，雇用政策等各種行政施策の基礎資料を得ることを目的として行うもので，1946年9月から約1年間の試験期間を経て，1947年7月から本格的に実施されている調査のことです。

　今度はこの「労働力調査」を基に，労働力人口について述べていきます。図8-6にもありますように，15歳以上の人口は労働力人口と非労働力人口に分

図 8-6　就業状態の分類（労働力調査）

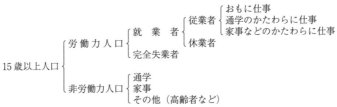

出所：総務省統計局「労働力調査　用語の解説」より抜粋。

けることができます。労働力人口は就業者と完全失業者の合計です。大学生で
アルバイトをしている場合，「通学のかたわらに仕事」に分類されます。非労
働力人口は就業者と完全失業者以外を指します。15歳以上でアルバイトなどを
せず通学のみの層，特に仕事はせずに家事を行っている層や就業していない高
齢者層などがここに含まれます。

2）労働力人口とは

　労働力人口について図 8-6 を再度参照しながら見ていきます。労働力人口
とは，15歳以上の人口のうち，就業者と完全失業者を合わせたものです。就業
者とは，従業者と休業者を合わせた者を，従業者は調査週間中に賃金，給料，
諸手当，内職収入などの収入を伴う仕事を 1 時間以上した者を指します。家族
従業者は，たとえ無給であっても仕事をしたとします。家族従業者とは，自営
業主の家族で，その自営業主の営む事業に無給で従事している者，つまり給料
をもらわずに家の仕事を手伝っている人のことを指します。

　続いて休業者ですが，休業者とは以下のような定義になっています。[3] 仕事を
持ちながら，調査週間中に少しも仕事をしなかった者のうち，

　　① 　雇用者で，給料・賃金（休業手当を含む。）の支払を受けている者又は
　　　受けることになっている者
　　　なお，職場の就業規則などで定められている育児（介護）休業期間中の
　　　者も，職場から給料・賃金をもらうことになっている場合は休業者とな
　　　る。雇用保険法（昭和49年法律第116号）に基づく育児休業基本給付金や
　　　介護休業給付金をもらうことになっている場合も休業者に含む。
　　② 　自営業主で，自分の経営する事業を持ったままで，その仕事を休みは
　　　じめてから30日にならない者

　なお，家族従業者で調査週間中に少しも仕事をしなかった者は，休業者とはしないで，完全失業者又は非労働力人口のいずれかとした。

　普段仕事は持っているものの，何らかの理由で労働力調査が実施された期間中に少しも仕事をしていなかった人が休業者になります。休業者の定義の①にもありますように，育児や介護などが理由で休んでいる人は，企業から給料を受け取れる人もいれば，休んでいる間は給料をもらえず給付金などを支給される人もいます。いずれの場合も正当な理由があり仕事を休んでいるだけで，企業を辞めている訳ではないので休業者になります。また，個人で事業を経営している自営業主で，かつ仕事を休み始めて約1カ月に満たない人も休業者です。こちらも事業を休んでいるだけで，仕事を辞めている訳ではないので，完全失業者や非労働力人口にはなりません。

　また，完全失業者については，次の3つの条件を満たす者を指します。[4] ①仕事がなくて調査週間中に少しも仕事をしなかった（就業者ではない），②仕事があればすぐ就くことができる。③調査週間中に，仕事を探す活動や事業を始める準備をしていた（過去の求職活動の結果を待っている場合を含む）。完全失業者はこの3つの条件を満たす人になります。完全失業者といっても，まったく何もしていないわけではなく，何らかの理由で仕事ができない状態で仕事さえあれば就業したいと考え，仕事を探していたという人が当てはまります。

3）実際の労働力人口はどのくらいいるのか

　総務省統計局（2022a）によると，労働力人口は，2022年4～6月期平均で6,935万人と，前年同期に比べ8万人の減少となっています。男女別に見ると，男性は3,814万人と22万人の減少，女性は3,122万人と15万人の増加です。ここ10年の労働力人口の推移を見ると，2019年以降減少しています。男性は減少傾向であるのに対し，女性は増加しています（図8-7）。

（2）正規・非正規雇用の現状

1）正規・非正規雇用者の定義

　今度は雇用形態の分類について説明します。正規雇用者とは，企業と労働者との間で定年まで契約を結ぶ形態，いわゆる正社員のことを指します。高校や大学を卒業して就職活動をする際に前提となっている働き方になります。他方，

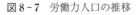

図8−7　労働力人口の推移

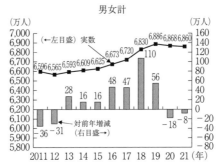

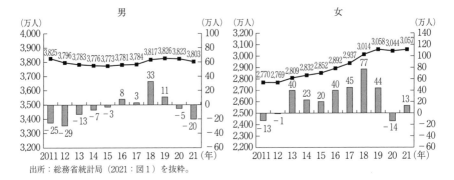

出所：総務省統計局（2021：図1）を抜粋。

非正規雇用者とは，短期契約で労働者を雇う形態になります。よく聞くのは，パートタイマーやアルバイトなどです。

　勤務先での呼ばれ方が違うだけで，定義上ではパートタイマーもアルバイトも実は違いはありません。例えば，大学生のAさんとBさんがいます。Aさんは大型商業施設内のパン屋でアルバイトを，Bさんは同じ商業施設の書店でアルバイトをしていたとします。2人とも勤務する曜日もほぼ一緒で，シフト制，短時間勤務です。Aさんの勤務するパン屋ではAさんはパート，Bさんが勤務する書店ではアルバイトという呼ばれ方をしています。これは，それぞれ勤務するお店での呼称，いわゆる呼び方の違いによるもので，定義上はAさんとBさん2人の雇用形態の違いは特にないのです。

　ここでの違いは，あくまでも「言葉の意味の上では厳密な違いはないですよ」という意味です。実際の働き方を見てみると，細々した部分で違いは出て

図8-8　正規雇用者・非正規雇用者の推移

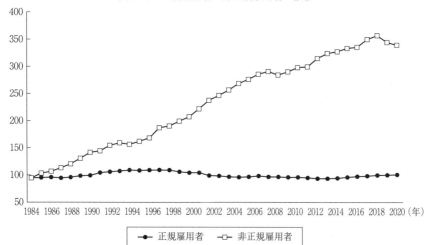

注：(1)　1984年＝100として数値を算出しています。
　　(2)　正規・非正規雇用者数の統計は1984年以降公表されています。
出所：総務省「労働力調査」（詳細集計，2001年以前は特別調査）より筆者作成。

きます。このように，「これがパートタイマー」「これがアルバイト」といった
ように厳密な定義があるわけではないので，たとえアルバイトやパートタイマ
ーという名称だったとしても，労働条件や働き方に違いがあるので，注意が必
要となります。

2）正規・非正規雇用者数の推移

　現在日本で，正規雇用や非正規雇用として働く人はどのくらいいるのでしょ
うか。2021年時点で正規雇用者は3,555万人，非正規雇用者は2,064万人です。
1984年において正規雇用者は3,333万人，非正規雇用者は604万人となっていま
す。図8-8は1984年の数値を100として見た場合，その後の正規・非正規雇用
者の推移がどうなっているかを示しています。正規雇用者は1990年から2000年
にかけて若干増加はしたものの，それ以降はほぼ横ばいで推移しています。反
対に，非正規雇用者は1984年以降どんどん増えていき，約3倍近くに増加して
いることがわかります。

3）男女別の正規・非正規雇用者の割合

　図8-9は2021年の正規・非正規雇用者の割合を男女別に示したものです。

図 8 - 9　男女別の正規・非正規雇用者割合

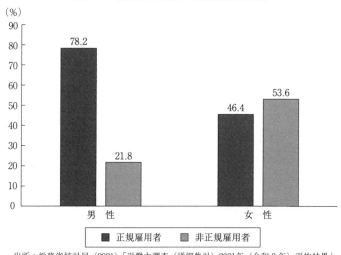

出所：総務省統計局（2021）「労働力調査（詳細集計）2021年（令和 3 年）平均結果」
の第 1 表の数値を使用し筆者作成。

　男性の正規雇用者は78.2％，非正規雇用者は21.8％となっており，圧倒的に正
規雇用者の方が多いことがわかります。それに対して，女性の場合は正規雇用
者が46.4％，非正規雇用者が53.6％と非正規雇用者の方が多くなっています。
さらに，女性の非正規雇用者の割合は，半数を超えていていることも特徴です。

（3）各年齢層の就業状態

1）若年層の就業状態

　今度は各年齢層における就業状態を確認します。まずは若年層（本章では若
年層を15〜34歳とします）です。表 8 - 3 から，15〜24歳層のうち在学中を除く
層では70％以上が正規雇用者として就業しています。非正規雇用として就業し
ている人も全体で48.8％（男性は46.3％，女性は51.3％）となっており，比較的
高めです。

　他方，25〜34歳層になると，正規雇用者として働く人が77.5％と15〜24歳層
と比較して増えます。男性になると86％の人が正規雇用として就業している一
方で，女性は67.6％とその割合は少し低くなっています。つまり，在学中はパ
ートタイマーやアルバイトといった非正規雇用として働いている人が比較的多

表 8-3　若年層（15〜34歳）における正規・非正規雇用数と割合

	雇用形態	正規の職員・従業員	非正規の職員・従業員
全　体	15〜24歳	276 （51.2）	263 （48.8）
	うち在学中を除く	270 （75.4）	89 （24.6）
	25〜34歳	803 （77.5）	233 （22.5）
男　性	15〜24歳	144 （53.7）	124 （46.3）
	うち在学中を除く	141 （77.9）	40 （22.1）
	25〜34歳	480 （86.0）	78 （14.0）
女　性	15〜24歳	132 （48.7）	139 （51.3）
	うち在学中を除く	129 （72.5）	49 （27.5）
	25〜34歳	323 （67.6）	155 （32.4）

注：(1)　単位は万人，（　）内の数値は％です。
　　(2)　会社，団体等の役員を除く雇用者を集計しています。会社，団体等の役
　　　　員を除く雇用者について，勤め先での呼称により，「正規の職員・従業員」
　　　　「パート」「アルバイト」「労働者派遣事業所の派遣社員」「契約社員」「嘱
　　　　託」「その他」の7つに区分されています。「正規の職員・従業員」以外の
　　　　6区分をまとめて「非正規の職員・従業員」としています。
　　(3)　正規の職員・従業員の割合は，各年齢層の全体の割合から非正規の職員・
　　　　従業員の割合を差し引いて算出しています。
出所：図8-9と同じ。

く，高校及び大学を卒業してからは正規雇用者として就業している人が多いと
見ることができます。

2）中年層の就業状態

　続いて，35歳から64歳の層（この層を本章では中高年層と呼びます）の正規・
非正規雇用の人数と割合についてです。全体としては，35〜44歳層は70％を超
える人が正規雇用として働いていることがわかります。特に男性の35〜54歳に
かけては，90％以上の人が正規雇用として就業しています。これとは対照的に
女性の場合は正規雇用として就業している層が35〜54歳にかけては，40〜50％
前半にとどまっています。むしろ，女性の場合は年齢層が高まるにつれて非正
規雇用として就業している層が多くなっていきます。これは35〜54歳層の男性
が非正規雇用として就業している割合が8％台であるのとは異なる現象です
（表8-4）。男性も55歳以上になると，非正規雇用の比率が26％と上昇しますが，
圧倒的に正規雇用率が高いということになります。この背景には，中高年層の
うち35〜54歳層にかけては，自分や家族を経済的に養うという意味が含まれて

表8-4　中高年層（35〜64歳）における正規・非正規雇用数と割合

雇用形態		正規の職員・従業員	非正規の職員・従業員
全　体	35〜44歳	860（72.9）	320（27.1）
	45〜54歳	963（69.0）	432（31.0）
	55〜64歳	528（55.5）	423（44.5）
男　性	35〜44歳	582（91.1）	57（8.9）
	45〜54歳	669（91.6）	61（8.4）
	55〜64歳	376（74.0）	132（26.0）
女　性	35〜44歳	278（51.4）	263（48.6）
	45〜54歳	294（44.2）	371（55.8）
	55〜64歳	152（34.3）	291（65.7）

注：(1)　単位は万人，（　）内の数値は％です。
　　(2)　表8-3の注(2)(3)と同様です。
出所：図8-9と同じ。

表8-5　高齢者層（65歳以上）における
正規・非正規雇用者数と割合

雇用形態		正規の職員・従業員	非正規の職員・従業員
全　体	65歳以上	124（24.1）	394（75.9）
男　性	65歳以上	82（29.1）	200（70.9）
女　性	65歳以上	42（17.8）	194（82.2）

注：(1)　単位は万人，（　）内の数値は％です。
　　(2)　表8-3及び8-4の注(2)(3)と同様です。
出所：図8-9と同じ。

いることが推察されます。現在，女性の社会進出は進んでいますが，まだ非正規雇用率の方が高めであることも示しています。

3）高齢者層の就業状態

　最後に高齢者層の就業状態について見ていきます。65歳以上になると，今まで見てきた層と比較して，就業している人数も圧倒的に少なくなります。男性，女性ともに，非正規雇用として就業している割合が70〜80％台と非常に高くなります（表8-5）。この背景には，65歳となり定年を迎えた層が正規雇用から非正規雇用へとその雇用形態を変えて就業していることが挙げられます。ただし，正規雇用として一定数の割合の人々が就業していることは注目しておく必要があります。

3　これからの働き方

（1）日本における一般的な働き方

1）日本企業における採用から退職までの流れ

　一般的に，就職活動を経て卒業後の4月に採用（新規学卒採用）となります。企業に採用されると新人社員研修が一定期間実施され，研修後に所属先が決まり，配属先での勤務が始まります。ここから数年は同じ部署で経験を積みます。同じ企業に勤務し続ける人は，その後，別の部署を経験することになるかもしれません。例えば，入社後4年ほど経理部にいた人が人事部に移るというイメージです。これを異動と言います。

　途中で転職をする人もいるでしょう。転職活動を経て再就職をし，別の企業の雇用管理の流れに入っていきます。転職をするしないにかかわらず年数を経ると，中堅社員となり様々な業務を行っていきます。そこから管理職になり，部下を持つ人も出てくるかもしれません。さらに勤務し続け，定年年齢に達した時，企業との労働契約が終了となり退職となります。人によっては同じ企業に正規雇用者ではない雇用形態で再雇用される人も出てきます。その人は，再度企業に勤務することになります。再雇用という選択肢を選ばない場合，定年退職と同時に企業人としての生活が終了となります。その後，地域社会のコミュニティに参加，もしくは自分の趣味の時間を大事にするかもしれません。これが学校を卒業して正規雇用者として働いた場合の，採用から退職までの一般的な流れになります。

2）日本型雇用慣行とは何か

　日本企業では新たに人材を獲得する際に，新規学卒採用をとってきました。そこで採用されると，日本型雇用慣行と呼ばれるシステムの中に組み込まれていきます。この日本型雇用慣行は終身雇用・年功序列賃金・企業別組合の3つを特徴として持っています。終身雇用は定年制とセットとなっており，企業は雇用した労働者を原則定年まで雇用し続ける仕組みです。年功序列賃金は年齢や勤続年数に応じて賃金や役職が上がっていくものです。終身雇用及び年功序列賃金は，労働者にとっては長期的に雇用を保障してくれるといった安心感が

あります。また，企業別組合は企業ごとに構成されている労働組合のため，労働者側と経営側との対立が比較的少ない関係を築くことができます（湯本・パーソナル総合研究所　2021：18）。

　このような雇用慣行制度において，労働者は自身の能力を高めていきます。この能力は，どこの企業でも通用する能力である一般能力と，特定の企業でのみ通用する能力，いわゆる企業特殊能力に分けることができます。同じ企業に長期間勤務し続ける場合は，特に企業特殊能力が培われていくことになります。

3）定年制とは

　定年制とは，従業員が一定年齢に到達した時に自動的かつ無差別的に雇用関係を終了させる仕組みです。企業側からすると，定年で雇用関係を終了できます。他方，労働者側は定年年齢までの雇用機会の提供を企業に期待することができ，職業生活の設計が可能となります（佐藤ら　2020：59；奥林ら　2016：80，248）。日本では定年制を定めている企業の割合は95％を超えています。特に大企業においては，ほとんどすべての企業に定年制が存在しており，定年制を定めていない企業のほとんどは中小企業であり，5％弱存在しています（笹島2021：63）。

　この定年制の運用について検討する時期に差しかかっています。1986年に制定された「高年齢者等の雇用の安定等に関する法律」（高年齢者雇用安定法）の一部が改正され，2021年4月1日に施行されました。厚生労働省によれば，この改正は「少子高齢化が急速に進展し人口が減少する中で，経済社会の活力を維持するため，働く意欲がある高年齢者がその能力を十分に発揮できるよう，高年齢者が活躍できる環境の整備を目的」としているとしています。また，今回の改正は「個々の労働者の多様な特性やニーズを踏まえ，70歳までの就業機会の確保について，多様な選択肢を法制度上整え，事業主としていずれかの措置を制度化する努力義務を設けるものであり，70歳までの定年年齢の引上げを義務付けるものではない」ともしています。[6]

　そして改正前までは，60歳未満の定年禁止（高年齢者雇用安定法第8条）としており，事業主が定年を定める場合は，その定年年齢は60歳以上としなければなりませんでした。また，65歳までの雇用確保措置（高年齢者雇用安定法第9条）として，定年を65歳未満に定めている事業主は，以下のいずれかの措置

（高年齢者雇用確保措置）を講じなければなりませんでした。[(7)]

① 65歳までの定年引き上げ

② 定年制の廃止

③ 65歳までの継続雇用制度（再雇用制度・勤務延長制度）の導入

なお，継続雇用制度の適用者は原則として「希望者全員」となっています。

法律改正後は，65歳までの雇用確保（義務）に加えて，65歳から70歳までの就業機会を確保するために，高年齢者就業確保措置として，以下のいずれかの措置を講ずる努力義務が新設されました。それは次の5つです。[(8)]

① 70歳までの定年引き上げ

② 定年制の廃止

③ 70歳までの継続雇用制度（再雇用制度・勤務延長制度）の導入

　（特殊関係事業主に加えて，他の事業主によるものを含む）

④ 70歳まで継続的に業務委託契約を締結する制度の導入

⑤ 70歳まで継続的に以下の事業に従事できる制度の導入

　a．事業主が自ら実施する社会貢献事業

　b．事業主が委託，出資（資金提供）等する団体が行う社会貢献事業

これまで企業は65歳までの雇用を確保することを義務化されていました。今度は義務化しないまでも，企業はなるべく頑張って70歳まで雇用してほしいという内容に変更になったということになります。

（2）ジョブ型雇用とメンバーシップ型雇用とは何か

1）ジョブ型とメンバーシップ型

近年，ジョブ型雇用とメンバーシップ型雇用について盛んに議論がなされています。このジョブ型とメンバーシップ型については，多くの研究者がその意味や内容について議論しています（濱口 2009, 2021；加藤 2022；慶應義塾大学産業研究所 HRM 研究会編著 2022；笹島 2021；平田・松村 2022；マーサージャパン編著 2021；湯本・パーソナル総合研究所 2021）。

このジョブ型とメンバーシップ型という言葉自体を作ったのは濱口ですが，概念自体はそれ以前からあり，現実に存在する各国の雇用システムを分類するための学術的概念だとしています（濱口 2021：4）。中村も，「もともとジョブ

型とメンバーシップ型という対比は，欧米企業と日本企業の雇用契約の違いを説明する概念として生まれたもの」（中村 2022：114）としています。

　まず，ジョブ型では，職務の内容を先に決めて，その職務に合った人を探すことになるので，その職務を遂行できる人材がはめ込まれます。職務とは仕事内容のことです。メンバーシップ型では，組織の構成員に対して仕事を割り振るため，人に仕事がつくことになります（中村 2022：115）。仕事内容が先に決まるジョブ型では，やるべき仕事の範囲が決まっているため，自分と他者との仕事内容の違いが明確です。それに対して，メンバーシップ型は組織内にいる構成員の向き不向きや意欲に応じて仕事を振り分けていきます。そのため，各々の仕事の境界線が曖昧となる一方で，様々な職務を経験できます。

2）ジョブ型とメンバーシップ型の特徴

　ジョブ型では仕事が先に決まり，メンバーシップ型では人に仕事を当てはめます。そのため，両者ではその特徴も異なってきます。このジョブ型とメンバーシップ型の雇用システムの特徴については，中村（2022：116-122）が非常にわかりやすくまとめていますので，その内容を踏まえて見ていきます。

　まず仕事内容に関してですが，ジョブ型では職務範囲が決まっています。契約時に職務内容が決定するため，職務内容が変わるような配置転換には本人の同意が必要となります。より難易度が高い職務を目指して自らキャリア形成を積極的に行っていくため，スペシャリストが育ちやすくなります。それに対して，メンバーシップ型の仕事内容は属人的で曖昧になります。そして企業主導による配置転換が行われることになり，人事異動を繰り返しながら幅広く業務を行うことで経験を積んでいきます。そのため，ジェネラリストが育ちやすくなります。

　給与に関しては，ジョブ型では職務内容によって決定するため，仕事の難易度に応じて給与が上がっていきます。メンバーシップ型では，企業内に設定されている職能資格制度によって給与が決まるため，年齢が上がるほど，勤続年数が長くなるほど給与が上がっていく仕組みになっています。ジョブ型の評価基準は職務内容や本人の仕事の成果によって決定し，メンバーシップ型では職能資格や潜在能力によって評価がなされます。転職といった外部労働市場での移動ではあらかじめ職務内容が決まっているジョブ型は移動しやすく，メンバ

ーシップ型は困難であるのが一般的です。

　また，「日本以外の社会では，労働者が遂行すべき職務が雇用契約に明確に規定」（濱口 2021：25）されています。仕事内容によって給与や評価などが変わるため，ジョブ型では膨大な仕事の量を把握し，あらかじめ職務記述書を作成することも特徴の一つです。

3）ジョブ型とメンバーシップ型の違い

　ジョブ型とは職務を特定して雇用するものであるため，その職務に必要な人員のみを採用します。そして，必要な人員が減少すれば雇用契約を解除する必要が出てきます。給与については，ジョブ型では契約で定める職務について給与が決まっています。これを濱口は「ヒトに値札が付いているのではなくて，職務，ジョブに値札が付いている」（濱口 2021：26-27）と説明します。

　これに対してメンバーシップ型は，職務が特定されていないので，ある職務に必要な人員が減ったとしても他の職務に異動させて雇用契約を維持することができます。また，契約で職務が特定されていないため，職務に基づいて給与を決めることは困難です。高い給与の職種から低い給与の職種への異動も厳しくなります。なぜならば，難しい仕事から易しい仕事への異動は給与の低下につながり，労働者は異動を嫌がることになるからです。そうなると，異動で雇用を維持することは難しくなるため，メンバーシップ型では職務と切り離したヒト基準で給与を決めざるを得なくなります（濱口 2021：26-27）。従来の日本型雇用制度の場合，職務に人を当てはめるわけではなく，給与も職務と切り離して考えるため，どうしても年功序列型の賃金体系になってしまうというわけです。

　ジョブ型もメンバーシップ型もハイエンドの仕事になればなるほど仕事ぶりが厳しく評価され，ミドルから下になればなるほどいちいち評価されなくなるのは共通しています。ただ，そのレベルが異なると濱口（2021：6）は指摘します。それは，ジョブ型社会では一部の労働者を除けば仕事ぶりを評価されないのに対して，メンバーシップ型では末端のヒラ社員に至るまで評価の対象となり，それが両者の最大の違いである（濱口 2021：6）としています。

　日本のメンバーシップ型社会においては，入社時に具体的なジョブのスキルで評価されているわけでも，入社後も具体的なジョブのスキルで評価されてい

るわけでもありません。何で評価されているかというと，能力考課や情意考課といった「特殊日本的意味における『能力』」を評価されるというものです（濱口 2021：7）。この「能力」の意味について濱口は，具体的なジョブのスキルという意味ではないことに注意すべきであると指摘します。この際の「能力」とは，「あの人は仕事ができる」という意味の「できる」を意味しており，潜在能力や人間力等々を指します。メンバーシップ型では一人ひとりの職務を区分することは難しく，やる気など目に見えない能力が評価されがちであるということになります。

（3）これからの働き方について

1）高齢者の勤労意欲

　労働力不足には高齢者層の活用が必要であると述べましたが，高齢者の勤労意欲はどうなのでしょうか。内閣府（2017）の内容から確認します。この中で「あなたは何歳頃まで収入をともなう仕事をしたいですか」という質問があります。現在仕事をしている高齢者のうち「働けるうちはいつまでも働きたい」と回答した割合が最も多く42％となっています（図8-10）。65歳から80歳くらいまで働きたいという回答も合計すると，実に約9割もの高齢者が高い就業意欲を持っていることがわかります。

　少し前の話になりますが，松本においても「日本の高齢者の就労意欲は高く，国際的にみると際立っている」（松本 2006）と指摘しています。また，同論文内で「経済的な余裕がないと就労意欲が高まる，すなわち経済状況の向上のため収入を得る目的で仕事に就きたいと意識が働く」こと，「生涯学び続けたい，という向学への意識が高齢者の就労意欲に影響を与えている要因のひとつ」とも示していることから，以前から日本の高齢者の就業意欲は高いということが示唆できます。

2）高齢者層とそれ以外の年齢層の働き方は共存できるのか

　働くか否かを選択するのは個々人の自由なので，労働を強制できません。もし高齢者層が働くという選択肢を選んだ時に気になる点は，高齢者層とそれ以外の層の働き方が対立するのではないかということです。

　新規学卒者と高齢者の場合，新規学卒採用では学校を卒業後に中長期的に働

図 8-10　高齢者の就業意欲

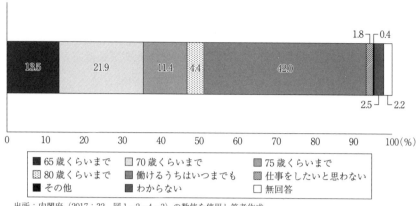

出所：内閣府（2017：32, 図 1-2-4-3）の数値を使用し筆者作成。

く人材を企業は求めていることから，高齢者層と対立することはほぼないと考えられます。比較的短期間の就業（例えばコンビニエンスストアやスーパーでレジ打ちをしたり，商品の棚卸をしたりする作業などをする仕事）では対立する可能性があります。この場合，ある程度経験を積めば作業ができるようになります。急に人が辞めて新たな人材がすぐに必要な場合，即戦力となるのであれば次に採用される人材の年齢は問われなくなります。

　保有する技術や能力を評価され，定年後に高齢者が非正規雇用として再雇用された場合は，経験や技術が未熟な若年層ができない作業を高齢者層が行い，知識・技術を他の年齢層に伝承することが可能となります。これは，労働者だけでなく企業もプラスの効果が得られます。このように，高齢者とそれ以外の層の働き方が共存できるか否かは状況によって異なってきます。

3）これからの働き方はどうなるのか

　今後の私たちの働き方の一つの方法として，定年前まではメンバーシップ型の雇用体系をとり，定年後は保有している技術を活用してジョブ型の雇用体系を適用することが考えられます。日本企業が人材を新規採用する場合は，基本的にはメンバーシップ型の雇用をとっています。これを急に変えることは，採用方法や制度自体を根本から変更することになり，かつ膨大な労力と費用もかかるので厳しいでしょう。一方，定年後は非正規雇用として就業するパターン

がほとんどです。その際，これまで培ってきた能力・技術・知識をフル活用することで，仕事に専念することが可能となります。もちろん簡単にはいきませんが，高齢者の働き方をジョブ型雇用にすることによって，他の年齢層との仕事の棲み分けも期待できます。この場合，互いの不足部分を補完しながら働くことができるでしょう。

注

(1)　世界保健機関（WHO）とは，「すべての人々が可能な最高の健康水準に到達すること」を目的として設立された国連の専門機関です。1948年4月7日の設立以来，全世界の人々の健康を守るため，広範な活動を行っています。現在の加盟国は194カ国であり，日本は1951年5月に加盟しています。WHO に関する記述は，厚生労働省の HP「他分野の取り組み　日本と WHO」を参照（2022年7月15日アクセス）。また，高齢者の定義については，厚生労働省の HP「e-ヘルスネット」を参照（2022年7月15日アクセス）。

(2)　総務省統計局 HP「労働力調査の Q&A」及び「労働力調査の概要及び定義」を参照（2022年8月15日アクセス）。同省によれば，現在，労働力調査は，全国で無作為に抽出された約4万世帯の世帯員のうち15歳以上の者約10万人を対象とし，その就業・不就業の状態を調査している，としています。また，労働力調査は，毎月末日（12月は26日）現在で行われています。就業状態については，毎月の末日に終わる1週間（12月は20日から26日までの1週間）の状態を調査します。

(3)　総務省統計局 HP「労働力調査の概要及び定義」を参照（2022年8月17日アクセス）。

(4)　完全失業者の定義については，総務省統計局 HP「労働力調査の概要及び定義」を参照（2022年8月18日アクセス）。

(5)　雇用管理とは，労働者（従業員）が提供できる労働サービス量を企業が必要とする労働サービス量に合わせるために行われるものを言います（佐藤ら：33）。労働サービスとは，自分自身が持っている目に見えない能力である人的資源を活用して，企業に提供した具体的な労働内容を指します。これを形に表れた能力（顕在能力）と言うこともあります（奥林ら 2016：7）。

(6)　厚生労働省 HP「高年齢者雇用安定法の改正～70歳までの就業機会確保～」参照（2022年7月22日アクセス）。

(7)　改正前の「高年齢者雇用安定法」に関する記述は，厚生労働省　ハローワーク（2021）を参照（2022年8月22日アクセス）。

(8)　改正後の「高年齢者雇用安定法」に関する記述は，厚生労働省　ハローワーク

(2021) を参照（2022年8月22日アクセス）。

(9) 内閣府（2017）参照。調査対象は，全国60歳以上の男女。現在仕事をしている者のみを再集計したもの，としています。

参考文献

奥林康司・上林憲雄・平野光俊（2016）『入門　人的資源管理　第2版』中央経済社。

加藤守和（2022）『日本版ジョブ型人事ハンドブック』日本能率協会マネジメントセンター。

慶應義塾大学産業研究所 HRM 研究会編著，清家篤・濱口桂一郎・中村天江・植村隆生・山本紳也・八代充史（2022）『ジョブ型 vs メンバーシップ型——日本の雇用を展望する』中央経済社。

厚生労働省（2020）『厚生労働白書　令和2年版』日経印刷。

厚生労働省　ハローワーク（2021）「高年齢者雇用安定法改正の概要——70歳までの就業機会の確保のために事業主が講ずべき措置（努力義務）等について　令和3年4月1日施行」。

笹島芳雄（2021）『70歳就業時代の雇用・賃金改革——高齢者を活かす定年制とジョブ型賃金』労働法令。

佐藤博樹・藤村博之・八代充史（2020）『新しい人事労務管理　第6版』有斐閣。

総務省統計局（2021）「2021年（令和3年）平均結果の概要」。

総務省統計局（2022a）「労働力調査（詳細集計）2022年（令和4年）4〜6月期平均結果の概要」。

総務省統計局（2022b）「人口推計（令和4年〔2022年〕2月確定値，令和4年（2022年）7月概算値）（2022年7月20日公表）」。

内閣府（2006）『高齢社会白書　平成18年版』ぎょうせい。

内閣府（2017）『高齢社会白書　平成29年版』日経印刷。

内閣府（2021）『高齢社会白書　令和3年版』日経印刷。

中村天江（2022）「日本的ジョブ型雇用——人材起点の日本企業が選んだカタチ」慶応義塾大学産業研究所 HRM 研究会編著，清家篤・濱口桂一郎・中村天江・植村隆生・山本紳也・八代充史（2022）『ジョブ型 vs メンバーシップ型——日本の雇用を展望する』中央経済社，103-158頁。

日本老年学会・日本老年医学会（2017）「高齢者に関する定義検討ワーキンググループ報告書」。

濱口桂一郎（2009）『新しい労働社会——雇用システムの再構築へ』岩波書店。

濱口桂一郎（2021）『ジョブ型雇用社会とは何か——正社員体制の矛盾と転機』岩波書店。

原みどり（2017）「高齢者就業に関する一考察」『九州経済学会年報』（九州経済学会

誌）55，99-104頁。

平田史昭・松村直樹（2022）『「ジョブ型雇用時代」のキャリアマネジメント支援論』
　　クロスメディア・パブリッシング。

マーサージャパン編著（2021）『ジョブ型雇用はやわかり』日本経済新聞出版本部。

松本恵（2006）「高齢者の就労意欲に関わる要因——生活意識との関係性についての
　　考察」『Works Review』1，162-173頁。

湯本健治・パーソナル総合研究所（2021）『日本的ジョブ型雇用』日本経済新聞出版。

第 9 章	SDGs・DX が求められる時代の 日本的経営
	中村裕一郎

―― キーワード ――

変革，ボトムアップ，創発，両利きの経営

1 経営環境の変化に対応する経営

日本企業で行われている経営のスタイルは，世界で標準的に行われている経営のスタイルと比較して，様々な特徴が指摘されています。その特徴は日本企業の競争力の源泉でもあり，そのすべてを否定するべきものではありませんが，企業をとりまく経営環境の変化に伴って，その有効性に疑問が持たれるようになってきました。特に，SDGs への対応，DX の推進が求められ，様々な場面で変革の重要性が高まっている現代社会においては，その特徴である経営の方法の再考が求められています。

そこで，本章では，現代の日本企業をとりまく経営環境はどのようなもので，そうした経営環境にあって，日本企業にはどのような経営の方法が求められているのかについて解説します。

2 現代社会の特徴

（1）SDGs

SDGs とは，2015年 9 月に国連本部で開催された，環境問題と持続可能な開発がテーマの国際会議（国連サミット）おいて採択された「Sustainable Development Goals（持続可能な開発目標）」の略称です。2030年までに持続可能でよりよい世界を目指す国際目標で，17のゴール・169のターゲットから構成されています（図 9 - 1）。

図9-1　持続可能な開発目標（SDGs）

出所：外務省「持続可能な開発目標（SDGs）達成に向けて日本が
　　　果たす役割」。

　世界は，環境問題（気候変動）・貧困・紛争・人権問題・感染症等，多くの
課題に直面しています。SDGs は，このような課題を解決しなければ，この世
界で暮らし続けることができなくなるという懸念から策定されたものです。し
たがって，世界中のすべての人が自らの行動の目標とすべきものです。

　また，企業にとっても，SDGs に取り組むことは非常に重要な経営課題にな
っています。それは，SDGs が実現されず，環境や社会が崩壊してしまえば，
企業が存在し得ないという本質的な理由だけでなく，SDGs に取り組むことに
よって新しい市場を開拓し，新しい事業機会を獲得できるのに対して，SDGs
に取り組まなければ，他の企業や金融機関，顧客，従業員，政府などからの信
用を失い，事業を継続することが困難になるからです。

（2）デジタル・トランスフォーメーション

　デジタル・トランスフォーメーション（Digital Transformation：DX）という
言葉は，エリック・ストルターマン（Stolterman, E）という，アメリカのインデ
ィアナ大学の先生がスウェーデンのウメオ大学の教授であった2004年に最初に
提唱した考え方です。ストルターマン教授らは，「デジタル・トランスフォー
メーションは，デジタル技術が人間の生活のあらゆる面で引き起こす，または影
響を与える変化として理解することができます」（Stolterman & Fors 2004：689）
と述べています。すなわち，デジタル技術（情報通信技術）が私たちの生活の中
に浸透していくと，私たちの生活がより便利で快適になっていくということです。

　それでは，デジタル・トランスフォーメーションの「デジタル」とは，ある
いは「デジタル技術」とはどのような意味なのでしょうか。「デジタル」とは
元々は，連続的に変化する量を段階的に切って，離散的な（すなわちとびとび
の）数，あるいは数字で表すという意味で使われる言葉です。現実の世界（フ
ィジカル空間と呼びます）の「ものごと」や「できごと」は，すべて連続的に
変化します。しかし，これらの連続的な変化は，そのままではコンピュータで
扱うことはできません。そこで，コンピュータで扱えるデジタル，数字の組み
合わせに変換する必要があります。そのままではコンピュータで扱えない現実
世界の変化の情報を，コンピュータで扱えるデジタル情報に変換することをデ
ジタル化と言います。

　デジタル化することで様々な情報をコンピュータで扱うことができるように
なるために「デジタル」は次第に広い意味を持つようになり，情報を活用する
技術である情報通信技術もデジタル技術と呼ばれるようになりました。

　デジタル・トランスフォーメーションは，英語では Digital Transformation
と表記され，DX と略されます。Transformation とは，変革や変化という意
味ですが，Transformation の Trans は交差という意味を表す接頭語であるた
め，交差を1文字で表す「X」が用いられています。頭文字をとった DT では
プログラミング用語と重なってしまうこともあり，DX という略語になりまし
た。

　経済産業省は，デジタル・トランスフォーメーションを次のように定義して
います。

　　「企業がビジネス環境の激しい変化に対応し，データとデジタル技術を
　　活用して，顧客や社会のニーズを基に，製品やサービス，ビジネスモデル
　　を変革するとともに，業務そのものや，組織，プロセス，企業文化・風土
　　を変革し，競争上の優位性を確立すること。」（経済産業省 2018：2）

（3）Society 5.0

　政府は，日本が目指すべき未来社会の姿として，Society 5.0を提唱していま
す。Society 5.0とは，狩猟社会である Society 1.0，農耕社会である Society
2.0，工業社会である Society 3.0，情報社会である Society 4.0に続く，人間中

心の新たな社会のことです。

　Society 5.0は，情報通信技術が生み出すサイバー空間と呼ばれる仮想の空間とフィジカル空間と呼ばれる現実の空間を高度に融合させたシステムにより実現するとされています。

　サイバー空間とフィジカル空間の高度な融合とは，以下のような状態のことです。Society 5.0では，フィジカル空間（現実空間）に張りめぐらされたセンサー[(1)]からの膨大な情報が，サイバー空間（仮想空間）に集積されます。サイバー空間では，集められた膨大なデータ（ビッグデータと呼ばれる）を，AI（人工知能[(2)]）が解析して，その解析結果がフィジカル空間の人間に様々な形でフィードバックされます。Society 5.0では，ビッグデータを人間の能力を超えたAIが解析し，その結果がロボットなどを通して人間にフィードバックされることで，これまでできなかった新たな価値が産業や社会にもたらされます。

　それは具体的には次のようなことです。すなわち，現実空間に暮らす皆さんがネットで買い物をする際に，皆さんの購買履歴や行動履歴を仮想空間にあるAIが分析して，皆さんにふさわしい（とAIが推測する）ものを推薦してくれること，あるいは，現実空間にある車に積まれているカーナビやスマホの位置情報を仮想空間にあるAIに集め，現実空間の道路の混雑状況や目的地までの到着予想時間を知らせてくれることなどです。

（4）Society 5.0とSDGs・DXの関係

　Society 5.0とSDGs，DXはどのような関係なのでしょうか。政府の「人間中心のAI社会原則」では，Society 5.0について次のように述べられています。

　　「現代社会は地球環境問題，格差の拡大，資源枯渇等，人類の存続に関わる問題に直面している。我が国においては，少子高齢化，人手不足，過疎化，財政支出増大等，成熟型社会の直面する社会課題に最初に直面する国となっている。AIはこれらの問題の解を導き，SDGs（Sustainable Development Goals）で掲げられている目標を達成し，持続可能な世界を構築するための鍵となる技術と考えられている。

　　我が国は，AIの活用により，経済発展と共に社会課題を解決するSociety 5.0の実現を通して，日本の社会と経済の活性化を実現し，国際的

にも魅力ある社会を目指すと共に，地球規模での SDGs への貢献も果たし
ていく。」（内閣府　統合イノベーション戦略推進会議 2019：1）

　また，経団連は Society 5.0について，「Society 5.0とは，創造社会であり，
デジタル革新（DX）と多様な人々の想像力・創造力の融合によって価値創造
と課題解決を図り，自ら創造していく社会」（日本経済団体連合会 2020：3）と
定義しました。

　すなわち，Society 5.0を実現することは，SDGs で掲げられている目標を達
成することにつながります。そして，Society 5.0を実現するには，企業や政府
などの社会を構成する主体がそれぞれの立場で AI 等のデジタル技術を活用し
て DX を推進する必要があるということです。

（5）DX が進む社会

　Society 5.0や DX は遠い未来の話ではありません。すでに皆さんの身近なと
ころで実際に起こっていることです。例えば，皆さんにとってネットで買い物
をしたり，スマホで配信される音楽を聞くのは，ごく当たり前のことかもしれ
ません。ところが，これはちょっと前までは，世の中に存在しないサービスで
した。カタログや TV を見て，電話や郵便で注文する通信販売もあることは
ありましたが，今のような便利な買い物の方法ではありませんでした。そのた
め，何か欲しいものがあったら，お店に出かけて行って買うのが普通で，それ
以外の方法は普通のことではありませんでした。

　音楽を聞くにも，お店に行ってレコードや音楽テープ，CD を買うのが当た
り前で，聞きたい楽曲をすぐに聞けるなどというのは夢のまた夢でした。買い
に行ったお店にお目当ての CD がなければ，何日も待たされるのが当たり前で
した。

　人とのつながりや，コミュニケーションという面でも，大きな変革が起きて
います。以前は，自分から遠くにいる誰かに連絡する方法は手紙か電話だけで
した。電話も，手紙しかない時代と比べれば画期的な装置ですが，音声だけと
いう限界がありました。しかし，いまでは，YouTube で簡単に多くの人に情
報を発信し，LINE を使えば簡単に友だちとチャットをし，顔を見ながら話を
することもできます。

　また，仮想現実やメタバースでは，3次元の仮想空間で，ゴーグルなどを通して参加し，自分の分身である「アバター」や「ホログラム」を操作して他の利用者と交流したり，仕事や買い物などの日常生活と同様の行動をすることができるようになってきています。

　産業のサービス化の進展により，経済活動の中で農林水産業や製造業のようなモノをつくって提供する産業が占める割合は少なくなり，飲食サービス業，宿泊業，運輸業，情報通信業のようにサービスを提供する産業の割合が増えてきました。そのような変化はありましたが，これまでの社会では，ビジネスの中心がモノやサービスを提供して対価を得ることであることに変わりはありませんでした。Society 5.0の時代になっても，現実空間にいる私たちにモノやサービスを提供するビジネスがなくなることはありません。しかし，Society 5.0の時代には，新しい形のサービスとして，そうした現実空間でモノやサービスを提供してくれるビジネスを，仮想空間で支えるビジネスの役割が増えていくでしょう。

3　DXの難しさ

　前述のようにDXはどんどん進んでいます。DXは私たちの暮らしをより便利に快適なものにする変革ですから，私たちがより便利で快適な生活を望む限り，その進展がとまることはないでしょう。個々の企業にとっても，日本全体としてもDXを推進することは極めて重要なことです。しかしながら，DXを推進するには，様々な困難があります。

（1）「変革」の必要性

　DXの難しさの第1はDXが変革であることです。DXには，その定義の通り，企業の組織や文化，事業内容を大きく変革することが求められます。

　企業はその経営環境の変化に適応するため，常に変化することが求められています。しかし，経営環境が大きく変化していない時に求められる変化は，製品の品質向上，生産方法の改善，業務の自動化・効率化，顧客との関係強化などのような，持続的あるいは漸進的な変化と呼ぶのがふさわしいものです。

　ところが，Society 4.0から，Society 5.0への移行のように，産業構造そのものが大きく変わろうとしている時の変化は，企業は，新しい製品やサービスを創造して業務を刷新し，ビジネスモデル（ビジネスの形）を変革するとともに，組織の制度やプロセス，企業文化・風土までも大きく抜本的に変革しなければなりません。そうした企業活動の全般にわたる変革は，非連続で，既存のものを壊して別なものをつくる必要があるため，改良や改善，強化とは異なる難しさがあります。企業の変革プロジェクトの大半が失敗するという研究もあります（Wade et al. 2019＝2019：35）。

（2）変革プランの必要性

　企業がそのビジネスモデルや組織，文化等を変革するには，どのようなゴールを目指して，どのように変革を進めていくのかを明らかにした変革プランを策定する必要があります。それには，はじめに自分を取り巻く環境を分析して，その分析に基づいたビジョン，すなわちその環境の下での自分の将来像（ありたい姿）を設定します。次いでそのビジョンに到達するための戦略（ありたい姿に到達するための道筋）を立案します。そしてその戦略を，組織を構成する部門ごとの目標や個人の目標（活動）に分解する作業，あるいは DX の目標を各部門や個人の目標に紐づける作業が必要です。

　以前のような経営環境の変化が比較的ゆるやかな時期においては，計画の到達すべき目標は比較的明確で，その明確な目標にいかに効率的に到達するかが求められていました。いわば HOW に答えることが重要でした。しかし，経営環境が急速に変化する DX の時代においては，到達すべき目標は不明確で，何を到達目標とするのかを決めることが求められます。いわば WHAT を見つけることがより重要になります。そのため，組織はこれまで求められていた能力とは別の能力が求められるようになります。

（3）DX 人材の確保

　DX を実現するためには，到達目標が不明確な状況下で変革のプランを策定し，それを実行していく DX 人材が必要です。DX 人材には，目標を定めること，変革のアイディアを出すこと，変革を行うための社内環境整備が求められ

ます。ところが，このような DX 人材に求められることは，今まで社内で行われていなかったことであるため，そうしたことができる人材を社内で見つけることは容易ではありません。

　そのため，社外から DX 人材を新たに雇用することになりますが，そもそも社外にもそうした人材が多くいるわけではありませんし，他の企業も自社の DX に向けて採用しようとしているでしょうから，社外から新たに人材を雇用することも容易ではありません。

　したがって，DX 人材を確保するには，社内人材の育成や教育も含む中長期的な計画が必要です。

　また，そうした人材を確保するだけでなく，そうした人材が活躍できるような社内の意識，職務権限のあり方，人事制度の変革も同時に行う必要があります。

（4）組織のもつれ

　組織は，その戦略，構造，制度，文化，価値観など多くの要素が連動し，複雑に絡み合っています。そしてその複雑な絡み合いは，その組織が置かれた環境に時間をかけて適応し，組織の成長とともに形成されてきたものです。このような組織の多くの要素の複雑な連動，絡みは「組織のもつれ（entanglement）」と呼ばれています（Wade et al. 2019）。組織には，この「もつれ」があるため，組織の諸要素のうちのある特定部分だけを変えようとしてもうまくいきません。例えば DX を推進するために，新しい事業を始めようとしても，その事業がその組織の構造，人事制度，文化や価値観等に適合していなければ，その事業の成功は難しいものになります。あるいは，DX を推進するために DX 人材を新たに採用しても，社内の制度や権限が DX の推進に適合していなければ，その人材も充分に活躍することはできません。

　とはいえ，組織全体を一度に変えることもまた非常に難しい課題です。そもそも，その組織の構造，制度，文化，価値観などは長い時間をかけて形成されてきたもので，組織を構成している人たちはそれに慣れ親しんでいます。人は変化を嫌うものですから，人々が慣れ親しんでいる多くのものを一度に変えるのは非常に困難です。

4　DX を成功させるために

　このように，DX を実現するのには様々な困難がありますが，ここからは，そうした中でも DX を成功させるための方策を見ていきます。

（1）DX 推進のための環境整備

　DX を円滑に推進させるには，企業内の環境整備が必要であり，そのためには組織内のもつれた組織構造，制度，権限など多岐にわたる枠組みを変革しなければなりません（内山 2022：108-111）。

　DX を推進するにあたって必要となる企業内部の変革には，「意識」「組織（構造）」「制度」「権限」「人材」「情報システム」などが挙げられます。

　意識の変革としては，経営層や現場の危機感と変革に対する意識づけが挙げられます。組織（構造）の変革としては，DX 推進のための専門部署を設置することや既存の部署の役割を見直すことが必要です。制度の変革としては，DX を促進させる制度を採用し，DX の推進を阻害する制度については変更や緩和が必要になります。権限の変革としては，予算，人事，組織連携などに関する権限委譲と業務プロセスの変更です。人材の変革としては，DX 推進人材の確保・育成と全社員のリテラシーの向上が必要です。情報システムの変革としては，既存の旧式の情報システムが DX の推進を阻害することがないように，情報システムの見直し・シンプル化・再構築が必要です。[3]

（2）トップダウンで変革を進める

　一般に，変革の進め方としては，経営層がトップダウンで計画的に進める方法と，現場の意見や取り組みを中心として意思決定を行い，ボトムアップで創発的に進める方法が考えられます（山岡 2015：137-142）。トップダウン（top-down）とは，頂点（top）から下に（down）という意味で，企業の経営層など，組織の上層部が意思決定を行い，下部と見なされる現場に対して，その決定内容の実行を指示する管理方式のことです。ボトムアップ（bottom-up）はその対義語で，底・下（bottom）から上に（up）という意味で，企業などで，

下部と見なされる現場が上層部に対して提案を行い，それを上層部が承認する形で全体の方針を決定する管理方式のことです。そして創発とは，全体の中の部分が自由に動くことができると，その部分の相互作用によって，部分の単純な総和にとどまらない，高度で複雑な秩序やシステムが全体として生まれることです。

　前に述べた内山悟志は，DX に必要となる企業内部の 6 つ変革のうち，「組織（構造）」「制度」「権限」は会社の枠組みであるため，トップダウンの変革が求められるとしています（内山 2022：109）。また，西村（2021）は，DX が大きな変革である以上，経営幹部が中心となってリードしていくのが適切ですと述べています（西村 2021：50）。DX は大きな変革ですから，全社的な調整が必要です。それをボトムアップで行うには時間がかかりすぎます。また全社の DX 戦略として，既存のある部門の業績に悪影響があるような，あるいは当該部門を閉鎖することが適切であると考えられる場面が生じることがあるでしょう。こうした施策は，経営層がリードするトップダウン型で変革が行われる場合には，計画され，実施することができると思われますが，ボトムアップ型の創発的プロセスでは，自分が所属している部門に悪影響があるような計画が立案されることはないでしょうから，ボトムアップでは全社的に最適な施策が行われない可能性が高いからです。

（3）オーケストレーションの力を変革に用いる

　オーケストレーション（orchestration）とは，管弦楽における編曲法を意味する言葉で，音楽以外では，統合，結集，（巧みな）編成，組織化というような意味で使われます[4]。

　本章第 3 節（4）で述べたように，組織には強固な「組織のもつれ」が存在しています。そのため，ウェイドら（Wade et al.）は，DX のように同時に組織の複数の側面に大きな変革を起こすには，コッター（J. P. Kotter）が提唱するような順を追って一つずつ行う段階的な変革のプロセスは通用しないと述べています（Wade et al. 2019＝2019：61）。そして，DX を実行するには，「組織のもつれ」を意識してオーケストレーションの力を用いる必要があるとしています（Wade et al. 2019＝2019：59-60）。オーケストレーションとは，変革にお

いて「望みどおりの効果を得るために，リソースを動員し，機能させること」
と定義しています（Wade et al. 2019＝2019：61）。

　ウェイドら（Wade et al.）は次のように述べています。オーケストレーショ
ンにおける「楽器」は，組織内のリソースを変革する対象に応じて合理的に分
類したものです。各楽器は，新しい製品やサービスの立ち上げ，デジタルによ
る新たな顧客経験の提供，企業文化の変革といった特定の仕事を実現するため
に連携します。変革に取り組むには，組織内のいたるところにあるリソース
（楽器）をオーケストレートしなければなりません。華麗なオーケストラの演
奏と同じように，デジタルビジネス・トランスフォーメーションを成功させる
には「必要なとき」「必要な場所」（Wade et al. 2019＝2019：119-122）に楽器を
参加させる必要があります。

　また，「楽器」は成果を挙げるために団結した組織リソースの集合です。組
織リソースには，「人」「データ」「インフラ」の３種類があり，「人」は変革の
実行に必要な個人とチームを指し，「データ」は変革に必要な情報を指します。
「インフラ」は変革の実行に必要なものすべてであり，具体的な「モノ」，すな
わち施設（オフィスや倉庫，コンタクトセンターなど）や資本設備（工場や社用車，
機械など），情報機器資産（コンピュータやモバイル機器，データセンターなどの
ハードウェア）を指します。変革に必要な「人」「データ」「インフラ」は，あ
る特定の部署・場所にではなく，組織のいたるところに存在しています。DX
を実現するには，全社からリソースをかき集め，連携させてハーモニーを奏で
なければなりません（Wade et al. 2019＝2019：130-133）。

5　日本的経営

　ここまで，現代社会では DX の推進が求められていますが，DX には困難が
伴い，DX を推進するには，それらを克服する工夫が必要であることを述べて
きました。ここからは，日本の企業が DX を推進する際にどのようなことを
考えておかなければならないかについて解説します。

　冒頭で述べた通り，日本企業の経営スタイルである日本的経営は，欧米諸国
の企業の経営スタイルと大きく異なっています。そのため，DX が求められる

社会にあっては，そのスタイルがDXの推進に適合しているかどうかによって日本企業の業績が大きく影響され，日本経済全体の競争力にも大きな影響を与えるでしょう。それでは日本的経営とはどのようなものなのでしょうか。

（1）日本的経営はどのように論じられていたか

　従来から日本企業の経営スタイルと欧米企業とは異なっているという指摘は多くなされ，その特徴は日本的経営と呼ばれています。

　そのような指摘をはじめて行ったのは，アベグレン（J. C. Abegglen）であると言われています。アベグレンは1958年に，日本の企業経営の特徴として，終身雇用，年功賃金，企業別組合があると指摘しました（Abegglen 1958）。これらは日本的経営の「三種の神器」と呼ばれ，現在でもこの3つを日本的経営の特徴であると見なしている人は多く見られます。

　日本は1950年代半ばから1970年代初め頃まで高い経済成長を達成しました。また70年代の石油危機などにもうまく対処し，他国に先駆けて不況から回復したため，日本的経営は日本企業の競争力の源泉であると高く評価されるようになりました。1980年代には，「Japan As No. 1」（Vogel 1979）と言われることもありました。

　ところが，80年代後半のバブル経済とその崩壊後，90年代以降，日本経済は「失われた10年」あるいは「失われた20年」と言われるような長期の経済的低迷に陥りました。欧米各国の景気が回復しているにもかかわらず，日本だけが取り残されているという状況から，日本的経営に対する評価も一転して低下しました。日本経済が低迷した原因も日本企業の日本的経営にあるというような評価がなされるようになり，現在にいたっています。

（2）日本的経営の特徴

　日本的経営の「三種の神器」は，日本企業における雇用・人事制度を中心に論じたものですが，日本的経営あるいは日本型経営と呼ばれる，日本企業（特に日本の大企業）の経営の特徴については，多くの論者が様々な角度から指摘してきました。それらを戦略，組織，雇用・人事制度，経営理念・企業文化の観点によって整理すると，日本的経営の特徴は以下のようにまとめることがで

きます（中村 2013：75-78）。

 ① 経営理念，組織文化的特徴

  集団主義，共同体的価値観，人間尊重

 ② 戦略的な特徴

  内部成長重視の成長戦略，オペレーション（プロセス・イノベーション）

  志向，企業集団（系列）の重視

 ③ 組織的な特徴

  有機的で柔軟な構造，創発型の戦略形成，ボトムアップ型の意思決定現

  場の自律的ネットワーク，組織内パワーの平準化（生産部門にパワーが

  集中する傾向）

 ④ 雇用・人事制度の特徴

  終身雇用，年功賃金，企業内組合

　これらの特徴は，相互に強く関連しています。すなわち，いくつかの特徴が別のいくつかの特徴の前提になっていて，それらの特徴がまた別の特徴の前提になっているというような関係です。そのため，これらの特徴のうちの一つ，またはいくつかを変更しようとしてもうまくいかず，それらを変更するには日本的経営を全面的に変える必要性がでてきます。

（3）日本企業のデジタル競争力

　前述の通り，政府は目指すべき未来社会の姿として，Society 5.0を提唱しており，その実現には DX の推進が必要です。そして，それは単に望ましいというだけでなく，日本の企業にとって緊急の課題でもあります。なぜならば日本は諸外国と比較して DX の推進において遅れをとっており，デジタル分野の国際競争力が決して高くないからです。スイスのビジネススクールである IMD（国際経営開発研究所）による2022年の「世界デジタル競争力ランキング（IMD World Digital Competitiveness ranking）」では，日本は2021年からランクを３つ下げて63カ国中34位でした。このランキング調査は，世界63カ国・地域を対象に，経済的・社会的改革（Transformation）に向けたデジタル技術の採用と開拓に向けた「能力と準備（readiness）」を評価するものです。そして日本は東アジアの調査対象国（5 カ国：日本，中国，韓国，台湾，香港）の中でも

最下位で，かなり低い評価となっています。

このランキングには，アンケート調査による自国に係る自己評価を含むので，必ずしも客観的な評価とは言えないところもありますが，このような評価が出るということは，日本的経営はDXの推進に適合的ではないのかもしれません。

（4）日本的経営とDX

　日本的経営の特徴は上記の通りですが，これらのうち，日本企業がDXを進めようとする時に，強く影響するのは，本節（2）で記述した組織的な特徴である創発型の戦略形成，ボトムアップ型の意思決定，現場の自律的なネットワークという特徴です。これらの特徴は，欧米企業の経営の特徴である分析的・計画的・意図的な戦略形成，トップダウン型の意思決定，階層的（ヒエラルキー的・ピラミッド型とも言います）組織構造と対比することができます。

　現場の自律的ネットワークとは，企業組織の最前線の部門がある程度自律していて，ネットワーク状につながっているということです。通常，階層的な組織構造を持った組織では，情報の伝達や組織全体の調整は階層構造を通じてトップダウン形式で行われます。日本企業の組織の構造も少なくとも組織図に示されているような外形的な形態は階層構造ですが，日本企業には階層構造を越えた自律的なネットワークが現場にあります。そのため，日本企業では欧米の企業とは異なり，情報が階層的なコントロールに依存せずに共有され，全体の調整も現場主導で行われます（図9-2）。これにより，創発的な戦略形成，ボトムアップ型の意思決定が可能になるのです（Aoki 1988＝1992：309）。

　日本企業の強さの源泉は「優れた現場力」であるという指摘があります（小松原 2021：18）。そしてその「優れた現場力」は，創発型の戦略形成，ボトムアップ型の意思決定，現場の自律的なネットワーク型の組織構造という特徴によってもたらされています。沼上ら（2007：2-4）は，次のように述べています。

　　「日本企業の強みの源泉は，企業内に発達した横のネットワークを基盤としてミドル・マネジメントたちが自由闊達に議論を戦わせ，緊密なコミュニケーションをとりながら戦略を生成し，その実行にコミットしていくという組織の特徴だったのではないかと思われる。…（中略）…現場に近

図9-2　階層的組織構造と組織階層上のネットワーク

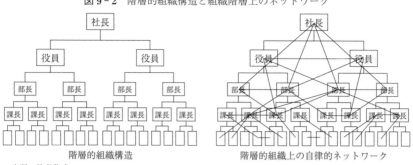

階層的組織構造　　　　　　　　階層的組織上の自律的ネットワーク

出所：筆者作成。

いミドル層がタテ・ヨコ・ナナメに密接な相互作用を行うことで，積み上げ的な革新や新事業展開が促され，現場に近いところで環境と経営資源のマッチングが適切に行われ，結果的に優れた事業展開のパターンが創発される。この『創発戦略』（emergent strategy）をミドル・マネジメント層が組織内外の相互作用・相互調整を通じて創出し実行してきたことが日本企業の強みの秘訣であり，それを支えるミドルたちの組織内相互作用プロセスが強さの源泉である。」（沼上ら 2007：2-4）

　このように，創発型の戦略形成，ボトムアップ型の意思決定，現場の自律的なネットワークという日本的経営の特徴は日本企業の強さの源泉でした。それによって1980年代には「Japan As No.1」と呼ばれるような強さを発揮できたのでした。

　それが1990年代になると日本企業は競争力を失いはじめます。それは，1980年代までは経営環境が日本的経営に適合していたのが，90年代になると適合しなくなったからでした。

　日本企業の強さの源泉であった「優れた現場力」がその強みを発揮できたのは，経営環境が比較的安定している80年代まででした。環境の変化がゆるやかで，企業の到達すべき目標が明確である時には，現場の自律的なネットワークが効果を発揮しました。全社的な調整に多少時間を要しても現場が率先して創意工夫を行うことで，既存の事業，資産，組織能力を「深化・有効活用」することに強みを発揮して，企業としての競争力を持つことが可能だったからです。

　ところが1990年代以降に，エレクトロニクス産業や情報通信産業を中心とし

て，2つの大きな変化が起き，経営環境が急速に激しく変化するようになりました。変化の一つはビジネスモデル（ビジネスの形）が垂直統合型から水平分業型に変化したことです。90年代以前は，部品の生産，機器の組み立て，販売，保守などの製品提供のプロセスのすべてを自社の中に囲い込むビジネスモデルが主流でした。それが90年代になると，部品の生産企業，機器の組み立て企業，流通企業のように複数の企業がそれぞれの得意分野を分担して製品を顧客に提供する水平分業モデルが主流になりました。

　もう一つの大きな変化は，水平分業モデルの台頭がもたらした結果でもありますが，利益の源泉が，それまで日本企業が得意としていた製品の改善・改良から，それまでにない新しいビジネスモデルによる新しい製品やサービスに移ってしまったことです。その象徴がアメリカの GAFA（Google, Apple, Facebook, Amazon）や中国の BAT（百度〔バイドゥ〕，阿里巴巴集団〔アリババ〕，騰訊〔テンセント〕）です。彼らはデジタル技術を活用した新しいビジネスモデルによって新しいサービスを提供して，莫大な利益を生み出しています。90年代には DX という言葉はありませんでしたので，DX が90年代から始まったとまでは言いにくいですが，90年代に始まった変革もデジタル技術によってもたらされたものですから，DX は90年代から始まったと言ってもよいかもしれません（立本・生稲 2020）。

　このような経営環境に適応するためには，新しい事業，資産，組織能力を「探索・開拓」することが必要です。それには，全社の到達目標を迅速に定めること，そして組織全体をそれに向けて俊敏に動かすことが必須です。それには経営層の強いリーダーシップによるトップダウンの経営が不可欠です。日本企業ではトップダウンのリーダーシップよりも，ボトムアップによる創発的な意思決定に強い成功体験があります。そして，これこそが企業の競争力の源泉だという考え方から脱却できておらず，ここに弱みがあります。そのため DX の奔流についていけていないのです。

6　両利きの経営

　本章では，第4節で DX を成功させるためには，トップダウン型の分析的・

計画的な経営が必要であると述べました。ところが，第5節で述べたように，日本企業の典型的な経営スタイルは，トップダウンによる計画的な経営とは対称的な，ボトムアップによる創発的な経営でした。そのためビジネスに変革を起こすことができていません。したがって，日本企業が DX を推進するには，日本的経営を意識的に修正していくことが必要です。ただし，それは日本的経営を全面的に変更して，日本企業が欧米型になることを目指すということではありません。

　変革にはトップダウンによる計画的な経営が必要です。しかし経営トップによる変革プランがいつも正しいとは限らず，現実を反映していないリスクがあります。したがって現場からのフィードバックを変革プランに適切に反映させる必要があります。すなわちトップダウンとボトムアップの往復プロセスが必要であるということです。そのためには経営トップは将来ビジョンの大枠を示すのにとどめ，現場にはそのビジョンの実現のために自律的に行動できる余地を残すことが必要です（山岡 2015：149, 169）。

　近年，オライリーとタッシュマンの「両利きの経営」（O'Reilly & Tushman 2021）という考え方が取り上げられることが多くなってきました。この「両利き（ambidexterity）」というのは，企業経営に必要な「exploitation（深化）」と「exploration（探索）」の両方を右手も左手も利き手であるように使えるという考え方です。[7] 通常，既存の事業，資産，組織能力を「深化・有効活用」することと，新しい事業，資産，組織能力を「探索・開拓」することは，トレードオフの（どちらか片方を優先するともう片方がおろそかになるという）関係にあると考えられがちです。しかし，企業が存続・成長していくためにはどちらも必要で，その2つのバランスをとることは可能であると主張されています。日本企業が DX を推進するのにあたり，目指すべきは両利きの経営でしょう。

　オライリーとタッシュマン（O'Reilly & Tushman 2021＝2022：383-411）は，両利きの経営を成功させるための要素は，次の4つであるとしています。

①　探索と深化が必要であることを正当化する，戦略的意図

②　経営陣の積極的な関与と支援

③　探索事業と深化事業の距離をとりながらも，企業内の資産や組織能力は活用させる組織構造

④　探索事業と深化事業にまたがる共通のアイデンティティ

　このような「両利きの経営」の実践には，DX の推進と同様，経営層が方針を明示するとともに，全体の調整，現場の課題解決にリーダーシップを発揮することが重要です。元々，日本企業の現場の力には卓越したものがあり，「深化」には強みを持っています。経営層がリーダーシップを発揮して「探索」を強化すれば，両利きの経営が達成され，DX を実現することができるでしょう。

注

(1)　対象となるものの音・光・温度・圧力など情報を収集し，機械が取り扱うことができる信号に変換する装置。

(2)　人間の知能や人間の知的行動と同じような，言語の理解や推論，判断，問題解決，学習などの機能を持つコンピュータ・システムのこと。DX を推進するための重要な手段となる情報通信技術の一つ。

(3)　本書第6章を参照。

(4)　研究社『新英和中辞典』(https://ejje.weblio.jp/content/orchestration, 2022年8月31日アクセス)。

(5)　コッター（J. P. Kotter）は変革を成功させるには，次の「8つのプロセス」を段階的に実施しなければならないと述べています（Kotter 1996＝2002：45）。

　　　①　危機意識を高める
　　　②　変革推進のための連帯チームを築く
　　　③　ビジョンと戦略を生み出す
　　　④　変革のためのビジョンを周知徹底させる
　　　⑤　従業員の自発を促す
　　　⑥　短期的成果を実現する
　　　⑦　成果を活かして，さらなる変革を推進する
　　　⑧　新しい方法を企業文化に定着させる

(6)　組織リソースは3つのセクションの8つの領域に分類されます。

　　　1）市場開拓セクション
　　　①　製品・サービス（あなたの会社が売る製品やサービス）
　　　②　チャネル（製品やサービスを顧客に届ける方法，市場までの道筋）
　　　2）エンゲージメント・セクション
　　　③　顧客エンゲージメント（顧客とどう関わっているか）
　　　④　提携業者エンゲージメント（提携業者のエコシステムとどう関わっているか）

　⑤　ワークフォース・エンゲージメント（従業員や契約スタッフとどう関わっ
　　ているか）
　3）組織セクション
　⑥　組織構造（事業部門やチーム，命令系統，プロフィットセンター，コスト
　　センターの構造）
　⑦　インセンティブ（従業員のパフォーマンスやふるまいがどう報奨される
　　か）
　⑧　文化（会社の価値観や態度，信念，習慣）
(7)　O'Reilly & Tushman（2021＝2022：9）（監訳者入江章栄による解説）。

参考文献

内山悟志（2022）『未来ビジネス図解 DX 実践超入門』エムディーエヌコーポレーシ
　ョン。

外務省「持続可能な開発目標（SDGs）達成に向けて日本が果たす役割」。

経済産業省（2018）「デジタルトランスフォーメーションを推進するためのガイドラ
　イン」。

小松原聡（2021）「日本企業の経営改革実態と新時代における日本型企業再生に関す
　る考察——デジタル・トランスフォーメーション環境下における日本企業の進化」
　『青森中央学院大学研究紀要』34，17-35頁。

立本博文・生稲史彦（2020）「DX の過去，現在，未来」『一橋ビジネスレビュー』68
　(2)，6-18頁。

冨山和彦（2020）『コーポレート・トランスフォーメーション』文藝春秋。

内閣府 統合イノベーション戦略推進会議（2019）「人間中心の AI 社会原則」。

中村裕一郎（2013）『アライアンス・イノベーション——大企業とベンチャー企業の
　提携：理論と実践』白桃書房。

西村泰洋（2021）『DX のしくみ』翔泳社。

日本経済団体連合会（2020）「Digital Transformation（DX）——価値の協創で未来
　をひらく」。

沼上幹・軽部大・加藤俊彦・田中一弘・島本実（2007）『組織の〈重さ〉——日本的
　企業組織の再点検』日本経済新聞出版社。

山岡徹（2015）『変革とパラドクスの組織論』中央経済社。

Abegglen, J. C.（1958）*The Japanese Factory: Aspects of Its Social Organization*, Free
　Press.（＝1958，占部都美訳『日本の経営』ダイヤモンド社。）

Aoki, Masahiko（1988）*Information, Incentives and Bargaining in the Japanese
　Economy: A Microtheory of the Japanese Economy*, Cambridge University Press.
　（＝1992，永安浩一訳『日本経済の制度分析——情報・インセンティブ・交渉ゲー

ム』筑摩書房。）

Kotter, J. P.（1996）*Leading Change*, Harvard Business Review Press.（＝2002, 梅津祐良訳『企業変革力』日経 BP 社。）

O'Reilly, C. III & Tushman, M. L.（2021）*Lead and Disrupt: How to Solve the Innovator's Dilemma Second Edition*, Stanford University Press.（＝2022, 入山章栄監訳, 渡部典子訳『両利きの経営──「二兎を追う」戦略が未来を切り拓く　増補改訂版』東洋経済新報社。）

Stolterman, E. & Fors, A. C.（2004）"Information Technology and the Good Life," in Kaplan, B. et al.（eds.）*Information Systems Research: Relevant Theory and Information Practice*, Springer, pp. 687-692.

Vogel, E. F.（1979）*Japan as Number One: Lessons for America*, Harvard University Press.（＝1979, 広中和歌子・木本彰子訳『ジャパン・アズ・ナンバーワン』TBS ブリタニカ。）

Wade, M., Macaulay, J. & Noronha, A.（2019）*Orchestrating Transformation: How to Deliver Winning Performance with a Connected Approach to Change*, DBT Center Press.（＝2019, 根来龍之訳『DX 実行戦略──デジタルで稼ぐ組織をつくる』日本経済新聞出版社。）

<table>
<tr><td>第10章</td><td>なぜユニクロやダイドードリンコは自社の工場を持たないのか
——利益・安全余裕率から見たファブレス生産の意味

今林正明</td></tr>
</table>

― キーワード ―

ファブレス生産　安全余裕率　スプレッドシート

1　工業・商業の分業から，SPA・OEM・ファブレス生産へ

　私たちは，自宅農園で栽培した野菜や日曜大工で作った棚などを除けば，日々，衣類，食品，住居関係の商品を店舗やインターネットで購入しています。

　これらの商品が，材料から製造され，最終消費者（顧客：Customer）にたどり着くまでの流れは，ここ数十年で大きく変わってきています。

　ご存じのように，日本商工会議所主催の簿記検定（2級）では，「工業簿記」と「商業簿記」という2つの科目があります。工業とは，材料を仕入れ，加工し，製品として販売する企業（Business）を指し，商業とは，仕入れた商品をそのまま販売する企業を言います。具体的には，工業の会社が製造した製品を，商業である卸売業が仕入れ（Business to Business〔B2B〕），さらに小売業がその商品を仕入れ，最終消費者に販売（Business to Customer〔B2C〕）します。

　簿記検定の科目名になるほど，工業と商業は，別のビジネスモデルであるという時代が長く続きましたが，近年，皆さんがコンビニエンスストアやショッピングモールで購入する商品の多くはこのような流れに乗らず，1社が製造から販売まですべてを担当していたり（SPA：Specialist Retailer of Private Label Apparel），[1] 実は販売されているブランドとは異なる会社で作られていたり（OEM：Original Equipment Manufacture，ODM：Original Design Manufacture）[2] することが多くなっています。また，メーカー（製造業）と思われる会社が実は工場を持っていない，つまり，ファブレス生産[3] であることも多くなっています。

　本章では，ファブレス生産というビジネスモデルに着目します。ファブレス

生産とは fab（fabrication facility：「工場」）を所有せず「製品の企画や設計のみ
を自社で行い，生産は外部に委託している企業」を言います。

　ファブレス生産をしている会社には，Apple，ファーストリテイリング（ユ
ニクロ・GU），ダイドードリンコ（自動販売機飲料）といった皆さんがよく知っ
ている企業も多数あります。

　以下本章の第2節では，ファブレス生産，SPA 型生産，OEM，ODM との
関係について説明します。第3節では，SPA，ファブレス生産を損益構造で
考えることの意義を述べ，第4節では，本章で用いる損益分岐点分析と安全余
裕率について概説します。第5節では，飲料メーカーのファブレス生産を例に
して，第6節で説明する仮説モデルの前提・仮定について説明します。第6節
では，製品開発・製造を行う伝統的なメーカー，製品開発・製造（自社生産）・
販売をすべて1社で行う SPA 型，及びファブレス生産を行う SPA 型の3つ
のビジネスモデルの長所・短所について，営業利益，損益分岐点，安全余裕率
の観点からスプレッドシートを用いたシミュレーションを行い分析を試みます。

2　現代の製造業における「生産活動」と「経営活動」

（1）製品開発・製造を行う，既存の「メーカー」について

　古くからのビジネスモデルとして，工業（メーカー）が開発・設計・生産し
た製品を，卸売業に販売し，ここで製品は商品と名を変えて卸売業から小売業
に販売され，小売店にて最終消費者の手に届くこととなります。もちろん，イ
オンなどの流通グループが，メーカーから卸を介さず直接取引することもあり
ます。この伝統的なビジネスモデルでは，メーカー・卸・小売という「プレイ
ヤー」たちはすべて自分の計算（リスク）で製造量や仕入れ量を決定すること
になります。そのために，適正在庫量の維持に失敗すると不良在庫の問題が生
じます。特に，製造業においては，製品の需要予測を数年先まで行い，工場・
機械などの設備投資資金が回収できる見通しがあって，初めて生産開始の意思
決定を行うため，適正在庫量の維持は大変に重要な問題となります。

（2）製品開発・製造・販売を1社で行う場合（SPA 型）の特徴

　SPA 型とは，ファッション商品の企画から生産，販売までの機能を垂直統合したビジネスモデルで，日本語では「製造小売業」と訳されます。特に，主にユニクロをブランドとするファーストリテイリングの HP では，自ら，世界のアパレル製造小売業の中で自社が3位にいることを宣言しています（ファーストリテイリング HP）。なお，製造小売業の「製造とは，縫製工場を自社に備えての製品生産ではなく，製品企画を意味している」（加藤 2020：100）ため，ファブレス生産を採用していても SPA 型とは矛盾しないと言えます。

　SPA 型企業は，生産から販売を垂直統合したビジネスモデルです。ファッション産業では，いわゆる「夏物（冬物）処分セール」が行われるのが通例でした。まず商品計画を立て，展示会で受注を受けて生産数を決定します。この場合，企画から販売までのリードタイムが長くなってしまい需要変動への対応が難しかったため，「セール」で在庫を調整する。結局のところトータルの利益を確保するためには，需要変動分のリスクは当初の商品価格に転嫁され，消費者は割高な製品を買わされていたということになります（平井 2016：25）。

　そこで，生まれたのが SPA という考え方です。企画から製造・販売を一貫して管理するため，例えばアパレルの Honeys では，商品の企画から店頭に並ぶまで，わずか40日です。また，工場から店舗に直接商品を納品するシステムも採用しています（Honeys 社 HP）。SPA という用語を初めて使用したのは1987年の GAP であったと言われています（李 2009：127）。アパレル産業では，ファーストリテイリングの他に，ZARA，GAP，H&M などが SPA を採用している企業（ブランド）となっています（平井 2016：32）。

（3）相手側ブランドによる生産である OEM の特徴

　OEM は，委託した会社のブランドで製品を生産すること，または生産するメーカーのことです。具体的には，自社が製造している製品を，他社の製品として販売することを言います。OEM は，委託する会社側における利点は，製品の詳細設計，組み立て図面を受託する会社に提供し，技術指導も行うとされます。委託者の生産能力の不足を補ったり，設備投資を行わずに自社製品構成を充実させたりするために効果のある方法です。

　受託する会社側の利点は，余剰の生産能力の活用，委託する会社から企画・生産管理・品質管理などに関する技術情報などを得られること，当該製品について顧客開拓のコストがかからないこと，発注数が多い場合の量産効果などが挙げられます。

（4）委託した会社のブランドで製品を設計・生産する ODM の特徴

　ODM は，委託した会社のブランドを用いますが，その製品の開発・設計・生産のすべてを受託する会社が行う場合を言います。ODM の会社の中には，自らの製品を自社ブランドで発売するところもあり，開発・設計・生産について委託する会社と同等以上の技術力が必要条件となります。

（5）ファブレス生産について

　ファブレスメーカーとは，「製品の企画や設計のみを自社で行い，生産は外部に委託しているメーカー」（日本銀行調査統計局 2021：PⅢ-3-8）を言います。「ファブレス生産」は，あくまで生産委託をした会社の立場についての表現であるのに対し，OEM 及び ODM は，受託した会社の立場についての表現であるということに注意が必要です。

3　SPA 型，ファブレス生産を損益構造で考えることの意義

　これまで述べたように，伝統的な製造業→卸売業→小売業→消費者の流れを大きく変えたのが，SPA 型であり，ファブレス生産（受託者側から見ると OEM）です。本節では，これらの手法が企業の損益にどのような影響を与えるのかについて述べていきます。その前提として，基本的事項である損益分岐点分析の基礎について学び，仮設例（ドリンクメーカー）について，伝統的なビジネスモデル，自社で生産まで行う SPA 型モデル，ファブレス生産を前提とした SPA 型モデルの 3 つを比較していきたいと思います。日本の飲料メーカーでは，ファブレス生産と名乗っているダイドードリンコが，企画から自動販売機の管理(6)まで同社グループで行っているため，SPA 型と言えるでしょう（ダイドードリンコ HP）。なお，SPA の「A」は，アパレルを意味するため，そ

の業界以外について SPA と名乗るのには違和感があるかもしれませんが，企画開発から販売までをすべて手掛ける企業を SPA 型と呼ぶことといたします。[7]

　なお，ODM については，受託会社が企画・設計から生産までを自社の計算で行った製品を，委託会社はブランドを付けて販売するのみ，いわば「商社」となっているため，本章のスプレッドシートによるシミュレーションでは，取り上げませんでした。

4　利益計画の基本技法（損益分岐点分析）

　本節では，本章を学ぶ上で必要な「損益分岐点分析」ならびに「安全余裕率」の基礎について学びます。[8]

　さて，企業に入ってくる価値である「収益（売上高など）」から，その収益の獲得のために企業から出て行った価値である「費用」を差し引いた額が，「利益」，つまり，儲けとなります。

　企業の成績表である財務諸表の中で，収益と費用の差額から利益を計算する書類が「損益計算書」です。公表用の損益計算書では，費用は「売上原価（＝売れた商品・製品の仕入値）」「販売費及び一般管理費」等に分類されますが，損益分岐点分析では，「変動費（＝生産量等に比例して発生する原価）」と「固定費（＝生産量等が変化しても不変の原価）」に原価を分解して損益分岐点（利益が0になる売上高（もしくは生産高）を求めます。

　変動費の例としては，商業においては売上原価（売れた商品の仕入値），工業においては，製品を構成する材料（直接材料）の原価などがあります。固定費の事例としては，商業・工業の双方においては，販売費及び一般管理費，工業においての製造設備の減価償却費などがあります。ただし，販売費及び一般管理費であっても，商品・製品を一単位ずつ顧客に発送する場合の発送費などは，発送した数に比例して輸送費が発生するため変動費となります。

（1）損益分岐点の求め方

　この項では，簡単な数値例で損益分岐点の計算方法を説明します。

　K社の某期における数値は，次の通りでした。売上高が1,000（万円），変動

図 10 - 1　K社の損益分岐図

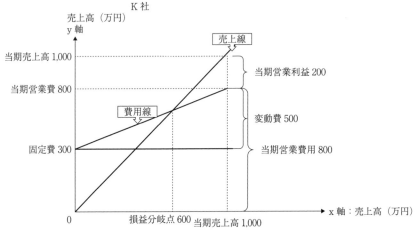

出所：片岡（2007：341）を基に筆者加筆。

費が500（万円），固定費が300（万円）とします。

　図10 - 1において，横軸の売上高に対して，縦軸では，費用の変化を表しています。この図表の売上高を表す「売上線」と費用を表す「費用線」を式で表すと次のようになります。

$$売上線：y = x \tag{1}$$

$$費用線：y = \frac{変動費}{売上高} \times x + 固定費 = \frac{500}{1,000}x + 300 \tag{2}$$

$$\therefore x = 600（万円）$$

　式(1)と(2)を連立方程式として解き，売上線と費用線の交点を求めることによって，損益分岐点売上高600（万円）が求められます。つまり，このK社において，1期当たりの売上高が600（万円）を超えると，黒字，つまり利益がプラスの状態になります。なお，損益分岐点売上高を公式で表現すると次式になります。

$$損益分岐点売上高 = \frac{固定費}{\left(1 - \dfrac{変動費}{売上高}\right)} \tag{3}$$

　さらに，取り扱う製品（商品）が一種類である場合，変動費と売上高を各々

売上数量で除すことにより，式(3)は，次のように示すことができます。

$$損益分岐点売上高 = \frac{固定費}{\left(1 - \dfrac{単位当たり変動費}{売上単価}\right)} \quad (4)$$

（2）直接原価計算による損益計算書

　本章では，製造業を扱うため原価計算が必要となります。財務会計（公表用財務諸表をつくるための会計）における原価計算は「全部原価計算」というやり方で，すべての製造原価（変動費＋固定費）を製品の原価とします（岡本2000：25）。そのために製品原価の中に製造機械の減価償却費などの固定費が配賦（配分）されてしまうので，損益分岐点分岐点を計算する際に製品原価の値を使うことはできません。そこで，損益分岐点分析と相性の良い「変動製造原価のみを製品原価とする」という，「直接原価計算」があります（岡本2000：533）。この方法による損益計算書を用いて，当期のＫ社の経営成績を示します。なお，期首と期末の在庫高が一致する場合，全部原価計算による営業利益と直接原価計算による営業利益が一致することが知られています（岡本2000：562）。

Ｋ社　直接原価計算による損益計算書　（単位：万円）

Ⅰ	売上高	1,000
Ⅱ	変動費	<u>500</u>
	限界利益	500
Ⅲ	固定費	<u>300</u>
	営業利益	<u>200</u>

以下，本章では，この直接原価計算の形式で損益計算書を示します。

（3）安全余裕率

　企業の業績を評価する指標は多数ありますが，本章では「安全余裕率」（片岡 2007：344）を取り上げます。定義は次式の通りです。

$$安全余裕率（\%） = \frac{売上高 - 損益分岐点売上高}{売上高} \times 100 \quad (5)$$

この指標の意味としては，対象としている企業の売上高が減少した場合，何パーセント減ると利益（営業利益）が０円，すなわち損益分岐点になるのかを示す指標です。売上高営業利益率$\left(\dfrac{営業利益}{売上高}\times100\right)$が同じであっても，総費用に占める変動費の比率が高いほど安全余裕率は高くなり，固定費の比率が高いほど安全余裕率は低くなります。K社の安全余裕率は，次式の通りです。

$$\frac{売上高－損益分岐点売上高}{売上高}\times100=\frac{1,000-600}{1,000}\times100=40（％）\qquad(6)$$

5　ファブレス生産が利益に及ぼす影響（モデル）

（1）本節の目的

前節までに学んだことをもとに，「製品開発・製造を行う，伝統的なメーカー」，製品開発・製造（自社生産）・販売を１社で行う SPA 型，及びファブレス生産を行う SPA 型の３つのビジネスモデルについて，シンプルな数値例を用い，かつ，毎期売上高が伸びていく場合，減少していく場合について，利益や安全余裕率がどう変化するのかを分析していきます。図 10-2 を見てください。

モデル１は，「製品開発・製造を行う，伝統的なメーカー M 社（Manufacturing Industry）が，卸である W 社（Wholesale）に販売して，小売の R 社（Retail Business）が最終消費者に販売しているモデルです。

モデル２は，S 社（SPA 型）が，製造から販売までをすべて担当し，消費者に直接販売しているモデルです。

モデル３は基本的には SPA 型ですが，ファブレス生産を行う F 社が，受託生産を行う C 社（Consignment Production）に生産委託（OEM）しているモデルとなります。なお，開発費について仮定を設定することにより，OEM とODM の比較モデルを作ることが可能ですが，本章では開発費の償却は「その他の固定費」に含まれると仮定し，ODM には言及しません。

図 10 - 2　本章が用いる 3 モデル

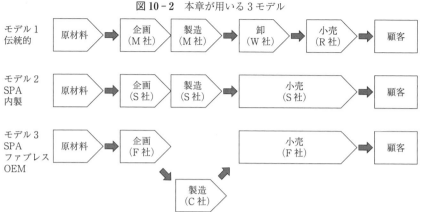

出所：JMR 生活総合研究所 HP の図を参考に筆者が加筆修正。

（2）3 つのモデルに共通する数値の設定

　まず，3 つのモデルに共通の仮定について述べます。消費税や法人税等は考えないものとします。製造しているのは缶入りの飲料水で，変動費は材料費（飲料自体＋缶）の30円／本です。顧客への販売価格は100円／本です。この缶を製造するための設備投資は，20,000,000円で，物理的な耐用年数は10年。よって減価償却費としての「製造固定費（生産設備）」は，年間2,000,000円となります（定額法　残存価額 0 円として計算）。また，設備は 1 年目の期首より使用を開始したと仮定します。なお，仮に 5 年目に，例えば「缶飲料の製造からペットボトル飲料の製造に変更する」等の理由により，この設備を廃棄する場合の設備売却価額は1,000,000円とします。製造に関する固定費としては他に，「製造固定費（その他）」が，毎年，1,000,000円発生します。これは，固定給で働いている作業者の賃金などが含まれます。1 年目の生産量は，100,000本，2 年目以降，売上本数が逓増・逓減する場合についても，需要と供給は一致しており，その結果，期首及び期末の在庫はないものとします。

1）モデル 1 ——製品開発・製造を行う，伝統的な「メーカー」の場合

　モデル 1 において，モデル 2 やモデル 3 と比較するのは，M社の部分です。M社は，W社に，飲料を80円／本で卸し，W社はR社に90円／本で卸します。W社もR社もこの飲料のみを商品として扱っています。W社及びR社は，この缶入り飲料のみを扱う企業と仮定します。3 社の「開発及び販売固定費」の合

計2,000,000円は，モデル2のS社，モデル3のF社の販売固定費と同額になるように設定されおり，外部からの材料仕入れならびに顧客への販売に関する条件も同一なので，結果的にモデル1からモデル3の各々の営業利益の合計は一致します。

2）モデル2──製品開発・製造（自社生産）・販売を1社で行う場合（SPA型）

S社は，SPA型として，製造から販売まですべてを手掛けます。

3）モデル3──ファブレス生産によるOEMを行う場合

F社は，生産をC社に委託しています。C社はOEMとなるため，販売固定費は発生しません。C社がF社に納品する際の単価は68円／本としました。ここでは，単価に本数を乗じた金額をF社がC社に支払うと仮定しました。実際の飲料生産を受託する企業では，ロット単位の受注を行っている例があります。[9]

6　各モデルの分析

（1）表計算ソフトによるシミュレーション

本節では，前節の仮定に基づき表計算ソフトを利用した，10年間のシミュレーションを用いて分析を行います。まず，モデル1のM社，モデル2のS社，モデル3のF社とC社について，各々の損益分岐点や安全余裕率を表計算で表す方法について述べます。次に各々のモデルについて，飲料の売上本数をパラメータに取り，売上本数が逓減していくことによって，利益や安全余裕率がどのように変化していくかを分析します。なお，以下の説明においては，金額・率において，小数点以下第1位を四捨五入しています。

（2）表計算による，各モデルの損益分岐点・安全余裕率の計算

まず，モデル1のM社について，前節の仮定に基づき，損益分岐点売上高と安全余裕率を求めるスプレッドシートについて表10-1を用いて説明します。なお，太枠で囲われた部分がデータの入力域です。

表10-1に埋め込まれている式は，表10-2の通りです。

表10-2において，例えば，E2というセルの「＝C2＊D2」という式は，C2：売上の単価，D2は，販売本数を表すので，このセルは売上高を示すこと

表10-1　モデル1　M社の損益分岐点・安全余裕率

	A	B	C	D	E	F	G	H	I
1	モデル1		単価（円/本）	生産・販売本数	金額（円）				
2	M社	売上高（円）	80	100,000	8,000,000		損益分岐点売上高	6,400,000	円
3							安全余裕率	20	%
4		製造原価（変動費）（円）	30	100,000	3,000,000				
5			設備投資（円）	耐用年数					
6		製造固定費（生産設備）（円）	20,000,000	10	2,000,000				
7		製造固定費（その他）（円）			1,000,000				
8		製造原価合計（円）			6,000,000				
9		開発及び販売固定費（円）			1,000,000				
10			営業利益		1,000,000				

出所：筆者作成。

表10-2　表10-1に埋め込まれている式について

	A	B	C	D	E	F	G	H
1	モデル1		単価（円/本）	量・販売本数	金額（円）			
2	M社	売上高（円）	80	100000	=C2*D2		損益分岐点売上高	=(E6+E7+E9)/(1-C4/C2) 円
3							安全余裕率	=(E2-H2)/E2*100 %
4		製造原価（変動費）（円）	30	=D2	=C4*D4			
5			設備投資（円）	耐用年数				
6		製造固定費（生産設備）（円）	20000000	10	=C6/D6			
7		製造固定費（その他）（円）			1000000			
8		製造原価合計（円）			=SUM(E4:E7)			
9		開発及び販売固定費（円）			1000000			
10			営業利益		=E2-(E4+E6+E7+E9)			
11								

出所：筆者作成。

がわかります。H2 というセルの損益分岐点売上高は，前節の式(4)に固定費（製造固定費（生産設備），製造固定費（その他）と開発及び販売固定費），売上の単価，変動費の単価を代入することによって求めています。

　表10-3は，モデル1において，M社が卸のW社に80円の価格で販売した製品を，W社がR社に90円の価格で販売し，R社が最終消費者に100円の価格で販売している状況を示しています。両社とも500,000円の営業利益を上げています。

　モデル2の「製品開発・製造（自社生産）・販売を1社で行うSPA型」について，損益分岐点売上高と安全余裕率を求めるスプレッドシートを示しました（表10-4）。

　表10-5は，モデル3の，受託生産を行うC社（Consignment Production）に生産委託（OEM）をしているモデルについてのスプレッドシートです。

表10-3　モデル1　W社とR社の損益分岐点・安全余裕率

			販売価格(円/本)					
11			販売価格(円/本)					
12	W社	売上高(円)	90	100,000	9,000,000	損益分岐点売上高	4,500,000	円
13						安全余裕率	50	%
14		仕入原価（変動費）	80	100,000	8,000,000			
15		販売固定費(円)			500,000			
16			営業利益		500,000			
17			販売価格(円/本)					
18	R社	売上高(円)	100	100,000	10,000,000	損益分岐点売上高	5,000,000	円
19			仕入単価(円/本)			安全余裕率	50	%
20		仕入原価（変動費）(円)	90	100,000	9,000,000			
21		販売固定費			500,000			
22			営業利益		500,000			

出所：筆者作成。

表10-4　モデル2のS社における損益分岐点・安全余裕率

	A	B	C	D	E	F	G	H	I
1	モデル2		単価(円/本)	本数	金額（円）				
2	S社	売上高(円)	100	100,000	10,000,000		損益分岐点売上高	7,142,857	円
3							安全余裕率	29	%
4		製造原価（変動費）(円)	30	100,000	3,000,000				
5			設備投資（円）	耐用年数					
6		製造固定費（生産設備）(円)	20,000,000	10	2,000,000				
7		製造固定費（その他）(円)			1,000,000				
8		製造原価合計（円）			6,000,000				
9		開発及び販売固定費（円）			2,000,000				
10			営業利益(円)		2,000,000				
11									

出所：筆者作成。

表10-5　モデル3のF社，C社における損益分岐点・安全余裕率

	A	B	C	D	E	F	G	H	I
1	モデル3		単価(円/本)	本数	金額(円)				
2	F社	売上高(円)	100	100,000	10,000,000		損益分岐点売上高	6,250,000	円
3							安全余裕率	38	%
4		仕入原価(変動費)(円)	68	100,000	6,800,000				
5		開発及び販売固定費(円)			2,000,000				
6			営業利益		1,200,000				
7									
8			単価(円/本)	本数	金額(円)				
9	C社	売上高(円)	68	100,000	6,800,000				
10									
11		製造原価(変動費)(円)	30	100,000	3,000,000		損益分岐点売上高	5,368,421	円
12		製造固定費(生産設備)(円)	20,000,000	10	2,000,000		安全余裕率	21	%
13		製造固定費(その他)(円)			1,000,000				
14		製造原価(合計)(円)			6,000,000				
15		営業利益(円)			800,000				

出所：筆者作成。

表10-6　直接原価計算による損益計算書

	モデル1	モデル2	モデル3	モデル3	(単位:円)
	M社	S社	F社	C社	
I 売上高	8,000,000	10,000,000	10,000,000	6,800,000	
II 変動費	3,000,000	3,000,000	6,800,000	3,000,000	
限界利益	5,000,000	7,000,000	3,200,000	3,800,000	
III 固定費	4,000,000	5,000,000	2,000,000	3,000,000	
営業利益	1,000,000	2,000,000	1,200,000	800,000	
損益分岐点売上高	6,400,000	7,142,857	6,250,000	5,368,421	
安全余裕率(%)	20	29	38	21	

出所：筆者作成。

（3）モデルについての静的な比較

　ここで，前項で計算した各モデルのM社，S社，F社及びC社の経営成績について，第4節で説明した直接原価計算による損益計算書を用いて比較します。

　表10-6では，第5節で仮定した数値により，3つのモデルの静的な比較を行います。

　まず，モデル1のM社は，伝統的な製造業で，卸に販売するのみで，下流の卸や小売の活動を経て顧客に販売するモデルですので，製造から販売のすべてを網羅するモデル2のS社に対して，売上高も利益も少なくなります。ここで注目すべきは，同じSPA型であるモデル2のS社と，モデル3のF社の比較になります。製造をC社に委託し，68円／本で缶飲料を仕入れるため，S社より利益は少なくなります。しかし，注目すべきはF社の安全余裕率の高さです。

　S社の29％に対して21％となっています。これは，同じ売上高・同じ総費用の2社を比較した場合，総費用に占める変動費の比率（変動費率）が高いほど，安全余裕率は高くなる（片岡2007：344）ためです。S社の変動費率は30％なのに対し，F社のそれは68％もあります。

（4）各モデルの動的な比較

1）売上本数が逓増する場合

　まず，売上本数つまり売上高が逓増する場合ですが，企業経営において売上高が増えていくことは経営成績を良くすることと，一般には同義になります。例外的に値下げを行い売上数量を増加させた場合に，売上高が減少する場合もありますが，本モデルの場合，価格一定で仮に売上本数が逓増していった場合，売上高・限界利益の双方が増加するため，すべての会社の業績が向上するのはモデル構造的に明らかです。

2）売上本数が逓減する場合

　さて，各モデルにおいて，10年間（製造設備の物理的耐用年数と同一）にわたり，毎年，前年度と比較して2％ずつ売上本数・売上高が減少する場合について分析します。現実の企業では，販売が減少に転じると，在庫が増えるのが通例です。特に食品（飲料）では消費期限・賞味期限があるので廃棄もあり得ますので，現実はこのモデルより厳しい状況になると言えます。

　まず，表10-7は，モデル1，M社の動的な変化です。

　このスプレッドシートの作成について解説します。2行目の「販売生産本数（本）」の行は，表10-8のような式が組み込まれています。

　表10-8のL2のセルにおいて，「＝K2＊0.98」となっており，10年目に至るまで左隣のセルに0.98倍した売上高が計算されるようにしています。なお，本来は各年の製造・販売数量を計算する際に整数化関数を用いなければなりませんが，式を複雑にしないことを優先し，端数込みのままで計算を行っています。

　さて，表10-9からは，10年後には，営業利益が初年度に比べて59％減少し，安全余裕率も14％となっています。

　S社は，この缶飲料の製造から販売のすべてを担っており，モデル1における製造のみのM社に比べて，販売部門で上げられる営業利益があるため，利益においても安全余裕率においても相対的に良い状況であると言えます。現実の企業を想定すると，外部の卸や小売に製品を販売する場合に比べ，SPA型は，流通費用や在庫の調整などにおいてコストダウンできる要因が多いと考えられるので，この数値以上にSPA型の方が業績として有利になるであろうと考え

表10-7　モデル1　M社における10年間の推移

期	1年目	2年目	3年目	4年目	5年目	6年目	7年目	8年目	9年目	10年目
販売生産本数(本)	100,000	98,000	96,040	94,119	92,237	90,392	88,584	86,813	85,076	83,375
販売単価(円/本)	80	80	80	80	80	80	80	80	80	80
売上高(円)	8,000,000	7,840,000	7,683,200	7,529,536	7,378,945	7,231,366	7,086,739	6,945,004	6,806,104	6,669,982
製造原価(変動費)(円)	3,000,000	2,940,000	2,881,200	2,823,576	2,767,104	2,711,762	2,657,527	2,604,377	2,552,289	2,501,243
製造固定費(設備)(円)	2,000,000	2,000,000	2,000,000	2,000,000	2,000,000	2,000,000	2,000,000	2,000,000	2,000,000	2,000,000
製造固定費(その他)(円)	1,000,000	1,000,000	1,000,000	1,000,000	1,000,000	1,000,000	1,000,000	1,000,000	1,000,000	1,000,000
製造原価合計(円)	6,000,000	5,940,000	5,881,200	5,823,576	5,767,104	5,711,762	5,657,527	5,604,377	5,552,289	5,501,243
開発および販売固定費(円)	1,000,000	1,000,000	1,000,000	1,000,000	1,000,000	1,000,000	1,000,000	1,000,000	1,000,000	1,000,000
総原価(円)	7,000,000	6,940,000	6,881,200	6,823,576	6,767,104	6,711,762	6,657,527	6,604,377	6,552,289	6,501,243
営業利益(円)	1,000,000	900,000	802,000	705,960	611,841	519,604	429,212	340,628	253,815	168,739
損益分岐点売上高(円)	6,400,000	6,400,000	6,400,000	6,400,000	6,400,000	6,400,000	6,400,000	6,400,000	6,400,000	6,400,000
安全余裕率(%)	20	18	17	15	13	11	10	8	6	4

出所：筆者作成。

表10-8　表10-7に埋め込まれている式について

	J	K	L	M	
1	期	1年目	2年目	3年目	4.
2	販売生産本数(本)	100000	=K2*0.98	=L2*0.98	=
3	販売単価(円/本)	80	80	80	8(
4	売上高(円)	=K2*K3	=L2*L3	=M2*M3	=

出所：筆者作成。

表10-9　モデル2　S社における10年間の推移

期	1	2	3	4	5	6	7	8	9	10
販売生産本数(本)	100,000	98,000	96,040	94,119	92,237	90,392	88,584	86,813	85,076	83,375
販売単価(円/本)	100	100	100	100	100	100	100	100	100	100
売上高(円)	10,000,000	9,800,000	9,604,000	9,411,920	9,223,682	9,039,208	8,858,424	8,681,255	8,507,630	8,337,478
材料単価(円/本)	30	30	30	30	30	30	30	30	30	30
製造原価(変動費)(円)	3,000,000	2,940,000	2,881,200	2,823,576	2,767,104	2,711,762	2,657,527	2,604,377	2,552,289	2,501,243
設備投資(円)	20,000,000	20,000,000	20,000,000	20,000,000	20,000,000	20,000,000	20,000,000	20,000,000	20,000,000	20,000,000
耐用年数	10	10	10	10	10	10	10	10	10	10
製造固定費(設備)(円)	2,000,000	2,000,000	2,000,000	2,000,000	2,000,000	2,000,000	2,000,000	2,000,000	2,000,000	2,000,000
製造固定費(その他)(円)	1,000,000	1,000,000	1,000,000	1,000,000	1,000,000	1,000,000	1,000,000	1,000,000	1,000,000	1,000,000
製造原価合計(円)	6,000,000	5,940,000	5,881,200	5,823,576	5,767,104	5,711,762	5,657,527	5,604,377	5,552,289	5,501,243
開発および販売固定費(円)	2,000,000	2,000,000	2,000,000	2,000,000	2,000,000	2,000,000	2,000,000	2,000,000	2,000,000	2,000,000
総原価(円)	8,000,000	7,940,000	7,881,200	7,823,576	7,767,104	7,711,762	7,657,527	7,604,377	7,552,289	7,501,243
営業利益(円)	2,000,000	1,860,000	1,722,800	1,588,344	1,456,577	1,327,446	1,200,897	1,076,879	955,341	836,234
損益分岐点売上高(円)	7,142,857	7,142,857	7,142,857	7,142,857	7,142,857	7,142,857	7,142,857	7,142,857	7,142,857	7,142,857
安全余裕率(%)	29	27	26	24	23	21	19	18	16	14

出所：筆者作成。

られます。

　表10-10において，モデル3のF社は，C社に缶飲料の生産を委託しているため，変動費率が68％と高く，その効果で10年目においても安全余裕率が25％と，M社及びS社より良好な値を保持しています。

　一方，表10-11において受託のC社においては，開発及び販売固定費がない点と，全数が委託F社に納品できるというメリットはありますが，68（円）という価格設定が厳しいためか，10年目の利益は，1年目の21％に減少してい

表 10-10　モデル 3 における F 社の10年間の推移

F社　期	1年目	2年目	3年目	4年目	5年目	6年目	7年目	8年目	9年目	10年目
販売生産本数(本)	100,000	98,000	96,040	94,119	92,237	90,392	88,584	86,813	85,076	83,375
販売単価(円/本)	100	100	100	100	100	100	100	100	100	100
売上高(円)	10,000,000	9,800,000	9,604,000	9,411,920	9,223,682	9,039,208	8,858,424	8,681,255	8,507,630	8,337,478
仕入単価(円/本)	68	68	68	68	68	68	68	68	68	68
仕入原価(円)	6,800,000	6,664,000	6,530,720	6,400,106	6,272,103	6,146,661	6,023,728	5,903,254	5,785,189	5,669,485
開発および販売固定費	2,000,000	2,000,000	2,000,000	2,000,000	2,000,000	2,000,000	2,000,000	2,000,000	2,000,000	2,000,000
総原価(円)	8,800,000	8,664,000	8,530,720	8,400,106	8,272,103	8,146,661	8,023,728	7,903,254	7,785,189	7,669,485
営業利益(円)	1,200,000	1,136,000	1,073,280	1,011,814	951,578	892,547	834,696	778,002	722,442	667,993
損益分岐点売上高(円)	6,250,000	6,250,000	6,250,000	6,250,000	6,250,000	6,250,000	6,250,000	6,250,000	6,250,000	6,250,000
安全余裕率	38	36	35	34	32	31	29	28	27	25

出所：筆者作成。

表 10-11　モデル 3 における C 社の10年間の推移

C社　期	1年目	2年目	3年目	4年目	5年目	6年目	7年目	8年目	9年目	10年目
販売生産本数(本)	100,000	98,000	96,040	94,119	92,237	90,392	88,584	86,813	85,076	83,375
販売単価(円/本)	68	68	68	68	68	68	68	68	68	68
売上高(円)	6,800,000	6,664,000	6,530,720	6,400,106	6,272,103	6,146,661	6,023,728	5,903,254	5,785,189	5,669,485
材料単価(円/本)	30	30	30	30	30	30	30	30	30	30
製造原価(変動費)(円)	3,000,000	2,940,000	2,881,200	2,823,576	2,767,104	2,711,762	2,657,527	2,604,377	2,552,289	2,501,243
設備投資(円)	20,000,000	20,000,000	20,000,000	20,000,000	20,000,000	20,000,000	20,000,000	20,000,000	20,000,000	20,000,000
耐用年数	10	10	10	10	10	10	10	10	10	10
製造固定費(設備)(円)	2,000,000	2,000,000	2,000,000	2,000,000	2,000,000	2,000,000	2,000,000	2,000,000	2,000,000	2,000,000
製造固定費の他(F	1,000,000	1,000,000	1,000,000	1,000,000	1,000,000	1,000,000	1,000,000	1,000,000	1,000,000	1,000,000
開発および販売固定費	0	0	0	0	0	0	0	0	0	0
総原価(円)	6,000,000	5,940,000	5,881,200	5,823,576	5,767,104	5,711,762	5,657,527	5,604,377	5,552,289	5,501,243
営業利益(円)	800,000	724,000	649,520	576,530	504,999	434,899	366,201	298,877	232,899	168,241
損益分岐点売上高(円)	5,368,421	5,368,421	5,368,421	5,368,421	5,368,421	5,368,421	5,368,421	5,368,421	5,368,421	5,368,421
安全余裕率	21	19	18	16	14	13	11	9	7	5

出所：筆者作成。

ます。

　以上をまとめると，本モデルにおいて毎年 2 ％ずつ売上が減るという仮定の下では，安全余裕率の観点からは，ファブレス生産を採用する F 社の優位性の一例が示されたと言えます。

3 ）モデル 3 において，毎年 5 ％ずつ売上が逓減する場合

　表 10-12 においては， 3 年目から 5 年目までのデータ表示は省略しています。さて，この例はファブレス生産において委託会社と受託会社の間で利益相反の事態が起きる場合です。前年比で 5 ％ずつ売上本数が減少する場合について， 6 年目においては，F 社は黒字，C 社は，赤字となります。まだ，F 社とC 社の営業利益合計でプラスであるので，このままでは C 社が受託生産の契約を拒否するというコンフリクトが起きることもありえます。

　ここで，C 社から F 社への納入価格を，69円・70円……とスプレッドシート上で置き換えてシミュレーションしていくと， 8 年目においてほぼ72円で両社営業利益がほぼ 0 円となり，このようなコンフリクトは起こりにくくなる価格が存在することがわかります。スプレッドシートはこのようなヒューリスティ

表10-12　モデル3におけるF社，C社の推移（年5％逓減）

	J	K	L	C P	Q	R	S	T
F社 期	1年目	2年目	…6年目	7年目	8年目	9年目	10年目	
販売生産本数(本)	100,000	95,000	77,378	73,509	69,834	66,342	63,025	
販売単価(円/本)	100	100	100	100	100	100	100	
売上高(円)	10,000,000	9,500,000	7,737,809	7,350,919	6,983,373	6,634,204	6,302,494	
仕入単価(円/本)	68	68	68	68	68	68	68	
仕入原価(円)	6,800,000	6,460,000	5,261,710	4,998,625	4,748,694	4,511,259	4,285,696	
開発および販売固定費	2,000,000	2,000,000	2,000,000	2,000,000	2,000,000	2,000,000	2,000,000	
総原価(円)	8,800,000	8,460,000	7,261,710	6,998,625	6,748,694	6,511,259	6,285,696	
営業利益(円)	1,200,000	1,040,000	476,099	352,294	234,679	122,945	16,798	
損益分岐点売上高(円)	6,250,000	6,250,000	6,250,000	6,250,000	6,250,000	6,250,000	6,250,000	
安全余裕率	38	34	19	15	11	6	1	
C社 期	1年目	2年目	…6年目	7年目	8年目	9年目	10年目	
販売生産本数(本)	100,000	95,000	77,378	73,509	69,834	66,342	63,025	
販売単価(円/本)	68	68	68	68	68	68	68	
売上高(円)	6,800,000	6,460,000	5,261,710	4,998,625	4,748,694	4,511,259	4,285,696	
材料単価(円/本)	30	30	30	30	30	30	30	
製造原価(変動費)(円)	3,000,000	2,850,000	2,321,343	2,205,276	2,095,012	1,990,261	1,890,748	
設備投資(円)	20,000,000	20,000,000	20,000,000	20,000,000	20,000,000	20,000,000	20,000,000	
耐用年数	10	10	10	10	10	10	10	
製造固定費(設備)(円)	2,000,000	2,000,000	2,000,000	2,000,000	2,000,000	2,000,000	2,000,000	
製造固定費(その他)(円)	1,000,000	1,000,000	1,000,000	1,000,000	1,000,000	1,000,000	1,000,000	
開発および販売固定費	0	0	0	0	0	0	0	
総原価(円)	6,000,000	5,850,000	5,321,343	5,205,276	5,095,012	4,990,261	4,890,748	
営業利益(円)	800,000	610,000	-59,632	-206,651	-346,318	-479,002	-605,052	
損益分岐点売上高(円)	5,368,421	5,368,421	5,368,421	5,368,421	5,368,421	5,368,421	5,368,421	
安全余裕率	21	17	-2	-7	-13	-19	-25	

出所：筆者作成。

ックな方法で解を探す場合に非常に有効です。[10]

4）5年目において生産に関する大きな変更を行う場合

　この項では，10年間にわたって，毎年100,000本の売上が確保されていると
仮定します。この場合，M社，S社，F社の毎期の損益は，表10-6の状況が
5年間続くということです。5年目が終わる時に，M社，S社，F社が，これ
までの缶入り飲料の販売を止めて，ペットボトル飲料の販売に変更するという
意思決定をしたと仮定します。なお，現有設備の廃棄についてのみ言及し，新
しいペットボトル飲料の設備投資については触れません。缶入り飲料の製造設
備について，第5節（2）で述べたように，缶入り飲料の設備は売却しても
1,000,000円にしかなりません。モデル1のM社，モデル2のS社において，
缶入り飲料の設備については，減価償却が5年終わっているので，簿価は，

$$20,000,000 - 2,000,000 \times 5 = 10,000,000円$$

となります。しかし，1,000,000円で売却されるため，固定資産売却損は

$$10,000,000-1,000,000=9,000,000円$$

になり，表10-6におけるM社・S社の営業利益から考えても，会社の経営に極めて重要な影響を与えます。仮に，この設備を初めから5年のみ使用する前提であれば，1年当たり4,000,000円（＝設備投資の20,000,000円÷5年）[11]の減価償却費を想定した製品の価格にすべきだったということになります。

しかし，モデル3のF社は，C社との契約を解除して，新たにペットボトル飲料の受託生産が可能な会社を探すことによって，この問題を回避できます。このことこそがファブレス生産の優位性ではないかと考えられます。

7　各モデルの考察

本章の3モデルから得られた知見としては，ファブレス生産は，安全余裕率を高く維持するためには大変有用な方法であるということです。一方，受託企業に対する仕入価格が低すぎると，ファブレス企業が黒字で高い安全余裕率を維持していても受託企業が赤字となり，利益相反が起きる可能性があることもわかり，それを避ける価格設定の方法もあり得ることがわかりました。また，第4節で述べたように，その企業の戦略的意思決定・市場構造の急変等によって物理的耐用年数前に製造設備の売却・廃棄がある場合には，ファブレス生産は非常に有効な方法であることが示されたと思います。

本章で使ったモデルの仮定は，現実からすると極めて抽象性の高いものです。伝統的なモデル1の仮定において，3社において需要と供給は一致するとしましたが，現実には，M社，W社そしてR社が独自の需要予測の下に生産・仕入・販売を行うため，当然に過剰な在庫による損失や，品切れによる機会損失が発生します。これは第1節で述べたファッション産業でなぜ「セール」が行われていたかという理由に他なりません。それに対し，SPA型にとっては顧客販売についてのみの需給調整となることが，在庫調整についてアドバンテージになるでしょう。ただし，モデル1の伝統的な企業がSPA型に変更するためには，現実には多大な投資が必要と考えられ，安易にSPA型への転換を勧められるものでもありません。

8　ファブレス生産の優位性

　本章では，「製造業→卸→小売業」という伝統的な仕組みに対して，SPA 型，OEM，ファブレス生産という仕組みがどのようなものなのかについて述べ，シンプルな数値モデルをスプレッドシートで作成することによって，特にファブレス生産の優位性について考察しました。本来，経営における安全性と言えば貸借対照表科目の比率分析が中心となり，モデルにこの要素を取り入れることより現実な分析が可能ですが，本章では，損益的なアプローチである安全余裕率に着目しました。今後の課題としては，より現実に近いシミュレーションを行い，諸課題を発見し，解決法を探ることが挙げられます。

　マーケティング的な課題について，管理会計学的な考察を一つでも加えることができたとすれば幸いです。

　　注
(1)　「企画から製造，販売までを垂直統合させることで SCM のムダを省き，消費者ニーズに迅速に対応できるビジネスモデル」（野村総研 HP）。
(2)　「OEM とは，…（中略）…委託者のブランドで生産すること，または生産するメーカ（ママ）のことです。…（中略）…また，ODM とは，…（中略）…委託者のブランドで製品を設計・生産することをいいます。」（JETRO　HP）。
(3)　「ファブレスとは，工場を持たずに生産を完全に他社に依存（アウトソーシング）するメーカー，またはビジネスモデルのこと。」（日立システムズ HP）。
(4)　齋藤浩史『ダイヤモンドオンライン』より。
(5)　河合拓『ダイヤモンドチェーンストア』より。
(6)　ダイドードリンコにおける自動販売機売上高の比率は80%とされます。
(7)　時計のザ・クロックハウスは，自社を「SPA 型」と説明しています。
(8)　本節は，岡本（2000：481-511）および片岡（2007：339-346）を参考に執筆しました。
(9)　TK オーガニック社の HP では，具体的な受注ロットについての記載があります。
(10)　この「8年目において，F社とC社の損益を同額にする取引価格」は，連立方程式を解くことにより，72.16円／本と計算できるので，ヒューリスティックな解も近似していると言えます。ただし，本章の仮定の通り，解の整数化は行っていません。

⑾ 厳密にいえば，5 年目の売却価額を想定して，年当たり「(20,000,000 −
1,000,000)÷5＝3,800,000円／年」を設備投資の回収目標として設定すべきでしょ
う。

参考文献

岡本清（2002）『原価計算 第 6 版』国元書房。

片岡洋一（2007）『現代会計学の基礎』税務経理協会。

加藤英雄（2020）「アパレル企業の競争力低下とインフラ的役割としての OEM・
ODM」『埼玉学園大学紀要 経営経済編』20，89-102頁。

日本銀行調査統計局（2021）「金融統計調査票の記入要領」。

平井秀樹（2016）「『SPA 論』に関する一考察──『流行論』を基軸として」『経済科
学論究』13，26-39頁。

李雪（2009）「アメリカにおける SPA モデルの生成と発展──ギャップの事例研究」
『早稲田商学』第420・421合併号，127-169頁。

参考 HP 資料

河合拓「ユニクロがこれまで自社工場を保有してこなかった根本理由」『ダイヤモン
ドチェーンストア』（2022年 8 月28日アクセス）。

齋藤浩史「『アップルはファブレス』は古いジョブズ時代と激変の新戦略を解説」『ダ
イヤモンドオンライン』（2022年 8 月28日アクセス）。

ザ・クロックハウス HP（2022年 8 月28日アクセス）。

JETRO HP（2022年 8 月28日アクセス）。

JMR 生活総合研究所 HP（2022年 8 月28日アクセス）。

ダイドードリンコ HP（2022年 8 月28日アクセス）。

TK オーガニック HP（2022年 8 月28日アクセス）。

野村総研 HP（2022年 8 月28日アクセス）。

Honeys 社 HP（2022年 8 月28日アクセス）。

日立システムズ HP（2022年 8 月28日アクセス）。

ファーストリテイリング HP（2022年 8 月28日アクセス）。

第11章	会計的評価が利益に与える影響
	湯澤晃明

キーワード

財務分析，利益計算，評価方法

---

1 どのように会計を学ぶか

　グローバルに情報が共有された環境では，インターネット上の検索エンジン
を通じて，世界各国の上場企業の主要な財務諸表（貸借対照表と損益計算書）を
読むことができるようになりました。財務諸表の利用者は，この書類に表示さ
れた用語と金額を分析して，企業の経営状況や今後の見通しを判断します。一
方，財務諸表の作成に関する責任者（経営者）は，株主・債権者などの外部利
害関係者に対して財務諸表を公表します。その際，この責任者は，会計固有の
評価方法を選択することで，利益を大きくしたり，小さくしたりすることがで
きます。

　そこで，本章では，①企業の経営状況はどのような方法で分析されているの
か，②利益はどのような方法で計算されるのか，そして③利益の大きさはどの
ような要因で変化するのかについて説明します。この3点を通じて，会計の基
礎知識とその使われ方を学びます。

2 財務分析

　財務諸表（決算書とも言う）を構成する重要な書類は，貸借対照表と損益計
算書です。これらの書類は，企業の経営活動を分析・解釈するために利用され
ています。例えば，財務諸表の利用者である投資家は，投資対象とする企業が
投資に値するかを見極めるため，企業の安全性・収益性などの情報を必要とし

表11−1　分析対象企業の貸借対照表

貸借対照表
×年12月31日現在　　（単位：万円）

資　産	金額	負　債	金額
流動資産		**流動負債**	
現　金	300	短期借入金	400
有価証券	100	**固定負債**	
商　品	400	長期借入金	1,100
		純資産	金額
固定資産		資本金	1,000
建　物	1,200	利益剰余金	500
土　地	1,000	（うち当期純利益 300）	
資産合計	3,000	負債・純資産合計	3,000

出所：大阪商工会議所（2019：145）を筆者一部修正。

ます。

　企業の安全性・収益性を財務諸表上の用語と金額に基づいて推測しようとする試みが財務分析です。財務分析の方法については，表11−1をもとに解説します。

（1）安全性分析

　安全性分析は，倒産リスクを評価する手法の総称です。倒産リスクを分析するための代表的な指標として，流動比率，自己資本比率が挙げられます。

1）流動比率

　流動比率とは，貸借対照表上の流動資産を流動負債で割った比率です。企業の短期的な安全性を判断するための指標として知られています。流動比率は次の式から求められます。

$$流動比率 = \frac{流動資産}{流動負債} \times 100（\%）$$

　貸借対照表の流動資産は1年以内に現金化が見込まれる資産を示し，貸借対照表の流動負債は1年以内に支払わなければならない債務を示していると理解されています。そこで，表11−1の貸借対照表に基づくと，流動比率は200%になります。

$$\frac{現金300万円 + 有価証券100万円 + 商品400万円}{短期借入金400万円} \times 100 = 200.0（\%）$$

　一般的に，流動比率は200%以上が理想的と言われています。また，企業の流動比率が100%を切っていると非常に危険な状態に置かれていると考えられています。なぜならば，流動資産合計をすべて現金化できたとしても，1年以内に支払わなければならない流動負債合計には達しておらず，この事態が倒産の可能性を高めると解釈されているからです。

2）自己資本比率

　自己資本比率は，貸借対照表上の負債・純資産合計に対して，自己資本（純資産）が占める比率です。企業の中長期的な安全性を判断するための指標と知られています。自己資本比率は次の式から求められます。

$$自己資本比率 = \frac{自己資本}{負債・純資産合計} \times 100（\%）$$

　そこで，表11-1の貸借対照表に基づくと，自己資本比率は50％になります。

$$\frac{資本金1,000万円 + 利益剰余金500万円}{負債・純資産合計3,000万円} \times 100 = 50.0（\%）$$

　一般的に，自己資本比率は50％以上が理想的と言われています。自己資本比率の計算では，返済義務のない資金（資本金＋利益剰余金）が，調達した資金全体のどの程度を占めているかを比率にしているためです。したがって自己資本比率が高いほど，返済不要の資金を多く用いた事業活動が行われており，倒産しにくいと考えられています。

　これに対して，負債に属する借入金は，業績が悪くても元本と利息の返済を期日通りに支払わなければなりません。そのため，自己資本比率が低いと，企業経営が厳しい場合，資金の社外流出を抑えきれずに倒産してしまう可能性が高まると考えられています。なお，貸借対照表は，資産合計と負債・純資産合計とが同額になるように作られているため，百分率が100％を超えることはありません。

　また企業は，銀行などの金融機関から融資を受けるために財務制限条項（コベナンツ）を設定することがあります。これは，企業が一定の純資産額や自己資本比率などを維持するルールの下で，お金を借りるということです。そして，このルールに違反すれば，そのペナルティとして，借り入れたお金を即座に返済しなければなりません。このように，自己資本比率は，信用を形成するための手段として使われています。

（2）収益性分析

　収益性分析は，企業がどれだけ効率よく利益を上げているか評価する手法の総称です。収益性を分析するための代表的な指標として，ROA（Return on

Asset, 略してROA）とROE（Return on Equity, 略してROE）が挙げられます。

1）ROA

ROAは，資産合計を当期純利益で割った比率です。ROAは，総資産に対してどれだけ効率よく利益を上げているかを示す指標として知られています。ROAは次の式から求められます。

$$ROA = \frac{当期純利益}{資産合計} \times 100 （\%）$$

そこで，表11-1の貸借対照表に基づくと，ROAは10％になります。

$$\frac{当期純利益300万円}{資産合計3,000万円} \times 100 = 10.0 （\%）$$

　一般的に，ROAの値が高ければ高いほど，収益性は良好だと考えられています。例えば，同業他社の資産合計は6,000万円，当期純利益は300万円であったとします。すると，同業他社のROAは5％（計算式：〔300万円÷6,000万円〕×100）と計算されます。そこで，分析対象企業の10％と同業他社の5％とを比較して，前者の方が資産をより効率的に運用して利益を稼いでいると解釈する人もいます。このように，ROAは，利益を生み出す効率性を判断するための一つの指標として利用されています。

2）ROE

ROEは，純資産合計を当期純利益で割った比率です。ROEは，自己資本に対してどれだけ効率よく利益を上げているかを示す指標として知られています。ROEは次の式から求められます。

$$ROE = \frac{当期純利益}{自己資本} \times 100 （\%）$$

そこで，表11-1の貸借対照表に基づくと，ROEは5％になります。

$$\frac{当期純利益150万円}{自己資本3,000万円} \times 100 = 5.0 （\%）$$

　一般的に，ROAと同じく，ROEの値が高ければ高いほど，収益性は良好だと考えられています。例えば，同業他社の企業のROEが20％の場合，ROE 5％は相対的に低く，収益性は悪いという解釈をしたり，逆に，業界平均の平均ROEが2％の場合，企業のROE 5％は業界平均よりも高く，収益性は良いという解釈をしたりする人もいます。

株式会社の場合，自己資本を構成する資本金と利益剰余金は，株主の持ち分と理解されていますので，ROE は，株主の持ち分を使ってどれくらい効率的に利益が生み出されたのかを判断するための指標として使われています。

なお，自己資本比率分析だけでなく，財務分析のすべてに当てはまることですが，企業の経営状況を評価するために，対象企業の過去３〜10年などの比率の推移を追う過年度比較や，ある分析対象企業の比率を同業他社・業界平均のそれと比較する外部比較が行われています。

3　利益を求める２つの計算方法

前節では，財務分析の方法とその下で計算される比率の使われ方について説明しました。しかし，財務分析だけで企業の評価を下すことは不十分であると考えられています。その理由の一つとして，財務諸表の作成に関する責任者（経営者）は，財務諸表の作成時にいくつかの選択肢を持っており，その中から一つの選択を採用すると，財務諸表に表示される利益の大きさが変わるからです。そこで，利益の大きさはどのような要因で変化するのかを知るために，ここでは利益はどのように計算されるのかについて説明します。

（1）水槽の事例

会計上，利益の計算には大きく分けて２つの方法があります。ここでは水槽の水量測定をもとに利益の増減について説明します（図11‐1）。

ある年の１月１日に，水量の目盛りから水槽には100ℓの水が入っていることが確認されました。そして12月31日に再度目盛りを確認したところ，150ℓの水が入っていることが確認されました。これは，この１年間で，水量が50ℓ（計算式：150ℓ－100ℓ）増えたことを意味します。

しかし，水量の目盛りだけでは，何が原因で水が50ℓ増えたのかはわかりません。水を流入させるだけでなく，水を流出させることもできるためです。そこで，水槽の目盛りの他に，蛇口と排水口に備え付けられた目盛りを確認することで，次のことが確認されました。

この１年の間に270ℓが流入し，220ℓが流出した

図 11 - 1　水槽の事例

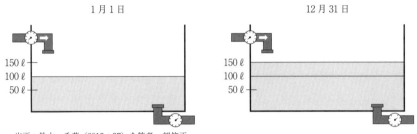

出所：鈴木・千葉（2015：37）を筆者一部修正。

　上記の経緯を理解することで，50ℓの増水は，流入量270ℓと流出量220ℓを背景としていることが明らかになります。よって，50ℓの増水の妥当性は次の2つの方法で検証されます。

　　①　270ℓの流入と220ℓの流出があった

　　②　100ℓが150ℓになった

（2）利益計算の2つの方法

　この水槽の事例で用いた日付と数値を，企業の利益計算に当てはめることにします。水槽の場合と同じく，利益計算をする方法は2つあります。すなわち，財産法と損益法による利益計算です。両者は異なる方法で利益計算を行いますが，水槽の例と同じく，計算された利益（または損失）は一致するようになっています。

1）財産法

　財産法による利益計算は，2つの時点（期首・期末）における純資産を比較することによって，利益を計算する方法です。この方法に基づけば，期末純資産150から，期首純資産100を差引くことで，当期純利益50が求められます。この点を等式で表すと，「期末純資産（150）－期首純資産（100）＝当期純利益（50）」となります。なお，期首純資産と期末純資産は，図11-2のように，2つの時点（期首・期末）の純資産を指します。

　ところで，貸借対照表は，「資産＝負債＋純資産」という等式を基礎に置いています。すなわち，①「期首資産＝期首負債＋期首純資産」と，②「期末資産＝期末負債＋期末純資産」です。

図11-2　期首貸借対照表と期末貸借対照表の純資産

出所：近田ら（2019：16）を筆者一部修正。

例えば，期首負債が80，期首純資産が100であれば，期首資産は180（計算式：80＋100）となります。そして，期末負債は60，期末純資産は150であれば，期末資産は210（計算式：60＋150）となります。

このように，それぞれの貸借対照表の左右の合計額は一致します。また，「期末資産－期末負債－期首純資産＝当期純利益」という応用式を展開して利益を計算することもできます。

図11-3　損益計算書

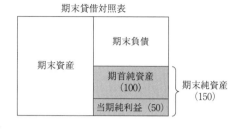

出所：近田ら（2019：18）を筆者一部修正。

2）損益法

損益法とは，ある一定期間の収益から費用を差し引く形で利益を計算する方法です。この方法に基づけば，当期純利益50は，収益270から費用220を差し引くことで求められます。この点を等式で示すと，「収益（270）－費用（220）＝当期純利益（50）」になります。また，この等式について，マイナスの項を移行してプラスにして整理すると，「費用＋当期純利益＝収益」となります。この等式を左右に分けた様式にまとめたものが，損益計算書になります（図11-3参照）。

（3）骨董品店の事例

今度は，貸借対照表と損益計算書の使われ方を理解するため，もう一つの事例を取り上げます。

ある骨董品店は事業を開始するための開業資金として，現金100万円を用意

図11-4　骨董品店に基づく事例

1月1日時点
期首貸借対照表

12月31日時点
期末貸借対照表

1月1日～12月31日
損益計算書

出所：筆者作成。

するとともに，別途，現金300万円を借り入れました。よって，事業開始時に400万円の現金を手元に用意しました。その後，1月1日から12月31日の間に，現金220万円を支払って絵画を仕入れ，その絵画を270万円という価格をつけて現金販売しました。

　この一連の流れについて，期首貸借対照表，期末貸借対照表，損益計算書で表すと，図11-4の通りです。

　そこでまず，図11-4における「1月1日時点の貸借対照表」と「12月31日時点の貸借対照表」に表示されている金額から説明します。1月1日の時点の貸借対照表の左側には，現金400万円とあります。この400万円は，借り入れた300万円と自ら用意した100万円の合計です。続いて，12月31日時点の貸借対照表の左側には，現金450万円とあります。この450万円は，1月1日時点の現金400万円から，絵画の仕入代220万を差し引き，また絵画の販売代270万円を足し合わせた合計です（計算式：400万円－220万円＋270万円）。

　続いて，1月1日の時点の貸借対照表の右側の借入金300万円は，他者から借り入れた金額です。この金額については，返済をしたら，12月31日に表示される借入金も減少します。しかし，この骨董品店は，この1年の間に借入金を返済しなかったので，12月31日時点の借入金は300万円のままです。

　そして，1月1日の貸借対照表の右側に，資本金100万円と表示されています。この金額については，自らが用意した金額の合計を表しています。一方，12月31日時点での純資産合計（期首資本金100万円＋当期純利益50万円）は150万円となっています。これは何を意味するのでしょうか。

　純資産合計は，返済不要な金額と理解されていますので，ここでは返済不要の金額が，時の経過を経て，100万円から150万円に増加したということです。

その理由は，自ら用意した100万円（期首純資産）の他に，販売活動を通じて，50万円の利益が生み出されたからです。

　ところで，12月31日時点の貸借対照表の右側に表示されている当期純利益を見ただけでは，何が原因で50万円の利益が生み出されたかはわかりません。そこで，損益計算書を見ることにより，この50万円は，1月1日〜12月31日の間に220万円で仕入れた絵画を270万円で売り上げたことによって生み出されたということがわかります。このように貸借対照表と損益計算書は，当期純利益を通じて，相互に関係しています。

4　貸借対照表と損益計算書の構造上の関係

　ここでは，試算表等式を通じて，貸借対照表と損益計算書の構造上の関係について説明します。というのも，どのような要因で利益の大きさは変化するのかについて理解するための前提知識となるからです。

（1）試算表等式

　そこでまず，当期純利益を求めるための（前述の）2つの等式を取り上げます。

期末資産−期末負債−期首純資産＝当期純利益……①式

収益−費用＝当期純利益……………………………②式

　この2つの等式について，右辺はそれぞれ当期純利益となっていますので，それらを結合して整理することができます。すると，次の等式が得られます。

期末資産−期末負債−期首純資産＝収益−費用………③

　さらに，代数において，一方の辺のマイナス項目を反対の辺に移項すると，それによってプラス項目にすることができるのと同じように，③式についてその法則を適用すると，次の会計等式が求められます。

期末資産＋費用＝期末負債＋期首純資産＋収益……④式

　この④式は，試算表等式となります。簿記教育においては，この試算表を作成することが一つの目標となっています。試算表は，貸借対照表と損益計算書を作成する前に作られるものであり，その作成段階で左右の金額が一致しなか

図 11 - 5　試算表の上下二区分

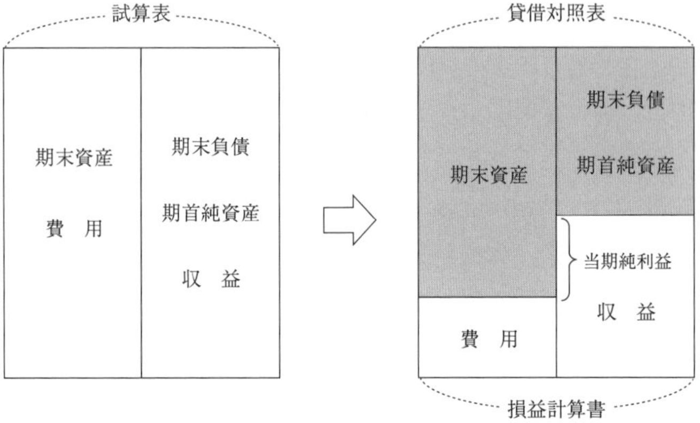

出所：宮上（1980：57）を筆者一部修正。

った場合に何らかの記入ミスがあったと判断するという形で用いられています。

（2）試算表の上下二区分

　図 11 - 5 の左側で示しているように，試算表の左側には期末資産と費用，そしてその右側は期末負債，期首純資産，そして収益が位置します。そこで，試算表の左側（期末資産，費用）と右側（期末負債，期首純資産，収益）をそれぞれ上下二区分することで，図 11 - 5 の右側で示しているように，貸借対照表（灰色の部分）と損益計算書をイメージすることができます。ポイントは，この上下二区分をした時にはじめて，当期純利益が計算されるという点です。

（3）用語と数の区分先について

　ある用語と数を貸借対照表上の資産に区分するか，あるいは損益計算書上の費用に区分するかが決定することにより，利益の大きさに影響が及びます。

　例えば，図 11 - 6 で示しているように，ある特定の資産を費用に区分した場合，そのことによって，資産は減るとともに費用は増えます。また，この区分変更の影響を受けて，利益の大きさも小さくなります。

　このような認識をおさえておくことが重要です。というのも，会計上，どの程度の金額を資産にするか，あるいは費用にするかにおいて，いくつかの会計

図11-6　費用の増加による利益の減少

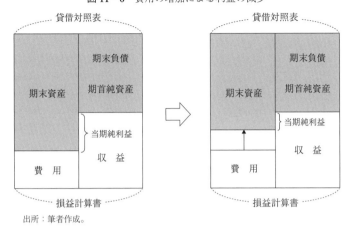

出所：筆者作成。

処理方法から選択することができるからです。そこで，次節以降，「固定資産の減価償却」と「商品の評価方法」におけるいくつかの会計処理について説明し，その処理次第で，利益の大きさに影響が出るという点について説明します。

5　固定資産の減価償却

　減価償却とは，固定資産（建物，備品，車両運搬具など）の金額を「減価償却費」という費用に振り替える手続きです。その処理次第で，利益の大きさに影響がもたらされます。以下では，減価償却をイメージするための事例を取り上げます。

（1）減価償却をイメージするための事例
　あるピザ宅配店は1年間に800万円のピザを売り上げ，それに対して材料費として300万円をかけたとします。この点を踏まえれば，1年間の利益は500万円と計算できます。しかし，ビジネスを行う上では，材料費以外のコストもかかります。このお店は，1,000万円の車両を使ってピザを販売していました。そこで，先ほど計算した利益500万円から，車両の購入代金の一部を費用として差し引くことで，より正確な利益を計算することができるとも考えられます。

図11-7　減価償却費の計上による利益の減少

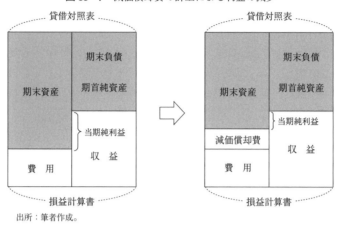

出所：筆者作成。

この購入代金の一部が減価償却費です。それでは，どれくらいの金額を1年間の減価償却費（費用）として計上すべきなのでしょうか。

　そこで，このトラックの使用予定年数は5年であったため，車両の購入代金1,000万円から使用予定年数5年を割り算することで，1年当たりの減価償却費は200万円（計算式：1,000万円÷5年）と計算することができます。よって，このお店の1年間の利益は300万円（計算式：売上800万円−材料費300万円−減価償却費200万円）と計算されます。このように，収益（売上）との対応関係を重視して，合理的な金額が費用（減価償却費）として計上されるべきという考えを基礎として，利益は計算されます。

（2）減価償却がもたらす利益作用

　会計上，減価償却は，①資産の金額を当期の費用にするか，あるいは，②次期以降の費用にするかに分け，前者の金額を貸借対照表から損益計算書に振り替える手続きです。重要なのは，この手続きによって，当期純利益の大きさは減少するという点です。図11-7はこの説明を図に表したものです。

（3）減価償却の計算要素

　毎期の減価償却費を計算する際に必要な要素は，取得原価と耐用年数です。

取得原価とは，取得に要した原価です。具体的には，固定資産の購入価額の他に，固定資産の取得にかかる手数料や配送料，設置費用，稼働までにかかる諸経費等の付随費用が含まれます。一方，耐用年数とは，有形固定資産を使用する予定の年数です。会計学上，各企業が独自の状況を考慮して，耐用年数（使用可能年数）を自主的に決定すべきと考えられています。

（4）減価償却方法

　固定資産の取得原価を減価償却費という費用に振り替えるにあたって，いくつかの方法が認められています。継続して適用することを条件に，財務諸表の作成に関する責任者（経営者）が選択します。ここでは減価償却の主要な配分方法として，定額法と定率法を取り上げます。

1）定 額 法

　定額法とは，資産の耐用年数にわたり，毎期一定の金額ずつ配分する方法です。例えば，取得原価100万円の車両の耐用年数が5年である場合，1年当たりの減価償却費は20万円（計算式：100万円÷5年）となります。なお，取得原価を耐用年数で割り算をする前に，取得原価から残存価額を差し引くこともあります。ただし，法人税法の改正により，2007年4月1日以降に取得した固定資産については，残存価額をゼロとすることが一般的となったため，ここでは残存価額を考慮しません。

2）定 率 法

　定率法とは，未償却残高に一定の償却率を乗じて毎年の減価償却費を計算する方法です。未償却残高とは，固定資産の取得原価からこれまでの減価償却費合計を差し引いた金額です。例えば，耐用年数5年の固定資産の償却率は0.4と決められています。そこで，100万円で購入した車両を定率法で処理した場合，1年目の減価償却費は40万円（計算式：100万円×0.4），2年目は24万円（計算式：（100万円－40万円）×0.4），3年目は14万4,000円（計算式：（60万円－24万円）×0.4）というプロセスで計算されます。

（5）費用の大きさの違い

　2つの減価償却方法（定額法と定率法）を比較すると，減価償却の方法とし

表11-2　定額法と定率法により計算される金額の違い

(単位：円)

用　語	定額法		定率法	
	車両	減価償却費	車両	減価償却費
1年目	800,000	200,000	600,000	400,000
2年目	600,000	200,000	360,000	240,000
3年目	400,000	200,000	216,000	144,000
4年目	200,000	200,000	108,000	108,000
5年目	1	199,999	1	107,999

出所：筆者作成。

て定率法を選択する方が，減価償却費（費用）をより速い段階で損益計算書に計上することができます。また，減価償却費を計上した分だけ，貸借対照表上の金額は減少します。表11-2を参照してください。

　このように，1年目の損益計算書においては，定率法の方が定額法よりも2倍もの金額の減価償却費（費用）を計上することができます。なお，全期間を通算した減価償却費はいずれの方法を選択しても同額になります。

　ところで，5年目の貸借対照表上の車両は1円となっていますが，これは会計上，その資産が残っていることを忘れないようにするために1円という金額を付します。というのも，1円という金額を付さなければ，この資産がオフバランス（貸借対照表に表示されないこと）になってしまうからです。会計学では，この1円という金額を備忘価額と言います。

（6）国家に納める税金

　減価償却は，資産から費用に振り替える手続きであり，その振替方法にもいくつかの方法（定額法・定率法）あると説明しましたが，このことにより，利益の大きさを一定範囲で増減させることが可能となり，それによって納める税金も変わります。

　なぜならば，法人税の計算においては，当期純利益を基礎とし，これに税法上の調整を加えて，支払う税金を計算することになっているからです。そのため，企業にとって，利益を減らすことによる節税効果を狙うことができます。もちろん，それを一定範囲で容認したり，規制したりする社会的・制度的なあ

り方にも目を向けておくべきです。

（7）法定耐用年数

　法人税法上，固定資産ごとに法定耐用年数が定められています。例えば，ヘリコプターは5年，遊園地用設備は7年，動物園で飼育しているゾウやライオンは8年というように法律上の耐用年数が設定されています。また，商慣習上，当該年数を基礎として，減価償却することが現状です。

　これは，耐用年数それ自体が見積もり（estimate）であることに起因していると理解されています。例えば，法人税法上で耐用年数を設定せず，その設定を納税義務者の判断に任せた場合，同一の資産にも異なる評価が生まれてしまい，ひいては利益額や納税額にも差が生じてしまいます。

　そのため，税法上，画一的な法定耐用年数がそれぞれの固定資産に設定されており，それに対して会計実務は，慣習的に従っていると考えられています。いずれにせよ，減価償却費を行う際の計算要素は，社会的規範（法人税法）の影響を受けることになります。

6　商品の評価方法

　販売目的の商品を仕入れる際に，その商品を常に同じ価格で仕入れられるとは限りません。買い物をする際にも，日々，価格が変動するのと同じです。会計上，商品を仕入れ，その一部を販売した時に，売上原価という金額をどのように評価するべきかという問題が生じます。さらに，その評価次第で，利益の大きさに影響が与えられます。以下では，この点について，ブライトナーとアンソニー（Breitner & Anthony 2012：123-128）が取り上げていた事例を参考にして説明します。

（1）売上原価をイメージするための事例

　例えば，ある会社はガソリンを輸入して販売しています。同社は，4月1日に500ℓのガソリンを1ℓ当たり100円で仕入れ，5万円を費やしました。その後，4月20日に500ℓのガソリンを1ℓ当たり140円で仕入れ，7万円を費やし

表11-3　ガソリンの数量，単価及び支払合計

	数量	単価	支払合計
4月1日	500ℓ	100円	5万円
4月20日	500ℓ	140円	7万円
合計	1,000ℓ		12万円

出所：Breitner & Anthony（2012：123）を参考に筆者作成。

ました。この場合，販売可能なガソリンは1,000ℓとなり，その仕入れに合計12万円を費やしたことになります（表11-3）。なお，ガソリンは一つのタンクの中で管理しているため，ガソリンはタンクの中で混ざっています。

　それでは，ガソリンを500ℓを1ℓ当たり160円で販売したことで，8万円を得た場合，利益はいくらとなるでしょうか。この問題に答える際には，単一の答えはありません。その理由は，利益を計算する際に，売上8万円から差し引きする売上原価の考え方にはいくつか存在するためです。売上原価とは，販売した商品を仕入れるのにかかった費用のことです。

（2）売上原価の求め方

　売上原価をどのように決定すべきかにあたり，様々な考え方がありますが，以下では，先入先出法，後入先出法，そして総平均法の3つを取り上げます。

1）先入先出法

　売上原価の考え方として1つ目に挙げられるのは，日付のより古いガソリンが先に販売されたと仮定するというものです。この事例の場合，4月1日に5万円で仕入れたガソリン500ℓが販売されたと仮定します。この仮定に基づけば，ガソリンを8万円で販売したため，これに売上原価5万円を差し引くと利益は3万円と計算されます。

2）後入先出法

　売上原価の考え方として2つ目に挙げられるのは，日付のより新しいガソリンが先に販売されたと仮定するというものです。この事例の場合，4月20日に7万円で仕入れたガソリン500ℓが販売されたと仮定します。この仮定に基づけば，ガソリンを8万円で販売したため，これに売上原価7万円を差し引くと

表11-4　商品に関する評価方法の違いによる利益への影響

	先入先出法	後入先出法	総平均法
売　　上	8万円	8万円	8万円
売上原価	5万円	7万円	6万円
利　　益	3万円	1万円	2万円

出所：筆者作成。

利益は1万円と計算されます。

3）総平均法

　売上原価の考え方として最後に挙げられるのは，日付の古いガソリンと日付の新しいガソリンの混ざったものが，一部販売されたと仮定するというものです。この事例の場合，販売可能なガソリン1,000ℓを仕入れるのに合計12万円を費やしていますので，ガソリンは1ℓ当たり120円（計算式：12万円÷1,000ℓ）と計算されます。販売したガソリンは500リットルでしたので，6万円（計算式：500ℓ×120円）が売上原価と計算されます。また，ガソリンを8万円で販売したため，これに売上原価6万円を差し引くと利益は2万円と計算されます（表11-4）。

　この3つの評価方法に基づいて計算した金額を比較すると，先入先出法に基づく利益が最も高くなり，後入先出法が最も低くなります。このように，商品の評価方法は，選択した評価方法によって，利益の大きさに影響が及びます。特に，後入先出法は，物価上昇時には，利益が少なく計上されることになりますので，節税には有利とされています。[3]

7　利益に影響を与える意味

　会計上，いくつかの会計処理方法の中から一つの方法を選択適用することができます。例えば，固定資産の減価償却方法として，定額法，定率法などがあります。商品の評価方法として，先入先出法，後入先出法，総平均法などがあります。

　こうして，いくつかの評価方法が選択可能であると，財務諸表の作成に関する責任者（経営者）は，特定の効果（例えば，節税や財務制限条項の遵守など）

を生み出すために，利益の大きさや財務分析に影響を与える評価方法を選択する余地があります。そのため，会計について考える際には，利益を大きくしたり，小さくしたりすることに意味があるという点に意識を向けておくことが重要です。

注
(1) 自己資本には，複数の解釈が存在し，定義の厳密性が異なります。つまり，自己資本として，貸借対照表上に表示される純資産合計を選択すべきか，それとも厳密性を求め，この合計から一部の金額を除いた金額を選択すべきかという見解の違いが存在します。簡便化のため，ここでの説明では，純資産合計（資本金＋利益剰余金）を用いています。
(2) ブライトナーとアンソニー（Breitner & Anthony 2012：194）によれば，財務諸表分析には限界があります。同者によれば，「会計担当者及び経営者は，ある事象に対する会計処理方法について選択の余地を持っています。会計処理の柔軟性を示す一例として，商品（Inventory）の価値や売上原価を決定する際に，先入先出法，後入先出法，平均法（Average Cost Method）のいずれも採用してもよいことが挙げられます。このような選択が企業の当期純利益に影響を与えます」と言います。
(3) 企業にとって利益の大きさを減らすことで節税効果を狙うことができます。ただし，2010年4月1日開始の事業年度より，後入先出法を選択することができなくなりました。一方，アメリカでは現在も節税目的の観点から後入先出法の採用は容認されています。よって，利益の大きさについて考える際には，各国独自の社会的規範（商法，税法，会計基準など）に注意の目を向けなければなりません。

参考文献
大阪商工会議所（2019）『ビジネス会計検定試験公式テキスト3級』中央経済社。
鈴木義夫・千葉修身（2015）『会計研究入門——会計はお化けだ！』森山書店。
近田典行ら（2019）『基本から学ぶ会計学』中央経済社。
宮上一男（1980）『会計学本質論』森山書店。
Breitner, L. & Anthony, R.（2012）*Essentials of Accounting, International Edition*, Pearson Education Limited.

<table>
<tr><td>第12章</td><td>会社経営における法人税法の基本問題
——裁判例から学ぶ役員給与</td></tr>
</table>

第12章　会社経営における法人税法の基本問題
——裁判例から学ぶ役員給与

竹内　進

── キーワード ──

租税法律主義，租税公平主義，損金不算入，役員給与，事前確定届出給与

1　役員給与課税の意義

　現代の会社経営においては，その業務を行う上で税法の視点を欠くことはできません。しかし，複雑な税法規定は，専門家である税理士等の税務の実務家であっても判断を誤り，納税者と課税庁の間でしばしば争いとなっています。

　そこで，本章では，会社経営に求められる税法上の問題点を理論と実務の視点から再検討するために，会社経営者が経済取引を行うに際して必要な税務上の争点について実際の裁判例を検討することにより，その問題点を明らかにしていきます。

　問題点を考察するための論点として，法人税法上の「役員給与課税」を取り上げます。会社法や企業会計においてのルールでは，会社の取締役等の役員に対して支給した給与は，使用人に対して支払われた給与と同様に費用として計上されます。そして，所得税法上では，両者は区別されることなく給与所得（所得税法第28条）[1]として課税されるため源泉徴収の対象となります。

　しかし，法人税の所得計算では，「使用人に支払われる給与」と「法人税法上の役員」に対して支払われる「役員給与」について異なる取扱いをしています。すなわち，現在の法人税法では，役員給与について，「別段の定め」（法人税法第22条3項）の規定により損金算入を原則認めないで，税法が規定する3種類の役員給与に該当する場合についてのみ損金算入できることとしています（法人税法第34条）。この範囲については，法改正をしながら広げています（法人税法第34条1項柱書・法人税法第54条の2等〔金子 2021：401〕）。

そこで，本章では，このような現行の「役員給与」課税における問題点を明らかにするために，まず，税法を理解する上で重要な憲法原理として「租税法律主義」（憲法第84条）と「課税の公平」（憲法第14条）について確認します。次に，2006年度税法改正により創設された，法人税法上の３種類の役員給与について確認します。そして，これら３種類の役員給与の中から，「事前確定届出給与」（法人税法第34条１項）についての裁判例を検討することにより[(2)]，税法を解釈適用する場合の注意点を明らかにします。

2　税法の基本原理

　課税実務の現場で，税法の条文を解釈し適用していく場合に必要な憲法原則としての租税法律主義について確認し，次に法人税法上の役員給与課税の考え方を確認します。

（1）租税法律主義

　課税実務の現場では，具体的な税法問題について税法の条文を解釈し適用していくには，抽象的に規定された税法の条文のみではその判断について迷う場合が生じることがあります。その場合，実務家の多くは，税法規定に係る課税庁の職員に対しての「通達」を参照することになります。しかし，「通達」は，税法の法源とならないことから「裁判規範性」がありません。また，税法は，私法と同様に国民が経済活動をする際に課税の可否を考慮する際の「行為規範」となります。以下ではそこでの法的思考のベースとなる租税法の憲法原則を確認していきます（林ら 2019）。

　日本国憲法は，「納税の義務」（第30条），「租税法律主義」（第84条）について規定しています。租税法律主義によって，国や地方自治体が国民に対して租税を課し徴収するためには，必ず法律の根拠が必要となります。そのため，国民は，法律の根拠に基づかない場合には，納税の義務を負わないことになります。この憲法原則によって，国会において，所得税法，法人税法，相続税法，消費税法などの税法が制定されています。この憲法原則は，国民が経済活動を行う際に必要な予測可能性と法的安定性を担保することもなります（金子 2021：77

以下）。

　租税法律主義の内容として次のものがあります（金子 2021：80-87）。①課税
要件法定主義は、課税要件と租税の賦課及び徴収する場合の手続きは予め法律
によって規定することを求めています。②課税要件明確主義は、課税要件を規
定する場合は、その意味は一義的でなければならないということです。③合法
性の原則は、課税庁は、法律で定めた通りの税額を徴収する必要があること
ら、租税の減免をすることや徴収をしない自由は認められないことになります。
④手続的保証原則は、租税の賦課徴収は、適正な手続きで行われなければなら
ないことから、これに対する訴訟は、公正な手続きが求められます。

（2）租税公平主義

　税法規定の解釈を適用する場面において、納税者が納税額負担の軽減を狙っ
た租税回避を行うことに対して、税法規定の解釈適用を行う場合には、租税公
平主義が重要なルールとなります。

　日本国憲法は、「法の下の平等」（第14条）として理解されていますが、条文
の文言には、租税公平主義について直接的な規定がされていません。しかしそ
の趣旨の解釈論からこの平等原則は、税法においては租税平等主義として説明
されています（金子 2021：88以下）。国民の租税の負担は、納税者の担税力に
応じて公平にされなければなりません。そのためには、国や地方自治体（課税
庁）が国民（納税者）に対して税法を解釈・適用する場合には、公平（平等）
にしなければならないというのが憲法原則になります。

　裁判例では、課税庁側の主張において、課税の公平の趣旨から争点とされる
税法の課税要件規定の解釈において、判断の理由とされることがあります。

3　法人税法における納税額計算の概要

　法人税法上の役員給与課税について考察するに際して、必要な計算規定の基
礎を確認します（金子 2021：348以下）。

（1）企業会計と法人税の相違点

　会社の「利益」計算は，企業会計の各種ルールに基づいて，正しい会社の経営成績や財政状態について，企業を取り巻く利害関係者に報告することを目的として損益計算書や貸借対照表を作成することにより行います。この場合の「利益」は，収益から費用をマイナスすることにより計算します。これに対して，法人税法では，税法の基本原理に基づいて，正しい税の徴収確保と課税の公平を目的として「所得」の計算を行います。この場合の「所得」は，「益金」から「損金」をマイナスすることにより計算します。

　このように，両者の目的の違いにより，一般的に「利益」と「所得」には差異が生じることになります。そこで，実際の法人税の納税額を計算するためには，企業会計のルールによって計算された「利益」と，法人税法などにより計算された「所得」の差異を調整する「税務調整」を行います。

（2）法人所得金額の計算と申告調整

　一見，収益と益金，費用と損金は何となく同じように思えてきます。しかし，課税実務において，それぞれが認識する範囲が一致しない場合が多くあり，この両者のズレを申告調整するために，加算・減算することにより法人税法上の「所得金額」を計算します。この加算するものには「損金不算入するもの」と「益金不算入するもの」があります。また減算するものには「益金不算入するもの」と「損金不算入するもの」があります（林ら 2019）。

4　法人税法における役員給与の概要

　本章では，会社経営において必要な法人税法の中から，重要性の高い「役員給与」の問題について確認します。

（1）別段の定めと役員給与課税の考え方

　損金について法人税法第22条が規定する「別段の定め」の一つに，役員給与についての規定（法人税法第34条）があります。会社企業経営についてお金の視点から考えると，まず，収益だけではなく，支出面から経費についての分析

が重要となります。一般的には，経費における「人件費」が占める割合は大き
くなります。人件費の中でも，特に法人税法が重要項目として損金不算入の制
度を置いて対処してきたものに，役員に対する報酬や退職金に関するものがあ
ります。そのため，現行の会社法が制定される以前は，役員賞与は「利益処
分」とされていました。すなわち，法人税法は，配当を出すのと同様な考え方
によっていました。そのため，役員賞与損金不算入という規定を制定して，こ
れを守るように役員の過大な報酬・退職給与等について，損金不算入としてい
ました。しかし，会社に関する商法の規定の全面改正による2006年度の会社法
制定時に，役員に対する種々の報酬は，企業にとっては費用であるという立場
に基づいて改正が行われました。そのため法人税法では，どのように取り扱う
のかの議論がなされました。その役員給与についての規定の立法趣旨は，法人
税法の観点からは，いわゆる「お手盛り的な支給」が懸念されるものについて，
損金算入を認めるというのは問題があることから，役員報酬の「支給の恣意
性」を排除することを目的として，職務執行の対価として相当とされる範囲内
のものに限定して損金算入を認めることにしました。この場合，その支給額が
実質的に見て相当か否かを決めるのは難しいことから，いくつかの基準を設け
ることにしました。

（2）損金算入が認められる3つの役員給与制度

　2006年度税法改正により創設された，法人税法上の3つの役員給与について
確認します。

　①定期定額支給するものは損金に算入できると規定し，あるいは，②事前の
定めで税務署長に届け出ているものについては「恣意性」がないということに
なるから損金算入を認めることと規定し，あるいは，③一定の利益連動給与
（現行法の業績連動給与）についても，その支給について「適正性」や「透明
性」が担保されているものは損金算入を認めることと規定しました。このよう
な考えから法人税法第34条が新たに制定されました。

　立法者の考え方は，そのため，この損金を規制するルールを設けることによ
り，役員給与について「支給の恣意性を排除」し，「職務執行の対価として相
当と言える範囲内」に限定する趣旨から損金不算入規定を置いていることにな

ります。

1）定期同額給与

　定期同額給与とは，支給額が1カ月以下の一定の期間ごと，かつ当該事業年度の各支給時期における支給額が同額である給与，その他これに準じる政令で定める給与を言います（法人税法第34条1項1号）。

2）事前確定届出給与

　事前確定届出給与とは，その役員の職務につき所定の時期に確定額を支給する旨の定めに基づいて支給する給与を言います（法人税法第34条1項2号）。支給時期及び支給額が株式総会等により事前に確定的に定められ，その事前の定めに基づいて支給されることから，役員給与の支給の恣意性を排除し，租税回避を防止するという趣旨に基づいた取扱いです。

　ただし，この給与には，定期同額給与（法人税法第34条1項1号）及び業績連動給与（法人税法第34条1項3号）に当たるものは除かれます。損金算入が認められるためには，定期同額給与と異なり，所轄税務署長にその定めの内容に関する届出を届出期限までにしなければなりません（金子 2021：403；中里ら 2021：201；竹内 2008：167-168）。しかし，届出後，届出内容について一定の事由に該当する場合は，変更届を提出すればよく，届出期限に間に合わなかったことについて「やむを得ない理由」があると認められる時は，期限内に届出があったものとするとして，二重に救済措置を施しています（斎藤 2017：46）。

　2016年度税制改正により導入された，特定譲渡制限付株式（リストリクテッド・ストック）による給与があります。[(3)]

　さらに，2017年度税制改正により事前確定届出給与の範囲が拡大され，所定の時期に確定した額の金銭，確定数の株式（適格株式）・新株予約権（適格新株予約権），及び確定額の金銭債権にかかる特定譲渡制限付株式または特定新株予約権を交付する給与も「事前確定届出給与」に該当することになり，損金算入の対象とされています（法人税法第34条1項2号ロ，法人税法第34条7項，法人税法第34条1項2号ハ）（金子 2021：404；中里ら 2021：201）。

3）業績連動給与

　業績連動給与とは，法人（同族会社にあっては，同族会社以外の法人との間に当該法人による完全支配関係があるものに限る）が，その業務執行役員（法人税法

施行令第69条9項）に対して支給する業績連動給与のうち，法令所定の要件を満たすものに限られています（法人税法第34条1項3号）。

　2002年の商法改正により，業績連動の役員報酬が認められるようになりました（旧商法第269条1項2号，旧商法特例法第21条の11）。しかし，法人税法上は役員賞与として扱われており，損金不算入となっていました（竹内 2017：52）。これに対して，経済界からの強い要望により，損金算入の容認が求められていました。そのため，新会社法の制定に対応して，法人の利益と連動する役員給与を認めることになりました（青木 2006：323）。

　利益連動給与については，透明性や適正性を保証して，従来，利益処分とされた役員賞与と区別するためであり，手続き的にも，有価証券報告書または政令で定める方法による開示が要求されています（水野 2007：369；竹内 2008：168）。

　2017年度改正では，経済的効果が同様な給与等であっても支給形態が異なる場合には税制上異なる取扱いになることから，それぞれの役員給与等において取扱いに相違点が生じていました。そのため2017年度改正において，①「利益変動給与」については，名称を「業績連動給与」に変更しました。さらに②各種の役員給与等について，コーポレート・ガバナンス・コードの趣旨に対応させるために損金規制についてもその内容について重要な改正が行われています。

5　事前確定届出給与該当性の裁判例の検討[4]

（1）解　　説

　法人税法第22条3項の2号では，販売費及び一般管理費に入る人件費は費用と考えられます。しかし，役員給与について「恣意性を排除」するという理由に基づいて，法人税法第34条により損金不算入と規定されています。損金不算入とするのはあくまで現行法上の構造では，別段の定めとなっていますが，しかし，第34条の各規定についての解釈適用について納税者と課税庁の間において争いが多く生じています。

　裁判では，事前確定届出給与につき，一つの職務執行期間中に複数回にわたり支給された場合，複数回のうち1回の支給が届出した内容と違う場合には，

すべてが損金の額に算入されるのか否かが問題となりました。納税者は，役員に対して事前確定届出給与の支給をする場合に，支給額を減額した場合には届出額と異なる場合であっても，役員給与分の損金算入額がその分減少することになり，その結果として課税所得が増加することから課税庁が主張する租税回避には当たらないとして，損金算入が認められると主張しました。

1）争　　点

本件冬季賞与（1回目）についても，法人税法第34条1項2号の事前確定届出給与に該当せず，その額は納税者の本件事業年度の所得の計算上損金の額に算入することができるかどうかです。

2）事案の概要

①納税者は，超硬工具の製造及び販売等を行う株式会社で，納税者の事業年度は，2008年10月1日から2009年9月30日です。2008年12月に事前確定届出給与についての届出を所轄税務署に提出しています。その内容は，2008年12月に1回目の支給（冬季賞与）として届出の金額を支給し，2009年7月に2回目の支給（夏季賞与）として届出額の半額を支給しました。支給した役員給与のうち冬季賞与（1回目）は法人税法第34条1項2号の事前確定届出給与に該当し，その支給額は納税者の事業年度の所得の金額の計算上，損金の額に算入して，事業年度の法人税の確定申告をしました。

これに対して，課税庁から，上記冬季賞与（1回目）は事前確定届出給与に該当せず，その額は納税者の事業年度の所得の金額の計算上，損金の額に算入されないという理由により，法人税の更正等及び過少申告加算税の賦課決定を受けました。そのため，納税者は，更正等は法人税法第34条1項2号の事前確定届出給与該当性の判断を誤った違法な処分であると主張し，本件賦課決定の各取消を求める事案です。

②納税者の主張は，「所轄税務署長に届出がされた支給額と実際の支給額とが異なる場合であっても，実際の支給額が減額された場合であれば，損金の額が減額され，法人の課税所得は増額されるのであるから，損金算入を許したとしても課税の公平を害することや租税回避の弊害を生ずることはないのであって，…（中略）…実際の支給額が減額された場合には，事前確定届出給与に該当するというべきである。」「役員給与について一つの職務執行期間中に複数回

に渡る支給がされた場合には，当該役員給与について支給が所轄税務署長の届出された事前の定めのとおりにされたか否かは，職務執行期間を一つの単位として判定すべきものでなく，個々の支給ごとに判定すべきものである。」

③課税庁の主張は，「企業会計上の費用であっても，法人税法第22条３項の別段の定めがあるものは，その定めによりその額が各事業年度の所得の金額の計算上損金の額に算入され又は算入されないこととなるところ，法人税法第34条の規定は，役員給与の支給の恣意性を排除し，課税の公平を図るために，損金算入が許される範囲を制限するものであり，上記別段の定めに当たる。すなわち，役員給与は，企業会計上は費用であるが，税法上は同条１項各号の定める一定の役員給与の額のみが各事業年度の所得の金額の計算上，損金の額に算入され，その余の役員給与の額は損金の額に算入されないのである。」

３）原審（地方裁判所）の判断（要旨）

原審では，納税者の請求は認められず訴えを棄却しています。[(5)]

①法人税法第34条１項２号の事前確定届出給与の規定によれば，内国法人がその役員に対して支給する給与が事前確定届出給与に該当し，その額が当該内国法人の各事業年度の所得の金額の計算上，損金の額に算入されるためには，その役員給与がその役員の職務につき所定の時期に確定額を支給する旨の事前の定めに基づいて支給する給与であり，政令で定めるところにより納税地の所轄税務署長にその事前の定めの内容に関する届出がされていることが必要となる。

②法人税法第34条１項２号の文言の合理的解釈として，役員給与がこれらの要件を満たすためには，その役員給与の支給が所轄税務署長に届出がされた事前の定めのとおりにされることを要するというべきところ，その役員給与の支給が所轄税務署長に届出がされた事前の定めのとおりにされたか否かは，特別の事情がない限り，個々の支給ごとに判定すべきものではなく，その職務執行期間の全期間を一個の単位として判定すべきものであって，その職務執行期間に係る当初事業年度又は翌事業年度における全ての支給が事前の定めのとおりにされたときに限り，その役員給与の支給は事前の定めのとおりにされたこととなる。

③法人がその役員に対してその職務について，一つの職務期間中に複数回の

支給がされた場合に，その職務執行期間に係る当初事業年度又は翌事業年度における支給中に1回でも事前の定めのとおりにされたものではないものがあるときには，その役員給与の支給は全体として事前の定めのとおりにされなかったこととなると解するのが相当である。

④法人が支給した，役員給与のうち夏季賞与の支給が所轄税務署長に届出がされた事前の定めのとおりにされなかったのであり，特別の事情も認められないから，冬季賞与を含む役員給与は法人税法第34条1項2号の事前確定届出給与に該当せず，適法な課税処分となる。

4）控訴審（高等裁判所）の判断（要旨）[6]

控訴審で，納税者側から追加で主張された項目について，「企業活動の結果，事前に確定した額の給与を支給することを相当としない事態も生じうるところ，法人税法施行令第69条3項は，業績悪化改定事由等に該当する場合，変更届（変更届提出期限を遵守できなかったことについてやむを得ない事情がある場合を含む）により損金算入を認めているが，納税者の変更届期限不遵守はやむを得ない事情には当たらない」と判示して，控訴を棄却しています。[7]

（2）展　　開

1）2回の支給とその判定基準の議論

本事案では，一つの職務執行期間中に2回の支給をする届出をしていました。1回目の支給は，届出と同額を支給したものの，半年後の2回目の支給分については，会社の業績悪化を理由に届出額の半額を支給しました。その上で，1回目の支給額分は損金算入しましたが，2回目の半分の支給額については，損金不算入として法人税の申告をしています。1回目の支給は法人税法第34条1項の課税要件を充足していると考えたわけです。しかし，業績の悪化を理由に，そのうちの2回目を届出した額より減額して支給し，その減額について変更届出をしていませんでした。[8]すなわち，このような事案の場合に，1回分は認めるのか，あるいは，すべて認めないのかの議論となりました。

この判例を支持する立場として，「本事案は，臨時株主総会の決議によって減額改定を行なっており，株主との関係上，業績や財務状況の悪化についての役員としての経営責上の責任から役員給与の額を減額せざるをえない場合，に

該当していたと推測できる。…（中略）…変更届という制度がある以上，納税者がこれを忘失した手続き上の不備が背景にある本事案のような事例では，争うのは難しいかもしれない」（林 2021：186-187）と指摘しています。

　この点について，税理士の立場から判決を批判するものとして，「判決では，損金算入の可否を利益調整の意図や法人税の租税回避の有無といった主観的な要素により判断することとなれば，法的安定性を害し，課税の公平を害することにもなる」と述べています。「このことは，理論として成り立ちうる場面もあろうが，役員給与の減額においては，これによってもたらせる秩序よりも，失われる納税者の利益の方がはるかに大きいと感じる。臨時改定事由による減額においては，減額しなければならない理由があり，業績悪化事由による減額にも，減額しなければならない業績悪化（見込みも含む）の事実があるのである。届出書が適切に提出されなかったことにより，事前確定届出給与が損金不算入となった場合の税負担は，決して少ないものではない。過酷な税負担となる虞があると感じざるをえないところである」（伊藤 2021：73-74）との見解があります。

　上記で検討した見解などとは異なり，rule vs. standard という比較法の知見から説明するものとして，「平成18年度改正後の，法人税法34条の規定は，事前に明確性の高い線引き（rule）により規定されていて，本判決の評価としては，改正新法は，rule 思考を尊重しているものの，本事案の個別的事情を考慮することはせず，あらかじめ明示されている変更届の提出という救済手段のみで処理することが今後の紛争予防に資すると考えたためであろう」（浅妻 2014：49）と説明しています。この見解は，納税者の行為規範としての租税法の役割を考えると酷な結果を求めることになりますが，法を解釈適用して紛争を解決する役割を担う裁判所の役割を考えた場合に，立法論としての議論にはあえて立ち入らないで，裁判規範として法を解釈適用する立場からは妥当な見解と考えます。

２）判示されたいわゆる「枠取り」の議論

　この点について裁判所の判断は，「納税者が事前の定めに係る額を高額に定めていわば枠取りを容認することになるため，届出がされた事前の定めのとおりにされたということができないと判断し，職務執行期間の全期間を一個の単

位として，そのうち1回でも事前の定めのとおりにされたものではないものがあるときには，その役員給与の支給は全体として事前の定めのとおりにされなかったことになるとして，届出のとおりにされた1回目を含めて損金算入が認められない」と判示しています。

　この点について，批判的な立場として，「届出期限（法人税施行令第69条4項）までに所轄税務署長にその定めの内容に関する届出をしていることが要件とされている（法人税法第34条1項2号イ）。この要件を『役員給与の支給が実際に所轄税署長に届出がされた事前の定めのとおりにされること（東京高判平成25年3月14日訴月59巻12号3217頁）』の意味に解する場合，役員給与の支給に係る『恣意性』を，費用性のない支出に算入することという意味ではなく，事前確定届出の内容を変更することという意味に解することになるが（東京高判平成26年11月26日税務資264号順号12568参照），そのような解釈については，いわゆる『枠取り』による損金算入額の操作の防止，すなわち，事前確定届出額の高額設定を前提とする減額支給を阻止する限りにおいてはともかく，一般論としては立法政策的妥当性が問題にされるべきである」（谷口　2011：460）との指摘があります。

3）変更届出書を届出期限内に提出できなかったことにつき，「やむを得ない事情」の議論

　納税者は高裁において，変更届出書を届出期限内に提出できなかったことにつき，「やむを得ない事情」があると追加の主張をしました。

　この点について控訴審裁判所では，「『やむを得ない事情』とは納税者の個別的なあらゆる事情がこれに含まれるものではなく，何人においても提出することができない場合，すなわち天変地異その他客観的にみて期限を遵守し得なかったことをその責に帰すことができない事情をいう」と判示しています。それでは，判決が示した基準の「その他客観的に見て期限を遵守し得なかったこと」とは，どのような場合を指すのでしょうか。天変地異が例示列挙とすると明確な基準は不明瞭となってしまいます。判決では，「特別な事情」の例として「株主総会において，職務執行期間を複数の期間に区分して個別に定められたものであると解することのできる事情など」としています。租税法律主義の観点からも，この基準がどの程度具体的妥当性を持つのかは不明瞭であり，納

税者の予測可能性は保証されていないことになります[4]。

　この点について，ベテラン税理士の立場から，「本事案では，臨時株主総会の決議によって減額改定を行なっており，株主との関係上，業績や財政状況の悪化についての役員としての経営上の責任から役員給与の額を減額せざるを得ない場合，に該当していたと推測できる。そうであるとすれば，変更届を行うことができたはずであるが，納税者はこれをしなかった。なぜ行わなかったについては疑問が残る」（林 2021：186-187）と指摘したものがありますが，妥当な見解と思われます。

6　役員給与課税のあるべき姿

　わが国の法人税及び所得税は，申告納税制度を採っていることから，納税者が経済活動をするに際して将来の納税額についての予測可能性と法的安定が求められることになります。そのためには，租税法律主義が重要な憲法原則であることを確認しました。

　次に，企業経営における経費負担の中でも重要性の高い項目である給与，特に法人税法との関係で，近年法改正が続いて行われてきた「役員給与」について，現行の制度を確認しました。

　日本の企業の多くが小規模閉鎖会社であり所有と経営の分離が乏しい現状に着目する課税庁の立法担当者は，納税者による恣意的な租税回避について懸念しています。特に，法人税においては，役員給与の支給を利用した，節税目的の納税額の圧縮行為に注意をめぐらしているようです。そのため，法人税法第36条の規定の仕方は，これらの租税回避行為を封じ込めるために，会社法や企業会計のルールと逆のシステムを採用することにより，役員給与の支給は，原則損金不算入とし，税法が規定する3類型の役員給与についての事前テストをくぐり抜けたものについてのみ，損金算入を認めています。

　法人税法第34条1項は，①「定期同額給与」，②「事前確定届出給与」，③「業績連動給与のいずれにも該当しない場合」に損金不算入としています。同条2項は，④「不相当に高額な部分」について損金不算入としています。また，同条3項は，⑤隠蔽仮装の経理により支給する給与を損金不算入としています。

同法第34条の「役員給与」に該当するものには，賞与，退職給与及び債務免除益など「その他経済的利益」を」含んでいます（同条4項）。

　この3種類の役員給与の中から「事前確定届出給与」（法人税法第34条1項）についての届出期間の問題についての裁判例を検討することにより，税法を解釈適用する場合の注意点について考察してきました。

　事前確定届出給与についての裁判例では，納税者において予定されている変更届での救済制度制度を失念しており利用しなかったという落ち度がみられます。しかし，新しい制度施行された初期の段階では，法律の条文には，事前の届出について想定される事項について規定されずに，その多くは，法人税法基本通達や国税庁がホームページにおいて公表するQ&Aに記載されています。この問題は，かねてより，租税法律主義（憲法第84条）の憲法原則から租税法の解釈適用に際しての重要な問題点として指摘されています。

　確かに，この損金算入制限手法は，実質を伴わない形式だけを整えようとする納税者を規制することには有効な手段となります。しかし，日本におけるリーマンショックのような経済状況下では，会社の経営成績の急激な下落により，その資金繰りや取引銀行と関係においても役員給与の減額が必要になる場合も想定されます（伊藤 2021：52-53）。2022年現在では，想定外の新型コロナウイルス感染症による社会経済状況の急な悪化に対して，課税庁による個別通達による役員給与の支給減額改定に対応しようとしていますが，実務的には混乱を招く一要因となっています。

　この考察により，事前確定届出給与の届出と現実の支給のズレについての「合理性の判定」基準についてもその取り扱い方法を決めているのは，国会において制定された法律（税法）ではなく，その法令についての「国税庁の解釈通達の趣旨説明」にたよることになり，「租税法律主義」（憲法第84条）という憲法原則に反することが明らかとなりました。納税者である会社は，経済活動において，現在ある法律によって規定されているルールとしての「行為規範」に基づいて行動する必要があり，納税者への救済措置として規定されたシステムがあればそれを利用していなければなりません。そうでなければ，裁判所によって，課税庁が主張する「課税の公平」を論拠として「裁判規範」としての法律（税法）を形式的に適用されてしまうこととなり注意が必要となります。

　また，本章では，紙幅の関係により租税法律主義の観点からの，「過大役員給与の損金不算入」について考察することができませんでした。役員退職給与や役員給与についてその高額な金額からも「不相当に高額な部分」の判定基準をめぐり納税者と課税庁の間で争われています。これらの問題点に関する最近の裁判例の検討を今後の検討課題とします。

注

(1)　給与所得とは，給料，賃金，報酬，賞与などの名称に関係なく，雇用契約により，労働する者が使用する者（個人・法人）の指揮命令に従って働く対価として使用する者から受け取る経済的な利益を指すと解されています。

(2)　2006年度法改正時での，役員給与課税の問題についての解説を書いています（竹内 2008：161-177参照）。本章では，その後の追加的な法改正を補足し，課税実務において争点とされた裁判例の検討を踏まえ，法律学の視点から税法の学習者向けに考察します。

(3)　「リストリクテッド・ストック」とは，一定期間の譲渡制限が付された株式報酬を言う。当該期間中は，株式の譲渡が制限されるため，役員のリテンション効果があり，また，株主目線の経営を促す効果を有していると言われている。このリストリクテッド・ストックに係る損金算入時期についても，リストリクテッド・ストックを交付された個人の側での所得税の課税時期に（原則として譲渡制限が解除されることが確定した日。所得税法施行令第84条 1 項），法人の側でも費用が損金算入される（法人税法第54条 1 項）」（岡村ら 2021：181）。

(4)　東京地裁平成24年10月 9 日判決。税務訴訟資料262号-10（順号12060）。訴務月報59巻12号3182頁。TAINS：Z262-12060。LLI/DB（判例秘書登載）：L06730789。（請求棄却）（納税者控訴）。

(5)　地裁判決についての評釈として，品川（2013b：82-85），浅妻（2014：45-49），品川（2013a：179-191），渡辺充（2021：118-119），藤曲（2014：136-143），林（2021：183-187），渡辺徹也（2021：127-130）参照。

(6)　東京高裁平成25年 3 月14日判決 TAINS:Z263-12165）。（控訴棄却・確定）税務訴訟資料　第263号-41（順号12165）。訟務月報59巻12号3182頁。LLI/DB（判例秘書登載）：L06820502。（控訴棄却・確定）

(7)　高裁判決についての評釈としては，西本（2014：214-215）参照。

(8)　変更届出制度として，①役員の職制度上の地位の変更等についての臨時改定事由または，②業績悪化による改定事由（株主総会等の決議が要件となります）が必要となります。

(9)　この点について，渡辺は「判決によって，個々の支給ごとに判定される余地のあ

る『特別の事情』の一例が示されたという意味はあるであろう。一方で，判決の示した『特別の事情』であれば，所得操作の危険が本当にないのかどうかについては，さらに検討の必要性を要する」（渡辺徹也 2021：129-130）と指摘しています。

参考文献

青木孝徳（2006）「改正税法のすべて（平成18年版）」大蔵財務協会。

浅妻章如（2014）「ブラシュアップ判例・裁決例第19回役員給与の支給額が税務署長に届け出た事前確定額を下回った場合の事前確定届出給与該当性」『速報税理』33 (20)，44-49頁。

伊藤雄太（2021）「損金不算入とされるべき役員給与の範囲についての一考察」『税法学』586，51-77頁。

岩崎政明（2010）『ハイポセテイカル・スタディー租税法 第3版』弘文堂。

岡村忠生・酒井貴子・田中晶国（2021）『租税法 第3版』有斐閣。

金子宏（2021）『租税法 第24版』弘文堂。

金子宏・佐藤英明・増井良啓・渋谷雅弘編著（2017）『ケースブック租税法 第5版』弘文堂。

斎藤樹里（2017）「事前確定届出給与をめぐる問題」『税理』60(6)，46-51頁。

酒井克彦（2019）「法人税法34条2項に規定する高額役員給与の不相当性──いわゆる残波事件を素材として」『中央ロー・ジャーナル』16(2)，25-45頁。

品川芳宣（2013a）『TKC税研情報』22(4)，179-191頁。

品川芳宣（2013b）「役員に対する冬季賞与と事前確定届出給与該当性の有無」『税研』171，82-85頁。

品川芳宣（2016）「役員報酬役員退職給与の適正額の算定方法」『税研』190，96-99頁。

竹内進（2008）「人的資源の活用と課税上の問題──役員給与をめぐる課題」片岡洋一編『人的資源管理と組織設計』冨山房インターナショナル，161-177頁。

竹内進（2011）「役員給与と所得と所得区分等の問題──分掌変更による役員退職金の支給を中心として」『税法学』565，103-125頁。

竹内進（2017）「利益連動給与をめぐる問題」『税理』60(6)，52-58頁。

田中亘（2021）『会社法 第3版』東京大学出版会。

谷口勢津夫（2021）『税法基本講義 第7版』弘文堂。

中里実・弘中聡浩・渕圭吾・伊藤剛志・吉村政穂（2021）『租税法概説 第4版』有斐閣。

西本康宏（2014）「賞与の総額が減少した場合に届出通りに支払われた役員賞与の事前確定届出給与の該当性」『ジュリスト臨時増刊（平成25年度重要判例解説)』1466，214-215頁。

林仲宣（2021）『増補改訂版 役員給与，退職金をめぐる税務判決・裁決50選』大蔵財

務協会。

林仲宣・竹内進・四方田彰・角田敬子・高木良昌（2019）『ガイダンス新税法講義 四訂版』税務経理協会。

林仲宣・谷口智紀・高木良昌（2015）『重要判決・裁決から探る税務の要点理解』清文社。

藤曲武美（2014）「裁判例にみる法人税の基礎（第27回）役員給与」『税務弘報』62(3),136-143頁。

水野忠恒（2007）『租税法 第3版』有斐閣。

水野忠恒（2021）『体系租税法 第3版』中央経済社。

渡辺徹也（2021）「法人税法34条1項2号にいう事前確定届出給与該当性の可否」『ジュリスト』148,127-130頁。

渡辺徹也（2019）『スタンダード法人税法 第2版』弘文堂。

渡辺充（2021）「事前確定届出給与」『別冊ジュリスト（租税判例百選第7版）』253,118-119頁。

あとがき

　2021年秋口に経営学部長であった土井正教授（当時，現・副学長）から「経営学部開設20周年記念事業ワーキンググループ（以下，WG）」の話があり，リーダーを引き受けることになりました。ただちに記念事業の２つの柱を構想しました。一つの柱は，本書の出版です。もう一つの柱はシンポジウムの開催です。ここでは，これまでのWG活動のプロセスを振り返りましたが，その時々に多くの方々からご助言をいただいたことをあらためて思い出しています。皆様のおかげをもちまして，掲げた２つの柱の事業を滞りなく完遂することができました。WGメンバーはもとより，同僚教員をはじめとする関係者の方々に心より感謝申し上げます。

　・2021年11月：経営学部開設20周年記念事業がスタート。構想とともに予算措置を講じた。
　・2022年３月：記念事業構想案について，経営学科会議で審議し承認された。WGを結成するとともに，書籍の執筆希望者を募った結果，経営学科所属の教員12名が執筆者に決まった。また，１年生対象の授業で教科書として使用すること，原稿締め切りは８月末日にすることをそれぞれ決定した。なお，以下の教員がWGメンバーになることが決定した。
　　　　　　　　伊藤真一，織田薫，鴇田彩夏，土井正，原みどり（敬称略）。
　・2022年５月：出版社はミネルヴァ書房に決まり，書名は『経営学の未来』に仮決定した。
　・2022年７月：シンポジウムのテーマについては，「ホスピタリティの本質」にすることが経営学科会議で決定された。ただちに，講師を選定するとともに，ポスター制作，Facebook 等の

SNS にアップした。また，ホスピタリティマネジメント
研究会をはじめ，関係学会等に開催をアナウンスした。

・2022年 8 月：シンポジウムについては経営学部と大学院経営学研究科の
　　　　　　　共催とし，ホスピタリティマネジメント研究会の上部学術
　　　　　　　団体であるビジネスクリエーター研究学会に協賛いただく
　　　　　　　ことが決まった。また，出版については，贈呈する大学・
　　　　　　　機関の範囲を決定した。

・2022年 9 月：最初の原稿は WG で執筆要綱に基づいて点検し，ミネル
　　　　　　　ヴァ書房に送付した。

・2022年11月：経営学部開設20周年記念シンポジウム「ホスピタリティの
　　　　　　　本質」を本学新宿キャンパス10号館 9 階で開催した。

・2023年 1 月：書籍『経営学の未来を考える』初校を行い，ミネルヴァ書
　　　　　　　房に送付した。

・2023年 2 月：書籍再校ゲラを WG で最終校正し，ミネルヴァ書房に送
　　　　　　　付した。

・2023年 3 月：『経営学の未来を考える──不確実性の高い時代を乗り切
　　　　　　　るために』を出版し，翌月，全国の大学・機関に贈呈した。
　　　　　　　これをもって「経営学部開設20周年記念事業」については
　　　　　　　すべてのアクティビティを完了した。

　本書を企画出版するにあたって，学校法人目白学園尾﨑春樹理事長，ならび
に目白大学太原孝英学長にご支援いただいたことについて甚大なる感謝の辞を
申し上げます。また，本事業を遂行するにあたりミネルヴァ書房編集部の音田
潔氏に厚く御礼申し上げます。

2023年 3 月10日

　　　　　　　　　　　経営学部開設20周年記念事業 WG リーダー
　　　　　　　　　　　目白大学大学院経営学研究科長・教授
　　　　　　　　　　　吉原敬典

索　引

268

著者紹介 （所属，執筆分担，執筆順）

近田 典行（目白大学経営学部教授，博士（経営学）：まえがき）

吉原 敬典（目白大学経営学部教授，博士（学術）：第1章・あとがき）

織田 薫（目白大学経営学部教授，博士（経済学）：第2章）

鴇田 彩夏（目白大学経営学部専任講師，博士（商学）：第3章）

劉 亜氷（目白大学経営学部准教授，博士（商学）：第4章）

土井 正（目白大学経営学部教授，修士（経済学）：第5章）

伊藤 利佳（目白大学経営学部教授，博士（工学）：第6章）

伊藤 真一（目白大学経営学部専任講師，博士（経営学）：第7章）

原 みどり（目白大学経営学部准教授，博士（経済学）：第8章）

中村 裕一郎（目白大学経営学部教授，博士（経営学）：第9章）

今林 正明（目白大学経営学部教授，工学修士：第10章）

湯澤 晃明（目白大学経営学部専任講師，博士（商学）：第11章）

竹内 進（目白大学経営学部教授，法学修士：第12章）

編者紹介

目白大学経営学部・大学院経営学研究科

　　経営学部（経営学科，定員130名）は2002年に，大学院経営学研究科は2004年にそれぞれ開設し今日に至っている。経営学部は，経営管理，マーケティング，会計学の各分野で構成され，現場に適用し応用する能力開発を目標にしている。また，手厚い少人数制できめ細かい指導を得意としている。一方，大学院経営学研究科（修士課程経営学専攻，定員20名）においては，経営上の問題を発見し解決できる実践能力を養うことを目的にして専門的職業人を育成するとともに，企業の上級・中級経営管理者等の養成を目標にしている。今後，経営学部と大学院経営学研究科は，相互研鑽と相互交流による相乗効果を意図して，互いの強みを活かし，社会からの要請に応え続けていくことが存在価値である。

経営学の未来を考える
──不確実性の高い時代を乗り切るために──

2023年3月30日　初版第1刷発行　　　　　　　　〈検印省略〉

定価はカバーに
表示しています

編　者	目白大学経営学部・ 大学院経営学研究科
発行者	杉　田　啓　三
印刷者	田　中　雅　博

発行所　株式会社　ミネルヴァ書房

607-8494　京都市山科区日ノ岡堤谷町1
電話代表　(075)581-5191
振替口座　01020-0-8076

ISBN978-4-623-09546-9
Printed in Japan